編著

曽我部真裕・見平 典

古典で読む憲法

YUHIKAKU

はしがき

　本書は，憲法を支える基本的な考え方について，その歴史的展開を辿りながら学ぶことのできる入門書です。大学の教養教育における教科書・参考書として，また，憲法に関心を持つ市民の方々の教養書として活用されることを目指しています。

　本書の大きな特色は，憲法の基本原理や重要概念について掘り下げた解説を行っている点にあります。一般的な憲法の教科書は日本国憲法の解釈論，すなわち，日本国憲法の各条文の意味内容を明らかにすることに主眼を置いていますが，本書は細かな解釈論にはあえて立ち入らず，そうした解釈論の土台となる，より根源的な憲法の基本原理・基本概念に焦点を当てています。これは，市民としての憲法学習においては，法律家的な解釈技術や細かな知識よりも，憲法の基本的発想を習得することがまずもって大切であるとの考えによるものです。

　本書のもう一つの大きな特色は，憲法に関する主要な古典を実際に読みながら，憲法の基本原理を学ぶことができる点にあります。歴史上，政治や社会のあり方を考える際に繰り返し参照され，憲法の基本的な原理の形成にも大きな影響を及ぼしてきた一群のテキスト（思想家の著作，人権宣言等の憲法文書，裁判所の判例等）が存在します。それらは憲法の「古典」と呼ばれていますが，本書はそうした古典のテキストを抜粋し，読者が実際にそれらを読むことができるようにしました。そして，テキストの内容とその後の歴史的展開をわかりやすく説明することにより，現在の憲法を支える基本的な考え方が，いかなる問題意識や政治的・社会的要請の下で形成されて

きたのかについて，読者が深い理解を得られるように努めました。

また，こうして形成された憲法の基本原理は，決して過去の世界のものでも抽象世界のものでもありません。現代に生きる私たちにとっても，重要な意義を持っています。本書では，このことを明らかにするため，それらが現代日本社会においていかなる意義を有し，いかなる問題状況にあるのかについても説明するようにしました。読者の皆さんが本書を通して，現代社会の様々な問題について憲法の観点から考察するのに必要な知的基盤を習得されることを，執筆者一同願っています。

なお，本書は前記のように，初学者の方を主な対象にしていますが，既に憲法学の専門教育を受けている学生の皆さんにも，ぜひ手にとって頂きたいと考えています。専門科目の授業では，憲法問題の多様化と憲法学の高度化に伴って，扱うべき憲法解釈論上の問題が増え続けており，憲法の古典や歴史的展開について十分な時間を割いて説明することは年々難しくなっています。これを補う参考書として，法学専攻の皆さんにもぜひ本書を活用して頂き，専門教育で展開される憲法解釈論の土台となる考え方の由来と意義について，理解を深めて頂ければ幸いです。

本書の執筆にあたっては，多くの先達研究者の優れた業績を参照しましたが，入門書・教科書としての性格から，本書では，（読者の便宜等，特に必要と考えられる場合を除き）原則として引用文献・参考文献の注記を省略しています。各章末と巻末に参考文献欄を設けていますが，これも読者のさらなる学習の便宜のために，初学者に読みやすい文献と発展学習のための文献を，数をできるだけ絞って挙げたものです。このため，執筆上の引用文献・参考文献が網羅的に挙げられているわけではありません。先達の学恩に感謝申し上げるとともに，ご宥恕をお願い申し上げる次第です。

はしがき

　最後に，本書を担当して下さいました有斐閣編集部の大原正樹氏と栁澤雅俊氏に，この場をお借りして御礼を申し上げます。両氏には，「古典で読む憲法」という憲法教科書としては異色のコンセプトを具体化するのに，多大なご尽力を賜りました。本書の作成過程については，読者の立場に立ったあまたの的確な助言と適切な進行管理，精確な編集作業抜きには語ることができません。本書が刊行に至ることができましたのも，両氏の編集者としての優れた力量とプロフェッショナリズムの賜物です。ここに記して，深く感謝申し上げます。

　2016年1月

編　著　者

目 次

第Ⅰ部 ●総論・統治

第1章 立憲主義 ─────── 3
- Ⅰ 立憲主義とは何か? *4*
- Ⅱ 公私区分と近代リベラリズム *7*
- Ⅲ リベラリズムの多様な淵源 *10*
- Ⅳ 立憲主義の動揺 *13*

第2章 国民主権 ─────── 19
- Ⅰ 憲法制定権力という考え方 *21*
- Ⅱ 憲法制定権と憲法改正権 *27*
- Ⅲ 国民主権と民主主義──プープル主権論 *30*
- Ⅳ まとめ *33*

第3章 権力分立 ─────── 36
- Ⅰ 権力分立という考え方 *38*
- Ⅱ 各国における権力分立制 *41*
- Ⅲ 日本における権力分立制 *48*

第4章 民主政 ─────── 54
- Ⅰ 間接民主制 *55*
- Ⅱ 直接民主制の理念 *56*
- Ⅲ 間接民主制の理念 *60*
- Ⅳ 民主制と分業 *63*
- Ⅴ インターネットがもたらす民主政の可能性は? *66*

目　次

第5章　議　会 ——————————————— 72
　Ⅰ　議会制とその歴史　*74*
　Ⅱ　議会制に対する批判　*77*
　Ⅲ　議会制に代わる政治制度①——「指導者制」　*79*
　Ⅳ　議会制に代わる政治制度②——直接民主制　*81*
　Ⅴ　議会の意義　*85*

第6章　政　党 ——————————————— 88
　Ⅰ　近代憲法と政党　*90*
　Ⅱ　政党の発展と憲法　*93*
　Ⅲ　日本における政党の意義と位置づけ　*98*

第7章　議院内閣制 ——————————————— 105
　Ⅰ　議院内閣制という「器」の成立　*108*
　Ⅱ　議会の民主化と議院内閣制——バジョット　*109*
　Ⅲ　議会と内閣の均衡——レズロープ　*110*
　Ⅳ　行政国家における新たな民主政のあり方と議院内閣制
　　　——カピタン　*114*
　Ⅴ　おわりに——現代的課題　*117*

第8章　違憲審査制 ——————————————— 120
　Ⅰ　問題の所在　*122*
　Ⅱ　違憲審査制の誕生　*123*
　Ⅲ　違憲審査制の展開と司法積極主義批判　*129*
　Ⅳ　違憲審査権の行使のあり方
　　　——「違憲審査制と民主主義」の問題　*132*

第Ⅱ部 ● 人　権

第9章　人権の観念 ——— 143
- Ⅰ　人権の概念　*145*
- Ⅱ　人権概念の前史　*146*
- Ⅲ　近代自然権思想　*148*
- Ⅳ　現代人権思想　*154*

第10章　自　由 ——— 165
- Ⅰ　ミルの自由論　*168*
- Ⅱ　二つの自由概念　*169*
- Ⅲ　パターナリズム（paternalism）　*172*
- Ⅳ　社会的専制　*174*
- Ⅴ　危害原理　*176*

第11章　平　等 ——— 179
- Ⅰ　欧米における女性の権利の歴史　*181*
- Ⅱ　日本における女性の権利の歴史　*184*
- Ⅲ　男女雇用機会均等法とポジティヴ・アクション　*187*

第12章　プライバシー ——— 194
- Ⅰ　プライバシーの生成——「一人で放っておいてもらう権利」　*195*
- Ⅱ　古代ギリシアからプライバシーを考え直す　*200*
- Ⅲ　情報コントロール権　*204*

第13章　政教分離 ——— 210
- Ⅰ　政教分離への道のり　*212*
- Ⅱ　国家と宗教のさまざまなあり方　*219*

第14章　表現の自由 ─────────── 225
- I　表現の自由をめぐる闘争　*228*
- II　表現の自由の保障根拠　*231*
- III　ヘイト・スピーチの規制　*238*

第15章　結社の自由 ─────────── 245
- I　個人・団体・国家　*247*
- II　結社観から説き起こす二つの近代国家モデル　*252*
- III　現代市民社会における団体　*254*

第16章　経済的自由 ─────────── 257
- I　憲法典の規定と経済的リベラリズム　*259*
- II　商業活動の道徳性──近代憲法の経済的側面の思想的基礎①　*260*
- III　商業活動によって形成される秩序
  ──近代憲法の経済的側面の思想的基礎②　*263*
- IV　分散した知識の利用　*265*

第17章　財　産　権 ─────────── 272
- I　ジョン・ロックの「プロパティ（property）」　*274*
- II　ワイマールとニュー・ディール　*276*
- III　財産権の法律による内容形成　*281*

第18章　生　存　権 ─────────── 288
- I　生　存　権　*290*
- II　ロールズと正義論　*295*
- III　福祉国家に対する批判　*298*

第19章　教育を受ける権利 ─────────── 303
- I　近代公教育論　*305*
- II　教育内容への国家の介入と価値中立性という課題　*309*

Ⅲ　市民の育成に関わる公教育の役割　*313*

第20章　参　政　権　――――――――――――――――*318*
　Ⅰ　「現代選挙法の公理」としての秘密選挙と
　　　その確立までの歴史　*320*
　Ⅱ　ベンサムの秘密投票制論　*324*
　Ⅲ　ミルの公開投票制論　*326*
　Ⅳ　ベンサムの秘密投票論・再び　*328*
　Ⅴ　選挙権行使における自由と責任　*329*
　Ⅵ　ま と め　*330*

年　表　*335*　　　**参考文献**　*339*　　　**索　引**　*341*

コラム
　ワイマール憲法　*103*
　ニュー・ディール憲法革命　*139*
　人権宣言　*163*

人物紹介
　バンジャマン・コンスタン　*8*
　エマニュエル = ジョゼフ・シィエス　*21*
　シャルル・ド・モンテスキュー　*51*
　ジャン = ジャック・ルソー　*69*
　ハンス・ケルゼン　*86*
　ルネ・カピタン　*107*
　ジョン・スチュアート・ミル　*167*
　ハンナ・アーレント　*200*
　トマス・ジェファソン　*223*
　ジェイムズ・マディソン　*255*

目　次

フリードリヒ・アウグスト・ハイエク　*270*

ジョン・ロック　*286*

ジョン・ロールズ　*290*

ニコラ・ド・コンドルセ　*316*

ジェレミー・ベンサム　*320*

各章の構成

* 各章の冒頭では，日常生活と関わりのある事柄や中学・高校の社会科課程で学習した事柄などを中心に問題提起をし，本文への導入とした。
* 各章には，古典的な文献をいくつか掲げている。やや難解なものもあるが，是非じっくりと読んでみてほしい（引用者による注記を小活字の〔　〕で表した）。
* 多くの章には，思想の背景を知るための一助として，その章の内容と関係する思想家の紹介（人物紹介）を載せている。
* 章末には，理解を確認するためのチェック問題を載せた。本文を振り返りながら，理解を深めてほしい。また，同じく章末には，参考文献を掲げている。本書から一歩進んで，そういった文献も積極的に読んでみることをお勧めしたい。

本書のコピー，スキャン，デジタル化等の無断複製は著作権法上での例外を除き禁じられています。本書を代行業者等の第三者に依頼してスキャンやデジタル化することは，たとえ個人や家庭内での利用でも著作権法違反です。

編著者・著者紹介

※五十音順

編 著 者

曽我部 真裕（そがべ まさひろ）
京都大学大学院法学研究科教授
執筆：第2章，第7章，第20章

見 平　 典（みひら つかさ）
京都大学大学院人間・環境学研究科准教授
執筆：第8章，第9章，第14章，コラム
「ニュー・ディール憲法革命」

著 者

上田 健介（うえだ けんすけ）
近畿大学大学院法務研究科教授
執筆：第3章，第5章，第6章，第11章，
コラム「ワイマール憲法」

岸野　 薫（きしの かおり）
香川大学法学部准教授
執筆：第13章，第15章，第19章

櫻井 智章（さくらい ともあき）
甲南大学法学部教授
執筆：第10章，第17章，第18章

松尾　 陽（まつお よう）
名古屋大学法政国際教育協力研究センター教授
執筆：第1章，第4章，第12章，第16章，
コラム「人権宣言」

第Ⅰ部 ●総論・統治

第1章　立憲主義

●●●

　憲法とは何か。日本人になじみのあるのは，中高生の時代に学ぶ十七条憲法かもしれない。(諸説あるも一般的には) 604年に聖徳太子が作ったとされる十七条憲法には，「和の精神を大切にしなさい」，「仏教を敬いなさい」，「悪をこらしめて善をすすめなさい」というような道徳的な訓示や，「役人は礼の精神を持ちなさい」，「他の役人に嫉妬してはならない」，「前任者と同じように仕事をしなさい」という役人の心構えが規定されている。しかし，大学で手に取る多くの憲法学の教科書には，十七条憲法が登場することもないし，登場しても少しの言及があるのみである。それは大学で学ぶ憲法学が扱う対象とは考えられていないからである。

　大学で学ぶ憲法学は，「憲法」と冠される法(これを「形式的意味の憲法」と呼ぶ)のすべてをその対象とするのではない。特定の意味内容を持った法であるならば，たとえそれが「憲法」と呼ばれていなくとも，大学で学ぶ憲法学の対象となるのである。では，「特定の意味内容」とは何か，本章で勉強していこう。

●●●

> **フランス人権宣言 (1789年)**
> 16条　権利の保障が確保されず，権力の分立が定められていない社会はおよそ憲法をもつものではない。
> 4条　自由とは，他者を害しないすべてのことをなしうることにある。したがって，各人の自然的権利の行使は，社会の他の構成員

3

にこれらと同一の権利の享受を確保すること以外の限界をもたない。これらの限界は，法律によってでなければ定められない。

高橋和之・編『新版世界憲法集〔第2版〕』（岩波文庫，2007年）337頁以下参照

I ● 立憲主義とは何か？

1 立憲主義の実質的意味

「立憲主義」とは何か。「立憲」とは憲法を作ることである。立憲主義というのは，ただ，憲法を作れということを意味するわけではなく，特定の意味内容をもった憲法を作れという要請である。まず，憲法の最低限の内容として国家の基本的枠組みが定められなければならない。誰がどのような権限をもち，その権限の行使はどのようなプロセスを経なければならないのか，このような組織上のルールがなければ，国家はまともに機能しない。これが古典的立憲主義である。先に紹介した十七条憲法は，国家の基本的枠組みについてもいくぶん規定しているものの，国家の基本的枠組みとしては内容が乏しいことは確かである。古典的立憲主義の意味で十七条憲法を憲法と呼べるかはなかなか難しいところである。

さらに，わたしたちの今生きている時代につながる立憲主義はさらなる内容を要請している。すなわち，わたしたちの時代，つまり，人間一人ひとりが社会の主役になり，（個人の信仰レベルではともかく）神が社会全体の礎とは考えられなくなり，また，貴族や平民といった身分の差はなくすべきとされる時代においては，立憲主義はもう少し特殊な意味合いを帯びる。近代とは，個人が自由で平等になった時代である。この要請を組み込んだ法のみが憲法であるという要請が，近代立憲主義である（以下，立憲主義というとき，近代立憲

主義を指す)。立憲主義は，一人ひとりの自由を保障することを目的とする。「憲法」という名前の法が公式に採択されていたとしても，個人の自由を守るための装置が組み込まれていなければ，社会は憲法をもつものとは評価されない。立憲主義とは，憲法典を導く政治的理念である。この政治的理念に基づいて，欧米の憲法典は制定された。そのような理念に照らして，憲法典は解釈されるのである。

2　立憲主義とリベラリズム──権力への懐疑

　立憲主義は個人の自由の保障を目的とする政治的理念である。この政治的理念は，個人の自由を大事だと唱えるリベラリズム（自由主義）の一種である。リベラリズムの内容に立ち入る前に，立憲主義の前提にだけ触れておこう。それは，強制権力をもった政府とその制約の必要性である。まず，政府の必要性から考えよう。個人の自由を実現する方法の一つは，いかなる政府をも廃止するという道もある。これは，無政府主義（アナーキズム）と呼ばれる。政府があるからこそ，権力者になった人間は堕落してしまう。政府がない状態でこそ，個人が自律し，お互いに傷つけ合わずに生きていく。あるいは，自由な交換や競争に基づいた市場に委ねれば，自ずと秩序は維持される。無政府主義はこのようなユートピアを説く。しかし，残念ながら，現実の人間は，政府がなくとも，あるいは，市場という場においても，殺し合いや奪い合いなどのさまざまな形で，時にお互い傷つけ合う存在でもある。そこで，個人の自由を守るためには権力を持って秩序を維持するための組織，すなわち，政府が必要となる。

　しかし他方で，政府を必要とした同じ前提──人間同士の争い──は，政府があれば，消えてなくなるわけではない。正義の実現を目指す行為であっても，実は正義に適っていなかったことはよく

ある。結局,政府で権力を行使するのも,全知全能の神ならぬ,弱い人間である。政府は,個人の自由を守る存在であると同時に,個人の自由の脅威となる存在でもあるのだ。そこで,政府権力を制約する装置も必要となる。立憲主義は,このような悲観主義的な人間観を前提としたうえで,政府が暴走しないメカニズムを考えるのである。徳の高い人間を統治者に据えれば解決するという楽観主義的な選択肢を採用しない。立憲主義の理念を体現した近代憲法は,まずもって,政府の権力行使に枠をはめる法であり,人びとの行為を縛るための法はでない。

以上のような悲観主義的な人間観は,アメリカ合衆国憲法の起草に携わった人びとにもよく認識されていた。彼らは次のように説く。

ハミルトン,ジェイ,マディソン『ザ・フェデラリスト』(1788年) 第51篇

「万が一,人間が天使でもあるというならば,政府などもとより必要としないであろう。またもし,天使が人間を統治するというならば,政府に対する外部からのものであれ,内部からのものであれ,抑制など必要とはしないであろう。しかし,人間が人間の上に立って政治を行うという政府を組織するにあたっては,最大の難点は次の点にある。すなわち,まず政府をして被治者を抑制しうるものとしなければならないし,次に政府自体が政府自身を抑制せざるをえないようにしなければならない」

斎藤眞=中野勝郎・訳『同』(岩波文庫,1999年)238頁

人は天使ではない。そこで,誰が為政者となっても暴走しないメカニズムが必要となる。そのメカニズムは,冒頭で引用した1789年のフランス人権宣言16条に規定されている。そこでは,「権利の保

障が確保されず,諸権力の分立が定められていない社会はおよそ憲法をもつものではない」と述べられ,人権の保障と権力分立という二つの手段が挙げられている。これら二つの手段の詳細については,それぞれ別の章で説明される(第9章「人権の観念」,第3章「権力分立」)。憲法典がこれら二つの手段を規定するのは,政府を暴走させないためである。つまり,憲法典は,個人の行動を規律するためではなく,政府の行動を規律するためにこそ,存在するのである。

さて,立憲主義の観点からみれば,十七条憲法は,到底憲法とは呼べないし,立憲主義と対立しさえする。というのも,特定の宗教である仏教を敬うことを要請し,また,諸権力の分立も定めていない十七条憲法は,上述した立憲主義の要請に反するからである。さらにいえば,立憲主義の精神と矛盾する。

以下では,立憲主義の精神といえるリベラリズムの哲学を紹介しよう。

Ⅱ●公私区分と近代リベラリズム

コンスタン「近代人の自由と比較された古代人の自由について」(1819年)

「古代人の目的は,祖国を同じくする市民が社会的な権力を共有するところにあります。これが,かれらが自由と名付けたものです。近代人の目的は,個人が私的な享楽を安全に営むことです。近代人は私的な享楽に対して制度による保障を付与することを自由と名付けたのであります。」

大石明夫・訳「同」中京法学33巻3=4号(1999年)173頁を参照しつつ,松尾が訳し直した。本文中では,「近代人の自由」として引用。

第1章 立憲主義

バンジャマン・コンスタン（Benjamin Constant, 1767-1830）

　フランスの政治家，小説家，思想家である。父親の軍務の関係でオランダやイギリスなどのヨーロッパ各地を転々とする。イギリスのエディンバラ大学を卒業した。コンスタンの著作については，本文中で引用した「近代人の自由」論文以外には，せいぜい『アドルフ』という小説が日本語に翻訳されているだけである。日本での注目度は，ルソーやロックほどに高いとは必ずしもいえない。しかし，古代人と近代人の生活条件などを対比的に論じつつ，公私の区分の中で双方の自由の区別をはっきりつけた功績は大きい。

　また無制約の人民主権の行使を認めるルソーに対して，コンスタンは，近代的自由を守るために，主権の範囲を制限することを主張している点で，コンスタンの議論は立憲主義思想に親和的だといえる（ルソーの人物紹介〔第4章「民主政」〕も参照）。

　しかしながら，彼の議論が，本文中の最後でも触れたように，古代人の自由に対して近代人の自由の絶対的優位を説くものではない点に注意を要する。むしろ，双方の相互補完的な関係を説くものである。すなわち，一方で，近代人の自由が過度に強調されて，人びとが私的領域の中に埋没し，古代人の自由たる公的領域へ参加しなくなれば，権力の統制も弱体化し，かえって近代人の自由が危険になる。他方で，古代と現代では生活条件が違うゆえに，政治体への参加が過度に強調されれば，私的領域における自由は喪失し，政治体への参加も形骸化していく。このような相互補完関係の理路を説くコンスタンの議論は，（本章で説明しているような）近代人の自由をもっぱら重視して政府行動を規律することに焦点を当てる近代立憲主義とはいささか異なる様相を見せており，立憲主義思想にさらなる深みを与える源泉として注目されるべきだろう。

1 古代人の自由と近代人の自由

リベラリズムは自由主義とも訳される。個人の自由に優先性を付与する政治思想である。リベラリズムは，古代ギリシアにおいても，存在していたといわれるが，発展していったのは17世紀以降のヨーロッパにおいてである。リベラリズムが説く個人の自由は，特定の自由観を前提としている。これについては，本節で引用しているバンジャマン・コンスタンの論文「近代人の自由」がそのことを明確にしている。

コンスタンによれば，「古代人」の目的は，「市民の全員が……社会的な権力を共有する」ことにある。ここでいう古代人は，古代ギリシア人のことをいい，集団的権力とは彼らが住んでいた都市国家（ポリスと呼ばれる）の営みのことである。ポリスはどのように運営されるべきかという議論や決定，そして，決定の実施に積極的に参加していくことが，古代ギリシア人の目的であったということである。そして，ポリスの営みへの参加という公的な行為こそがほかの行為よりも重要であり，古代ギリシア人の自由であった（このことを支えた条件に関して，第12章「プライバシー」Ⅱの記述を参照）。

これに対して，「近代人」の目的は「個人が私的な享楽を安全に営むこと」にある。特定の宗教を信じること，特定の趣味嗜好を持つこと，経済活動を営み消費すること，このような私的な営みが暴力などによって他者から妨げられないことを意味する。ここでいう「近代人」は，コンスタンと同時代のイギリス人，フランス人，アメリカ人のことが念頭にある。ただ，これらの国の人びとが立憲主義の思想を形成したのである。政治という公的な場所に自由を見出した古代ギリシア人と異なり，近代人は，私的な場所においてこそ，自由を見出したのである。

2 公私区分論

以上が，コンスタンが描く古代人と近代人の対比である。リベラリズムにおける自由は，近代人の自由たる「個人が私的な享楽を安全に営むこと」を中心に理解される。立憲主義は，このような安全を確保するために，公私を区分して，私の領域へと政府が恣意的な介入することを制限しようとする。これは，「公私区分論」と呼ばれる。

注意すべきは，「公」の意味も特殊であることである。個人の活動は，国家という舞台があってこそ営まれるのであるから，個人は国家のために死ぬ義務が存在するという思想が，歴史的には（とりわけ，中世の政治思想やルソーの思想において），強く存在し続けてきた。しかし，リベラリズムは，公の側に位置する国家の役割は，「個人が私的な享楽を安全に営むこと」を守り，維持することにあるのだから，国家は，個人の自由を実現するための道具でしかない。国家それ自体に目的があるのではない。リベラリズムにおいて，国家は，個人の自由を守るための存在にすぎない。

Ⅲ● リベラリズムの多様な淵源

なぜ私的領域が重要であるのか。この問いには，リベラリズムは多様な答えを用意している。リベラリズムは，単一の淵源から生成した思想ではない。多様な源流が混ざり合って大きな河になったのである。ここでは代表的なものを紹介しよう。

1 宗教改革等がもたらしたもの

第一の淵源としては，15世紀，16世紀の宗教改革とそれがもたらした宗教戦争後の寛容思想がある。宗教改革を駆動した代表的論客

の一人であるマルティン・ルター（Martin Luther, 1483-1546）は，神への帰依においては「ただ信仰のみによる（Sola fide）」ことが重要であり，その信仰は誰からも強制されることなく心の内面から発するものでなければならないと説いた。身体という外面と心という内面を分けることは，精神的自由の基盤となっている。また，価値観の衝突が生み出した悲劇ともいえる宗教戦争への反省から，価値観の問題には立ち入るべきではなく，各領域に任せるべきという寛容思想が育まれた。もともとこの寛容思想は，ほかの支配領土の宗教に口を出さないというものであったが，思想としては個人の私的領域における寛容へと転換していった。さらに，ジョン・ロック（John Locke, 1632-1704）は，強制によって信仰心を生み出すことはできないとした。国家がいかに信仰を強制しようとも，個人の内面に信仰心を生み出すことはできない。これは，政治が個人の内面に介入するのが望ましくないという話ではなく，そもそも内面を操作することは不可能なのだという議論であり，政教分離制度の一つの根拠となるだろう（第13章「政教分離」参照）。

2　商業の精神論

第二の淵源としては，17世紀，18世紀の商業の発展から生じる「商業の精神」論がある（詳しくは，第16章「経済的自由」参照）。商業活動は私的利益を追求するものである。しかし，商業活動の発展が分業をもたらし，効率的な生産活動によって全体の幸福につながるという思想が育まれていったのである。これは，経済的リベラリズムと呼ばれる。この思想は，やがて政府が介入しなくとも，自生的に秩序が生成されるという自由放任主義へと結実する。経済的な面における政府の役割は，商業活動の基盤である，契約の自由と財産権の保障にあるとされたのである（第17章「財産権」も参照）。

第1章　立憲主義

3　啓蒙主義

第三の淵源としては，18世紀においてヨーロッパを席巻した啓蒙思想がある。啓蒙（enlightenment）とはもともと「光で照らすこと」「蒙（くら）きを啓（あき）らむこと」を意味する。無知蒙昧という暗闇に理性の光を照らすことによってはじめて，人間は自律することができるというものである。18世紀の哲学者カント（Immanuel Kant, 1724-1804）は「啓蒙とは人間が自ら招いた未成年状態から抜け出ることであ」り，「未成年状態とは，他人の指導なしには自分の悟性を用いる能力がないことである」とし，未成年状態から脱するために「自分自身の悟性を用いる勇気を持て！」と説いた（福田喜一郎・訳『カント全集(14)』〔岩波書店，2000年〕25頁）。カントの議論で拒否されているのは，他人に判断を委ね，自分で思考しない態度である。ここでいう他人には，政府も含まれる。何が正しいのかについては，自分の理性に照らして考えるべきなのであり，政府の指導を受けるべきではないのである。公の領域からの私的自律を高らかに謳うのである。

この啓蒙思想は古い因習を人間の自律を妨げるものとして捉えることがある。とりわけ，革命期とそれ以後の19世紀のフランスにおいては，古い因習を担うものとされた宗教団体などの中間団体は否定的に捉えられ，また，因習を打破するべくカトリック教会から離れた形で公教育制度が整備されていった（第19章「教育を受ける権利」Ⅰ2参照）。もっとも，アメリカにおいては，中間団体は，個人の自律を育む場として，また，政府に対する対抗の拠点を形成する場として，肯定的に捉えられもするので，リベラリズムが中間団体を必ずしも否定的に捉えるわけではない。

4 経験主義

さらに、(リベラリズムとの結びつきは必然とはいえないが、しかし、立憲主義思想との関連では結び付きが深い) イギリスの経験主義の知恵ともいうべき淵源がある。それは、権力への不信を強調する。19世紀のイギリスの政治家アクトン卿 (John Emerich Edward Dalberg-Acton, 1834-1902) が、「権力は腐敗する、絶対的な力は絶対に腐敗するのだ」と述べた通り、徳のある者が権力の座についたとしても、権力に酔いしれてしまい腐敗にたどり着く。そうしたことを予防するためにも、権力を制限する必要がある。また、仮に権力者が腐敗しないとしても、「地獄への道は善意で舗装されている」という20世紀の思想家フリードリヒ・ハイエク (Friedrich August Hayek, 1899-1992) がいうように、個人の自由への侵害は、為政者の善意からも生じうるのであり、それどころか、善意によるゆえに歯止めがなく悪質なのだといえる。

このようにリベラリズムは多様な淵源が重なりあって大きな河になった思想である。ただ、これらの淵源は相互に対立することもあるので、リベラリズムも一枚岩であるわけではない。

これらの淵源をたどっていけば、表面をなぞるだけでは見えてこない憲法上の権利や制度の意味もより深く理解できよう。

Ⅳ● 立憲主義の動揺

立憲主義は、多様な淵源を有するリベラリズムを基調とする。しかし、立憲主義はこれまで盤石さを誇ってきたわけではない。繰り返しさまざまな挑戦を受けてきた。そして、その挑戦に対して立憲主義は変容を遂げてきたところもあれば、また、いまだ解答を出せていないところもある。

第1章 立憲主義

1 立憲主義の現代的変容

まず，国家の暴走を止めるだけで，個人が自由に活動できるわけではない。たとえば，老人，子ども，障碍者（いわゆる「老幼障」）は，周囲の助けがなければ，自由な主体として振る舞えないことがある。国家の役割は，私的な領域での営みを保障することのみならず，そのための能力の育成（教育），最低限の経済的基盤の付与（社会保障）にも拡大していった。いわゆる福祉国家の登場である（第18章「生存権」参照）。福祉の提供は，個々人のニーズに応じた配慮が必要である。そうした配慮は，政府に一定程度の裁量を認めることになるだろう。そうした裁量の必要性と，権力の暴走を抑止しようとする立憲主義の要請とをどのように調停するべきなのかが課題となるだろう。

次に，個人の自由にとって脅威となるのは，国家のみではない。マス・メディアの報道は，個人の人生を，また，解雇などについての会社の権限も，従業員の人生を大きく左右しうる。さらに，大企業の多大な政治的影響力は，個人の政治力を弱めることもありうる。このように国家と個人の間に存在する団体の位置も無視できるものではない（詳しくは，第15章「結社の自由」を参照）。もちろん，団体は，個人の自由な活動を促進する存在でもある。そこで，団体の存在を承認しつつ，団体を枠づけることも重要な課題となる。その手段として，国家に課せられた憲法上の制約を団体にも利用するべきか否かに関しては議論の対象となっている。

さらに，経済的な側面において政府が市場に放任すると，深刻な不況や恐慌のような経済の不安定化が生じることがある。経済の不安定化は社会不安を呼び起こし，個人が自由に振る舞える基盤を弱めることになりうる。そこで，政府は，金融政策や経済政策を実施し，私的領域へと一定程度介入することがある。

これらの挑戦への憲法的な応答の主たる道は、個人の自由を実質的に保障するために、立憲主義が想定している以上に国家が私的領域へと介入すること、国家が個人の自由の基盤（最低限の生活保障、経済的安定性）を守ることを要請することである。こうした立場は、近代立憲主義と対比する形で現代立憲主義（あるいは、立憲主義の現代的変容）と呼ばれる。

2　「権力への懐疑」の溶解？

しかし、近代立憲主義には別種の挑戦もある。それは、立憲主義が守ろうとする人びとの自由を、まさにその人びとが放棄するときはどうするべきかという問題である。近代人の自由を析出したコンスタンも、近代人の自由の危険は、自身の個別の利益の追求に耽溺するあまり、自分たちの政治的権利を放棄してしまうことにあると警告していた。この危険は、フランス革命の後に、ナポレオン（Napoléon Bonaparte, 1769-1821.とその甥ナポレオン三世）がフランス国民の熱狂的な支持のもとに皇帝についてしまったこと、あるいは、ヒトラーが首相や総統になる過程においてドイツ国民の一定の支持を受けたことに示されているだろう。また、この危険が現実化する可能性は、現代立憲主義をもたらした福祉国家によって増幅されてしまうところがある。というのも、福祉国家において、人びとは権力に対する警戒心を緩めてしまうからである。19世紀の政治家・思想家のアレクシ・ド・トクヴィル（Alexis de Tocqueville, 1805-1859）も、その危険を予言している。

> トクヴィル『アメリカのデモクラシー（第2巻）』（1840年）第4部第6章
> 「……私が恐れるのは彼らが指導者に暴君を戴くことではなく、む

> しろこれに後見人を見ることである。……この人々の上には一つの巨大な後見的権力が聳え立ち、それだけが彼らの享楽を保障し、生活の面倒をみる任に当たる。その権力は絶対的で事細かく、几帳面で用意周到、そして穏やかである。」
>
> 松本礼二・訳『同第2巻(下)』(岩波文庫、2008年) 256～257頁

　立憲主義は、Ⅲでみたように、権力の不信をその基盤の一つとしていた。しかし、福祉国家が発展していくと、国家は人びとの生活の面倒を見る存在となる。国家のイメージがそのように変遷してしまった状態で、立憲主義の理念を維持していくことは非常な困難を伴うだろう。

　コンスタンは、先の近代人の自由が孕む危険につき論じたすぐあとで、次のように述べている。

コンスタン「近代人の自由と比較された古代人の自由について」(1819年)

> 「決して古代人の自由と近代人の自由のどちらかを断念するのではなく、……その二つを結びあわせることが必要不可欠である」
>
> 大石・訳186頁を参照しつつ松尾が訳し直した。

　近代人は、生活の糧を得るべく、私的利益を追求するのに忙しい。しかし、そこに耽溺してしまうと、政治の空洞化を招き、権力が暴走してしまう恐れがある。しかし、政治参加を強制すると、近代人の自由は制約されてしまう。この矛盾こそが、立憲主義が抱える最大の困難といえるかもしれない。

◇ 十七条憲法は立憲主義の要請とどのような点で反しているといえるか。十七条憲法を繙いて具体的に考えてみよう。本章だけではなく、政教分離や権力分立の章も参照しながら考えるとよい。

◇ 現在の政府は、国民に対して、警察、教育、医療、社会福祉の提供など、この上なく、「善い事」をしてくれる。にもかかわらず、立憲主義が政府を警戒せよというのはなぜだろうか。立憲主義の思想は、現在の状況に合わないのだろうか。本章の叙述を読み直しながら考えたうえで、「地獄への道は善意で舗装されている」という言葉の意味を考えてみよう。

◇ 立憲主義の眼目は公権力の抑制にあった。しかし、個人の自由の障害となるのは、公権力だけではない。場合によっては、グーグルの情報収集能力も、個人の選択に大きな影響を与えるかもしれない。このような私企業の力に対して、立憲主義はどのように対応しうるだろうか。

参考文献

①樋口陽一『憲法〔第3版〕』(創文社, 2007年)

②フリードリヒ・ハイエク(西山千明・監修, 山中優・監訳, 田総恵子・訳)『ハイエク全集Ⅱ5──政治学論集』(春秋社, 2009年) 第Ⅶ章

③長谷部恭男『憲法と平和を問い直す』(ちくま新書, 2004年)

本章でリベラリズムの淵源として三つの思想展開を取り上げた。樋口陽一の著作は、そのうちでも啓蒙思想を、ハイエクの著作は経済的リベラリズム(経験主義も含む)を、長谷部恭男の著作は宗教改革・宗教戦争の後の思想展開を正面から受け止め、立憲主義思想を根本から説き起こす書物である。

④レイモンド・ゴイス(山岡龍一・訳)『公と私の系譜学』(岩波書店, 2004年)

第1章 立憲主義

　本書は公と私の区分の系譜をたどる形でリベラリズム思想を説き起こす試みである。本章の説明とは違った角度でリベラリズム思想が解説されており，本書の読解により本章の理解がより立体的になるだろう。
⑤佐藤幸治『立憲主義について──成立過程と現代』（左右社，2015年）
　立憲主義についての包括的な著作で，憲法の細かい知識がなくとも読める。

第2章　国民主権

　本章では，二つの素朴な疑問から出発してみたい。一つは，国民主権と民主主義（民主政）とは同じものなのかどうか，ということである。日常用語では，両者は同じような意味のものとして使われており，憲法の初学者もそのように理解しているだろう。しかし，憲法の教科書を開いてみると，たとえば「国民主権の原理には，二つの要素が含まれている……。一つは，国の政治のあり方を最終的に決定する権力を国民自身が行使するという権力的契機であり，他の一つは，国家の権力行使を正当づける究極的な権威は国民に存するという正当性の契機である。」（芦部信喜〔高橋和之・補訂〕『憲法〔第7版〕』〔岩波書店，2019年〕41頁）などと説明されている。前者（「国の政治のあり方を最終的に決定する権力を国民自身が行使するという権力的契機」）は，民主主義のことを指しているようであるが，実際のところはどうなのだろうか。

　二つ目の疑問は，近年，実際の政治の舞台で憲法改正の必要性を主張する声が聞かれるようになってきたことに関わる。たとえば，2013年，安倍晋三総理大臣は，憲法改正の手続を定める96条を改正し，憲法改正国民投票を発議するために必要な「各議院の総議員の3分の2以上の賛成」を「2分の1」に緩和すべきだという考えを示した。ところが，憲法学説には，96条を改正することは理論的に不可能であるという見解がある。国民投票によって改正を決定するのに，改正が不可能な規定があるというのは，それこそ国民主権原

第 2 章　国民主権

理に反しないのか。憲法改正の是非についてはさまざまな見解があるだろうが，本章ではこの点はさておき，このような憲法改正限界論の理論的な側面に焦点を当てて国民主権の理解を試みることにしたい。

● ● ●

シィエス（シェイエス）『第三身分とは何か』（1789年）第 5 章
「われわれに憲法が欠けているとすれば，それを作らなければならないが，その権利を有するのは国民のみである。」

稲本洋之助ほか・訳『同』（岩波文庫，2011年）99頁

「国民は全てに先行して存在するのだ。国民は全ての源だ。その意思は常に適法なのだ。それは法律そのものだ。国民に先行し，その上位に位置するのは自然法のみなのだ。実定的法律は，国民の意思からしか生じえないが，それにはいくつかの種類があり，その正しい理解のためには，まず第一に憲法としての法律を取り上げねばならない。それは二つの部分に分かれる。一つは立法権限を持つ団体の組織と役割を規定するもの，もう一つは執行権限を持つさまざまな団体の組織と役割を定めるものである。これらの法律は基本法と呼ばれるが，それは国民の意思から独立して存在しうるという意味ではなく，この法ゆえに存在し活動する諸団体はそれに手を出すことができないという意味においてである。憲法のいずれの部分も憲法により設けられた権力の作ったものではなく，憲法制定権力が作ったものなのである。委任を受けた，いかなる種類の権力もその委任の条件を変更することはできない。それゆえにこそ，憲法的法律は基本法なのである。」

稲本ほか・訳105〜106頁

「国民は憲法に拘束されていないのみならず，拘束されえず，また拘束されてはならないのである。ということは結局，国民は憲法に拘束されないということである。」

稲本ほか・訳108頁

エマニュエル=ジョゼフ・シィエス
(Emmanuel-Joseph Sieyès, 1748-1836)

　フランスの聖職者，政治家。平民（第三身分）出身であり，当時の身分制社会において社会階層上層のための有力な手段であった聖職者（第一身分）の途に進み，フランス革命前夜には第三身分出身者としては重要な地位に就いていた。フランス革命期には，『特権論』『第三身分とは何か』といったパンフレットを刊行して封建制度を痛烈に批判，国民の憲法制定権力を主張して一躍有名になり，第三身分代表として全国三部会の代議員，ついで国民議会議員としてフランス革命初期の代表的な政治指導者となった。しかし，革命が急進化して恐怖政治に陥った時期には権力を失う。恐怖政治が終了した後も政治の混乱は続き，その打破のためシィエスはブリュメール18日のクーデタ（1799年）を主導する。クーデタは成功し，シィエスはナポレオンとともに臨時執政の地位につき憲法案も起草したが，結局，シィエスの構想に反して，ナポレオンの独裁が確立する。フランス革命はナポレオンの権力掌握とともに終わったとされており，フランス革命の立役者の一人であったシィエスは，皮肉にも同時に革命の幕引き役でもあったことになる。

I ● 憲法制定権力という考え方

1　芦部信喜の国民主権論

　日本国憲法は，前文および1条で，国民主権原理を宣言している。しかし，国民主権の概念について学説は今日においても議論は錯綜しているが，近年においては国民主権原理には複数の要素があるとする見解が有力である。その代表例が冒頭に触れた芦部信喜の見解

である。芦部は前述の通り、国民主権原理を「権力的契機」(「国の政治のあり方を最終的に決定する権力を国民自身が行使する」) と「正統性の契機」(「国家の権力行使を正当づける究極的な権威は国民に存する」)の二つの要素からなる複合的なものだとみる。

なぜ国民主権原理をこのような複合的なものとしてみるのだろうか。芦部の国民主権論の基礎には、「憲法制定権力」(pouvoir constituant) という考え方がある (ただし、芦部自身は「制憲権」という用語を使っているが同じ意味である)。一言でいえば、国民主権原理とは、憲法を制定する権力が国民にあることを指し (権力的契機)、憲法制定後は、憲法制定権力に基づいて国民によって制定されたがゆえにその憲法が通用力を持つ (正統性の契機) ということになる (芦部は「契機」という言葉を使っているが、さしあたり「側面」程度の意味合いで理解すればよい)。また、憲法制定権力は、憲法制定後は憲法改正権に「転化」するとされている。つまり、権力的契機とは具体的には憲法改正権が国民にあることを指す。憲法制定時の憲法制定権はいわば野性的なもので何らの制約も受けず行使されるが、それが「転化」した憲法改正権は、憲法の改正手続規定その他の制約を受けるものとされる (「制度化された憲法制定権力」)。

こうした考え方はどこから来るのか。憲法制定権力の考え方を古典にさかのぼってみてみよう。

2 シィエスの憲法制定権力論

(1) 『第三身分とは何か』　憲法制定権力の考え方がある程度体系的に示されたのは、フランス革命の際であったといわれる。特に、憲法制定権力論を理論化するにあたって重要な役割を果たしたのは、フランス革命の理論的指導者シィエス (「シェイエス」と表記される場合もある) であった。シィエスは、1789年に出版された政治パンフ

レット『第三身分とは何か』(『第三階級とは何か』と訳される場合もある)において国民の憲法制定権力を主張した。

『第三身分とは何か』は、純粋に理論的な研究書ではなく、フランス革命前夜の政治の激動期にあって、新たな政治秩序のあり方に関する自身の主張を世に問うという実践的なものである。そこでの目的は、歴史的に形成された慣習憲法によって成り立っていた旧来の憲法秩序(「旧体制〔アンシャン・レジーム〕」と呼ばれる)の破壊と新たな憲法秩序の創造、カトリック聖職者(第一身分)と特権身分である貴族(第二身分)、それと平民(第三身分)という三身分からなる封建的な構造を否定し、単一不可分の国民という概念を作り出すこと、君主主権から国民主権への移行、などにあった(もっとも、シィエス自身は主権という言葉をほとんど用いていないが)。

シィエスの憲法制定権力論においては(というよりは憲法制定権力論では一般に)、憲法は統一体である国民の意思の産物として、したがって一回の制定行為の産物として捉えられる(もちろん、その後の改正はありうる)。この点は、フランスの旧体制下での憲法観念、あるいはイギリス憲法について一般に持たれているイメージと対照させるとわかりやすい。旧体制での憲法やイギリス憲法には、明確な制定行為は観念されず、歴史的な蓄積の中で形成されてきたものである。シィエスの主張は、まずは、こうした憲法の捉え方の転換を促すものであった。

シィエスは、冒頭テクスト第一段落で引用したように、憲法制定権力は君主でも貴族でもなく、国民にのみ属するとし、さらに、特権階級ではない第三身分のみが国民に属するとする(なお、念のため、ここでいう「国民」とは外国人と対比される意味での国民という意味ではもちろんない。主権者となる国民共同体の構成員という意味である)。そのため、実際上は第三身分つまり平民のみが憲法制定権力を有す

第2章 国民主権

るのである。そしてこのことは，自然法によって基礎づけられている。

では，憲法制定権力とは何か。人びとが政治社会（国民共同体）を作り，統治を行う場合，その統治を行うには単一の共通意思（権力）が必要である。しかし，国民の構成員は多数であり，地理的にも分散しているので，共通意思を国民自身では容易に行使できなくなる。そこで，構成員の一部に共通意思（権力）を委ね，代表による統治に移行する。

こうした代表者の権利は委任に基づくものであるから，委任の範囲内においてのみ有効であり，それを逸脱することはできない。委任者である国民は，代表者への委任の範囲を定め，また，委任の範囲を逸脱しないように，かつ，委任された統治活動をより良く果たすような組織・形式を与えなければならない。これが憲法であり，その制定権が憲法制定権力である。

統治の権限を委ねられる組織には立法権と執行権とがあるが，これはいずれも「憲法によって創られた権力（pouvoir constitué）」であり，憲法制定権力（pouvoir constituant）ではない。シィエスによるこの二つの権力の区別はよく知られている。冒頭テクストの第二段落では，以上のような趣旨を端的に述べたものである。

(2) シィエスの憲法制定権力論の意義　　以上のような議論には，どのような意義があるか。一つは，憲法は国民によって制定されたものであり，その意味で由緒正しく効力を有する（「正統性がある」という表現が使われる）ことを示すことにある。二つには，国民が直接統治する直接民主制（フランス革命期の憲法論議に大きな影響を与えたジャン＝ジャック・ルソー〔Jean-Jacques Rousseau, 1712-1778〕は直接民主制を主張した）ではなく，憲法は国民が制定するが，通常の統治は代表者が行うという代表制をとるべきことを示したことである。

I●憲法制定権力という考え方

このことは，国民主権原理は，制定された憲法の下での通常の統治のあり方とは無縁であることを意味する（国民主権≠民主制）。さらに言い換えると，国民主権論としての憲法制定権力論は，国民主権論を憲法制定までの段階の議論だと位置づけるものであり，制定した憲法の内容や解釈に影響を与えるものではないことになる。

第二点のうちの代表制に関連してもう少し述べると，シィエスは，フランス革命期の憲法制定議会（1791年9月3日憲法の制定を行った）において，民主制と代表制とは対立するもの（こうした考え方自体は特殊なものではない〔第5章「議会」Ⅱ参照〕）だと捉えたうえで，代表制の方が望ましいとの考え方を示していた。

上述のように，国民主権原理と通常の統治のあり方（代表制のあり方）とは無関係であるということになると，代表制の前提としての選挙のあり方も普通選挙である必要はないことになる。実際，1791年憲法では，一定の財産を有する者にのみ選挙権を認める制限選挙がとられた。こうして，国民主権原理を確立しつつ，実際の政治からは，財産を持たない民衆を排除することになった。

(3) 憲法制定権力の「破壊力」　ところで，憲法がいったん制定されてしまうと，憲法制定権力は消滅してしまうのだろうか。シィエスによれば，そうではない。冒頭テクスト第三段落にあるように，憲法制定権力者である国民は，憲法によって創られた権力とは異なり，憲法に拘束されないのである。したがって，国民はいつでも憲法を変更することができる。

では，国民が憲法を変更する場合には，憲法に定めている手続（憲法改正手続）に従う必要があるのか。シィエスはいう。

「国民は，いかなる形式にも拘束されない。そして，いかなる態様で望もうとも，国民の意思が表明されさえすれば，国民は，全ての

第2章 国民主権

> 実定法の源泉であり最高の主人であるのだから,いかなる実定法も,その意思の前には効力を失う。」
>
> 稲本ほか・訳110頁

つまり,憲法の変更には,憲法所定の憲法改正手続に従う必要はない。国民の意思が表明されたということがいえれば,憲法は変更される。ここで,憲法の「変更」という言葉を使っているのは,こうした考えのもとでは,憲法改正と新憲法の制定とは区別されないことになるから,ここではあえて両者とは別の言葉を使っている。

しかし,どのような場合に「国民の意志が表明された」ということができるのか。実は,この点の曖昧さが,重大な結果を生み出したのである。つまり,このような議論からすれば,国民の意思を担っていると自称する独裁者による憲法の破壊が正当化されることになる。実際,フランス革命はその後,マクシミリアン・ロベスピエール (Maximilien Robespierre, 1758-1794) による恐怖政治に向かい,最終的にはナポレオンの独裁の確立によって終わる。ナポレオンの独裁は,人民投票での圧倒的な支持によって確立したのである(第5章「議会」Ⅲも参照)。

このことは,憲法制定権力(国民主権)と立憲主義(憲法による権力の制限,人権保障)との間にある緊張関係を明らかにするものである。シィエス自身も,有名な1789年のフランス人権宣言について,これは憲法制定権力を拘束するものだとしていたし,さらにロベスピエールによる恐怖政治が終わった後には,個人の自由の保障の重要性を強調し,憲法陪審という一種の違憲審査機関の創設を主張する演説を行っており,恐怖政治を経験して立憲主義(シィエス自身はこうした言葉は使っていないが)の重要性を強調するに至っている。

こうして,その後の国民主権論では,国民主権が潜在的に持っている暴力性をどのように抑え,国民主権原理と立憲主義原理とを調

和させていくのかが課題となっていく。次にこうした議論をみてみよう。

II ● 憲法制定権と憲法改正権

1　憲法制定権と改正権との関係

ここでの議論は、本章の冒頭に提起した問題のうち二つ目のものに関わる。

国民主権原理と立憲主義原理を調和させるためには、論理上、憲法制定権にも一定の限界があると考える筋道と、憲法制定権は無制約であるとしても、憲法改正権には限界があると考える筋道とがありうる。前者は、前述のようなフランスの経験と同様、国民の喝采によってナチズムが生み出された歴史を持つ戦後ドイツにおいて主張された。ちなみに、ドイツではカール・シュミット（Carl Schmitt, 1888-1985）が、『憲法論』（1928年）において、シィエスの議論を発展させてより精緻な憲法制定権力論を唱え、日本の憲法学にも大きな影響を与えたが、その理論について本章では立ち入らない（章末参考文献②参照）。

ここでは、先ほどの二つの筋道のうち、後者、すなわちより一般的であると思われる憲法制定権と憲法改正権との区別論を検討する。

シィエスは、仮に憲法に改正手続が定められていたとしても、その手続に従う必要はないとしていたため、制定権と改正権とを区別しなかった。しかし、シィエスが制定に関わったフランス革命の憲法からしてすでに憲法改正手続を定めており、しかも、それは通常の法律よりも厳格であった（硬性憲法）。フランス以外の国々の憲法でも、通常立法手続よりも厳格な憲法改正手続が定められることが通例であった。

確かに、国の基本法である憲法には一定の安定性・継続性が求められる。そうだとすれば、憲法改正は任意の国民投票などで行うべきではなく、所定の改正手続によってなされるべきであるということになる。こうして、憲法制定権と改正権との区別が生じる。

しかし、両者が区別されたからといって、改正権は通常の立法権の単なる延長線上のものということではなく、あくまでも「本籍」は憲法制定権であるとされる。このことを示すために、フランスでは、憲法制定権力を「始原的憲法制定権力（pouvoir constituant originaire）」、改正権を「制度化された憲法制定権力（pouvoir constituant institué）」と呼び、日本でもこのような表現が用いられる場合がある。

ちなみに、芦部もこのような立場に立ち、始原的な憲法制定権力は、憲法が制定されると、その憲法の正統性を示す原理となるとともに（正統性の契機）、制度化された憲法改正権力として残るとする（権力性の契機）。

2 憲法改正権の限界

さて、以上から、憲法改正権は、憲法改正手続に従わなければならないという点で制約されることがわかったが、改正内容についても制約があるのだろうか。

この点については、制定権と改正権との区別を強調して、改正権には何らかの限界があるとする見解が現在の日本では有力だろうと思われる。それによれば、制度化された憲法制定権力と理解する場合には、憲法改正権は憲法の規定によって制約されることになる。

では、改正権の限界はどのあたりにあるのか。これについては、日本では必ずしも一致した見解はないと思われるが、有力な見解に従えば次のようになるだろう。

まず、国民主権原理を変更することはできないとされる。国民が

Ⅱ ● 憲法制定権と憲法改正権

憲法改正権（＝制度化された憲法制定権力）を行使して国民以外のものを主権者とすることは、自殺行為であるとされる。また、少なくとも、憲法の法的連続性が切断されるため、もはや憲法の「改正」ではないから不可能であるともいわれる。

次に、憲法改正手続を変更することはできるか。憲法改正権は憲法改正手続規定に従って発動されるのであり、憲法改正手続規定は憲法改正権の根拠である。したがって、憲法改正によって改正手続規定を変更することは不可能であるとされる。日本国憲法96条で言えば、国民投票を廃止するような改正はできない、などである。しかし、96条を一言一句改正してはならないかというと、微細な改正まで否定する趣旨ではないとする見解も有力である。近年主張されている各議院の発議要件を緩和する改正（本章冒頭参照）については、実質に触れるものとして改正の限界を超えるとする見解も有力だと思われる。ただし、改正手続規定を改正できないとする根拠が上述のようなものだとすれば、軽微な改正ならできるというのはなぜだろうか。

また、憲法に改正禁止規定があれば、それに反するような改正はできないばかりか、改正禁止規定自体の改正もできないといわれたりもする。憲法改正禁止規定は、日本国憲法には明文では存在しないが、たとえば次のような例がある。

フランス共和国憲法（1958年）
89条5項　政府の共和制形態は、憲法改正の対象とすることができない。

イタリア共和国憲法（1947年）
139条　共和政体は、憲法改正の対象とすることができない。

改正手続規定と同様，憲法改正権は憲法の規定に従って発動されるから，改正禁止規定にも拘束されるという理由である。これも改正手続規定と同様，一切改正できないとまでは考えられていないようである。

さらに，憲法の基本原理（人権保障，平和主義などが念頭に置かれている）を否定するような改正もできないとされるが，どの辺りが限界になるのかは論者によって異なるものと思われる。

ところで，改正限界を超えた「改正」はどのように扱われるのだろうか。つまり，改正限界を超えた場合，それは限界を超えたものである以上無効と考えるべきだろうか。この点については，たとえば国民投票を経て決定されたものを無効と考えるべきではなく，いわば新しい憲法規定の制定であるとしてやはり有効と考えざるをえない。

その意味では，究極的にはシィエスの理論を検討した際に言及した問題は解決されないことになる。

Ⅲ ● 国民主権と民主主義──プープル主権論

ところで，国民に憲法制定権力が属するという国民主権論と，憲法のもとで行われる民主政とはどのような関係があるのだろうか。これは，本章冒頭に提起した最初の問いである。

この点，「国民主権原理とは国民が憲法制定権力を有することである」という考え方からは，国民主権と憲法のもとでの民主政とは別のものだと考えられることになる（Ⅰ2(2)参照）。そもそも，憲法制定権力とは基本的には憲法制定の際に発動されるものであり，制定後はせいぜい改正の際に制度化された憲法制定権として表れる程度である。議員が選挙区民に拘束される制度（命令的委任）や，法

Ⅲ●国民主権と民主主義

律に対する国民投票制度は，もし憲法でそのような制度が定められていたとしても，国民主権原理とは別の民主政原理に基づくものだということになる。

これに対して，シィエスと同時代には，ルソーの思想に基づき，国民主権原理と民主政とを同視しようとするプープル（peuple）主権論（人民主権論）も主張された（もっとも，プープル主権論という名称は後世のものである）。ルソーは次のように述べている。

ルソー『社会契約論』（1762年）第3篇第15章
「主権は譲渡されえない。同じ理由から，主権は代表されえない。……人民がみずから出席して承認していない法律は，すべて無効であり，それはそもそも法律ではないのである。イギリスの人民はみずからを自由だと考えているが，それは大きな思い違いである。自由なのは，議会の議員を選挙するあいだだけであり，議員の選挙が終われば人民はもはや奴隷であり，無にひとしいものになる。」

中山元・訳『社会契約論／ジュネーヴ草稿』（光文社古典新訳文庫，2008年）191～192頁

ルソーにおける主権とは，立法権のことである。立法権者が主権者であり，主権者は代表されえない。そこで，主権としての立法権の行使には個々の市民の直接参加が求められる（直接民主制〔第4章「民主政」参照〕）。

実際には，このようなルソーのプープル主権論をそのまま制度化することは物理的に無理ではあるが，フランス革命期に作られては消えていったいくつもの憲法の中には，プープル主権論を取り入れたものもみられる。

プープル主権論を採用したフランス革命期の憲法として名高いも

のが，1793年6月24日憲法である。この憲法は人権宣言部分と本文とからなっているが，次のような条文を含んでいる。

> **フランス1793年6月24日憲法・人権宣言**
> 25条 主権は人民に存する。
>
> **同・本文**
> 7条 主権者である人民は，フランス市民の総体である。
> 10条 人民が，法律を審議する。

　10条は直接民主政原理を取り入れる趣旨だとされる。具体的には，立法府が採択した法律案について，一定の手順に従って市民から異議の申立てがあったときは，第一次選挙民会（有権者の集会のこと）が招集されて直接審議が行われるとされる（58条～60条）。確かに，すべての法律を市民が直接審議するわけではなく（これは実際には物理的に不可能だろう），通常は議会が立法を行うわけであるが，上記のように一定の場合には有権者の集会での審議が行われる点で直接民主政原理が取り入れられている。また，議会の選挙にしても，この時期にしては異例の男子普通選挙制が取り入れられている点（4条）も見逃せない。

　このようなプープル主権としての国民主権論が目指すものは，端的にいえば「国家権力の民主化」であり，国民主権原理は，国民（特に一般の民衆）に実際の国政のうえで最高の存在にふさわしい場を確保させるという民主的な作用を果たすべきものであるとする。言い換えれば，プープル主権論は，実際に制定された憲法のもとで，有権者が実際に主権者としての地位に相応しい権力を有することを要請する。

このような観点からは，前述のように，完全な直接民主制は物理的に困難であるとしても，国民投票制度，議員が選挙区有権者の意思に拘束される命令的委任（その違反の場合の罷免〔リコール〕制度）などの制度を憲法に取り入れることが必要である。

　なお，この立場からすると憲法制定権力はどのように位置づけられるのだろうか。実は，両者は異なる次元の議論であり，必ずしも矛盾しない。前述のように，国民の憲法制定権力としての国民主権論は憲法を制定する段階で働くものであるが，プープル主権論は制定された憲法の規定内容，あるいはその解釈運用において，国家の統治権を民主化することにあるのである。ただし，シィエス自身は，憲法制定権力論とともに制定後の憲法の内容としては代表制を主張しており，プープル主権論ではなく，これと対比されるナシオン（nation）主権論に分類される（章末参考文献③参照）。

Ⅳ●まとめ

　本章では，冒頭の二つの疑問を念頭に，憲法制定権力論（およびその派生問題としての憲法改正権力論）とプープル主権論とをみてきた。少し詳しい日本国憲法の教科書で，国民主権の説明を見れば，これ以外にもさまざまな見解が紹介されており，国民主権論は非常に錯綜していることがわかるが，本章での説明をふまえて考えてもらえれば，ある程度の見通しが得られることと思う。

　国民主権という原理は，歴史上は君主主権に基づく絶対主義を否定するために唱えられたものであり，その役割は十分に果たした。しかし，繰り返しになるが，国民主権のもとでも，国民の名において独裁を行おうと試みる指導者が現れる危険性が常にある。

　現代政治でも，官僚や財界などを既得権益であると決めつけるな

第 2 章　国民主権

どして国民の支持を得，こうした支持を基盤として「強い政治」を行おうとする政治指導者が各国でみられる（こうした政治手法はポピュリズムと呼ばれる）。ポピュリズムそのものが悪いというわけではないが，それが行きすぎると本章でみたような国民主権の暴走に至る恐れもある。

本書では本章以外にもこうした危険に憲法がどのように対処してきたのかという知恵が汲み取れる章がいくつもあり，これらをあわせ読んで考えてみてほしい。

Q

◇　憲法制定権力論とプープル主権論の違いを整理してみよう。
◇　日本国憲法は明治憲法の改正手続を踏んで「改正」されたが，天皇主権から国民主権への変更など，明治憲法の改正限界を超えることは明らかである。また，明治憲法の改正手続には国民投票は含まれておらず，日本国憲法制定は議会限りで行われた。こうした前提のもとで，日本国憲法の有効性はどのように説明されるだろうか。
◇　2000年代以降の日本では，選挙時のマニフェスト（政権公約）を有権者との契約と考え，それによって議員の行動を拘束し，内閣と与党がマニフェストにない政策を実施するならば衆議院を解散すべきなどとするマニフェスト選挙論が唱えられたが，これはプープル主権の観点からはどのように評価できるか。

参考文献

①渡辺康行「主権の意味と構造」大石眞 = 石川健治・編『憲法の争点』（有斐閣，2008年）

本章ではほとんど触れていないが，日本では戦後，主権あるいは国民主権の概念をめぐって激しい議論が行われた。この論考はそれを概

観するもので，学修の出発点として。

②芦部信喜『憲法制定権力』（東京大学出版会，1983年）

　同書第一論文は，シィエスやシュミットなどの憲法制定権力論を理解するために有益である。また，憲法改正に関わる日本国憲法上および比較憲法上の理論的問題が検討されている。

③杉原泰雄『憲法１――憲法総論』（有斐閣，1987年）

　日本におけるプープル主権論の第一人者による教科書であるが，第２部第１章では，主権あるいは国民主権に関するさまざまな論点がまとめて説明されている。

④長谷部恭男「憲法制定権力」同『続・Interactive憲法』（有斐閣，2011年）

　憲法制定権力という概念の存在意義を問いなおす論考。同じ著者のより詳しい論考として「憲法制定権力の消去可能性について」同ほか・編『憲法と時間（岩波講座憲法６）』（岩波書店，2007年）。

⑤佐藤幸治『立憲主義について』（左右社，2015年）

　英米とフランス・ドイツとの対比を軸に，国民主権と立憲主義との緊張関係にも触れつつ，立憲主義の歴史を概観したもの。

第3章　権力分立

●●●

　権力分立（三権分立）の原則は，中学校や高校の公民科目で学習する。たとえば，ある中学校の公民科の教科書では，次のような説明がなされる。「政治権力が1か所に集中すると，人々の自由をおびやかすおそれがあります。そこで権力をいくつかに分割し，たがいに抑制と均衡をはかるくふうがされています。これを権力分立といい，立憲主義の考え方の大きな柱でもあります。……三権分立は，国の権力を立法権・行政権・司法権の三権に分割するしくみです。国の三権はそれぞれ国会，内閣，裁判所によって担当されます」（『中学社会──公民的分野』〔日本文教出版，2012年〕80〜81頁）。この程度のことは常識として知っているという人も多いだろう。そしてまた，多くの人は，権力分立を，三角形の頂点に，「立法権＝国会」，「行政権＝内閣」，「司法権＝裁判所」を切り離したうえで，お互いに矢印を向け合って抑制し合うイメージで捉え，それが数学の定理のごとく万国共通の約束事であると思っているかもしれない。しかし，権力分立の実際のありようは国によって異なる。また，この原則が，何のために，何を具体的に求めているのか，についてもさまざまな考え方がある。古典を手掛かりに，権力分立のさまざまな捉え方を覗き見ることで，上の図式から理解を深めるとともに，日本における権力分立の特徴やあるべき姿を考えてみたい。

●●●

モンテスキュー『法の精神』（1748年）第11篇第6章

「各国家には三種の権力，つまり，立法権力……，万民法に属する事項の執行権力および公民法に属する事項の執行権力がある。

第一の権力によって，君公または役人は一時的もしくは永続的に法律を定め，また，すでに作られている法律を修正もしくは廃止する。第二の権力によって，彼は講和または戦争をし，外交使節を派遣または接受し，安全を確立し，侵略を予防する。第三の権力によって，彼は犯罪を罰し，あるいは，諸個人間の紛争を裁く。この最後の権力を人は裁判権力……と呼び，他の執行権力を単に国家の執行権力……と呼ぶであろう。

公民における政治的自由とは，各人が自己の安全についてもつ確信から生ずる精神の静穏である。そして，この自由を得るためには，公民が他の公民を恐れることのありえないような政体にしなければならない。

同一の人間あるいは同一の役職者団体において立法権力と執行権力とが結合されるとき，自由は全く存在しない。なぜなら，同一の君主または同一の元老院が暴君的な法律を作り，暴君的にそれを執行する恐れがありうるからである。

裁判権力が立法権力や執行権力と分離されていなければ，自由はやはり存在しない。もしこの権力が立法権力と結合されれば，公民の生命と自由に関する権力は恣意的となろう。なぜなら，裁判役が立法者となるからである。もしこの権力が執行権力と結合されれば，裁判役は圧制者の力をもちうるであろう。

もしも同一の人間，または，貴族もしくは人民の有力者の同一の団体が，これら三つの権力，すなわち，法律を作る権力，公的な決定を執行する権力，犯罪や個人間の紛争を裁判する権力を行使するならば，すべては失われるであろう。」

野田良之ほか・訳『同(上)』（岩波文庫，1989年）291～292頁

第 3 章　権力分立

I ●権力分立という考え方

　国家権力を区別する発想は，古くから存在していた。古代ギリシアのアリストテレス（Aristotélēs, 前384-前322）は，国家には「公共のことに関して評議する部分」「役に関する部分」「裁判をする部分」という三つの部分があると述べており（『政治学』第4巻第14章。「役」とは，「役所」や「役人」が行う仕事のことである），ここに三権分立の発想がみられるともいわれる。また，権力を法に服せしめるという発想が，中世の「法の支配」の観念の中に存在していたことも重要である。

　しかし，権力分立とは国民の自由を保障するための仕組みであるという，今日，広く理解されている目的を明らかにして，そのありようを論じたのは，17世紀イギリスの思想家，ジョン・ロック（John Locke, 1632-1704）である。

　ロックは，政治的共同体（国家）とは，自然状態において自然権を有する人びとが，その自然権をよりよく保全するために設立して権力を信託したものであると考えたうえで，「立法権力」，「執行権力」，「連合権力」の三つの権力を観念する。ここからわかるように，ロックにおいては，司法権ではなく「連合権力」（「当該の政治的共同体の外部にあるすべての人々や共同体に対して，戦争と和平，盟約と同盟，その他すべての交渉を行う権力」〔『統治二論』後篇第12章第146節〕，つまり外交権）が観念されている。もっとも，司法作用が無視されていたわけではない。ここでの「執行権力」とは，裁判を通じて共同体とその構成員とを保全するための法（刑事法）を執行する権力が主として想定されていたといわれる。当時のイギリスにおいては行政作用を裁判官が行う場合が多かったのである。

ロックの議論の中心は,「立法権力」と「執行権力」との分離であった。

ロック『統治二論』(1690年) 後篇第12章第143節〜第144節
　「とかく権力を握りたがるという弱さをもつ人間にとって,法を作る権力をもつと同時にそれを執行する権力をももつことはきわめて大きな誘惑になるであろう。……よく秩序づけられた政治的共同体においては,立法権力は,……ひとたび法を作ってしまえば再び解散し,自分たち自身も自らが作った法に服する多様な人々の手に委ねられているのである。
　けれども……制定され,また効力をもち続けている法の執行に意を注ぐべき権力が常に存在することが必要となる。それゆえ,多くの場合,立法権力と執行権力とが分離されることになるのである。」

加藤節・訳『完訳 統治二論』(岩波文庫,2010年) 468〜469頁

　またロックは,立法権力を執行権力や連合権力に優位するものとして考えていた。

『同』後篇第13章第150節
　「統治が存続している間は,いかなる場合にも立法権力が最高の権力である。なぜなら,他の者に対して法を与えることができるものは,その者に優越していなければならないからである。」

加藤・訳474頁

　ここには,名誉革命の前後にある当時の状況下で議会を支持していたロックの姿勢が反映されている。この立法権を優位に置く権力分立の見方は,現在の日本に至るまで広くみられるものである。
　これに対し,シャルル・ド・モンテスキュー (Charles-Louis de

Montesquieu, 1689-1755) は，冒頭で掲げたように，政治的な自由を確保するため，三つの権力が同一の人間や団体に集中するべきでないことを説く。これら三つの権力は，今日の「立法・行政・司法」に相当するものといってよい。「万人法に属する事項の執行権力」は，冒頭の『法の精神』の引用箇所からだけでは対外的な権力を指すようにみえるが，後ろの部分では無限定に法律を執行する権力とされており，内政も含む行政一般と理解することもできるからである。そして，立法権力を議会に，「万民法に属する事項の執行権力」を君主に，裁判権力を裁判所に割り当てる。

　もっとも，モンテスキューが「裁判権力はある意味では無である」（野田ほか訳・297頁）と述べ，「必要とされる期間だけ存続する裁判所を構成するために，人民の団体から……選び出された人々によって行使されるべきである」（野田ほか訳・293頁）と主張する点には注意が必要である。その背景には，「国民の裁判役」は「法律の言葉を発する口」にすぎないとして，その役割をできるだけ小さなものにしようとする発想があった。これは，裁判を通じた法形成（判例法の展開）や，法律の憲法適合性の判断（違憲審査）を行う，今日の多くの国における裁判所の姿と必ずしも一致するものではない。

　それゆえ，モンテスキューの主たる関心は立法権力と執行権力の関係になる。ここで彼は，執行権力に「立法府の企図を抑止する権利」，すなわち立法拒否権を与えることを提案する。それは，「立法府は考えうるすべての権力を自己に与えることができるので，他のすべての権力を滅ぼすであろう」と考えたからであった。彼はまた，立法権力は「貴族の団体にも人民を代表するために選ばれる団体にも委ねられ，両団体はそれぞれ別々に会議と審議をも〔つ〕」（野田ほか訳・297頁）べきだとも説く。君主の拒否権に，選挙される人民の代表者と貴族の団体からなる二院制を組み合わせることで，立法

権力の適正な行使を確保しようとする構想が読み取れる。

　これに対し，彼は，立法権力は執行権力を抑止する権能をもつべきではないと述べる。「なぜなら，執行にはその本性上限界があり，執行を制限することは無益だからである。その上，執行権力は一時的な事柄について行使されるのが常だからである」（野田ほか訳・300頁）。とはいえ，立法権力に「自分が作った法律がどのような仕方で執行されたかを審査する権能」（野田ほか訳・301頁）は認められるとする。その詳細は不明であるが，執行権力に対する何らかの事後的な統制を想定していたのだろう。

　このようにみると，モンテスキューは，冒頭の引用文から受ける印象ほど，具体的な制度において三権の厳格な分離を要求していたわけでない。むしろ，諸権力の――特に立法権力に対する――抑制と均衡に重点を置いていたと捉えることが可能であろう。

Ⅱ●各国における権力分立制

1　アメリカ

　モンテスキューの権力分立の観念は，今日に至るまで各国で参照されている。しかし，その捉え方や実際の政治制度における表れ方は，さまざまである。

　比較的モンテスキューの構想に近い政治制度を採用しているのは，アメリカ合衆国である。アメリカ合衆国憲法は，次のように三権を分配する規定を置いている。

> **アメリカ合衆国憲法（1787年）**
> 1条1節　この憲法によって付与される立法権は，すべて合衆国議会に属する。……

第3章 権力分立

> 2条1節 執行権は、アメリカ合衆国大統領に属する。……
> 3条1節 合衆国の司法権は、一つの最高裁判所及び合衆国議会が随時に設置する下級裁判所に属する。……

そして、議員と公職との兼職が禁止され（1条6節2項）、大統領——アメリカは大国としてはじめて共和制を採用し、選挙人を通じ間接的に選挙される大統領に君主と同様の役割が期待された——は、法律案の提出権や議会の解散権を持たず、議会には大統領の不信任決議権が認められていない。

もっとも、立法権と行政権とは完全に分離しているわけではない。議会には、大統領等を弾劾する権限が与えられる（1条2節5項・同条3節6項）。また、上院は、大統領による条約締結や公職選任に助言と承認を与える権限を有する（2条2節2項）。他方、大統領には、立法拒否権（1条7節2項）のほか、教書送付権（2条3節）などが認められた。

この点、憲法制定に関わったジェイムズ・マディソン（James Madison, 1751-1836）は、連邦成立以前の各邦（ステイト）における経験から、「立法部は、どこでもその活動範囲を拡大し、すべての権力をその激しい渦巻きの中に取り込もうとしている」と述べ、特に立法部による権力侵害の危険性を指摘し、これを防ぐための制度として、二院制、大統領の拒否権、大統領と上院との連携を提案した（『ザ・フェデラリスト』第47篇・第48篇・第51篇。なお、連邦制もここで挙げられる。本章では中央政府の三権分立のみを論じているが、連邦制も権力分立の一つの形態である）。

もう一点、アメリカで特筆すべきは、違憲審査制の生成と発展である。違憲審査権を行使する裁判所が、政治的にも重要な役割を果たすことになる。これは、裁判所を「法律の言葉を発する口」にす

ぎないとしたモンテスキューのイメージと異なるものである。しかし、違憲審査制の生成は、イギリスに由来する法の支配の思想と、自らを最高法規であると謳う合衆国憲法の存在が結びついた結果であり、自然な成り行きであったといえよう（詳細は第8章「違憲審査制」を参照）。

2　フランス

これに対し、モンテスキューの母国フランスにおける権力分立の姿は、また異なる。フランス革命の当初、モンテスキューに着想を得た権力分立は重要な原理として認識された。人権宣言の16条は、「権利の保障が確保されず、権力の分立が定められていない社会はおよそ憲法をもつものではない」と定め、権力分立が立憲主義にとり不可欠の要素であることを宣言した。1791年憲法では、アメリカと同様に、国民議会と君主との間で立法権と執行権が厳格に分離された。

しかし、革命の進展に伴い、人民主権に基づき一般意志を至高のものとするジャン＝ジャック・ルソー（Jean-Jacques Rousseau, 1712-1778）の思想が大きな影響を与えた。これによれば、一般意志の表れである立法作用をつかさどる議会が優位することとなる。1793年のジャコバン憲法は、はじめての共和制憲法であったが、一院制の議会の内部で選出される執行評議会が執行権をもつ体制をとったのである。その後、フランスの政治体制は目まぐるしい変化ののち、1870年からの第三共和制でようやく落ち着くが、そこでの議院内閣制（第7章参照）も、政府（内閣）は下院の解散権を行使できず、議会では小党が乱立する結果、政府が頻繁に交代した点で、議会優位の運用がなされた。

これに対し、現在の第五共和制憲法は、不安定な政治を克服する

べく強い政府を目指すものである。国民から直接選挙される大統領に外交権限や法律の再審議の要求権などを認め、また政府構成員と国会議員との兼職を禁止する点は、アメリカの大統領制と類似する。他方で、国民議会が不信任決議をした場合などに内閣は総辞職しなければならず、大統領が首相の任命の際に国民議会の多数派の意向を無視できない点は、議院内閣制と共通する。この「半大統領制」と呼ばれる政治制度を単純な権力分立の原理から捉えるのは難しい。

　他方、フランスでは、議会、政府と裁判所との分離は徹底してきた。第一に、議会の立法に対する裁判所の統制は長らく存在しなかった。法律の憲法適合性審査が本格的に始まったのは第五共和制憲法のもとになってからであり、それは、議会が法律を議決した後、大統領が審署して執行力をもつまでの間に、大統領、首相、両院議長（そして後に60名以上の両院議員）が提訴して、通常裁判所とは別の憲法院という組織が判断するというものであった。法律が発効した後に具体的な事件を裁判する中で、通常裁判所やコンセイユ・デタ（行政裁判所）から付託されて憲法院が法律の憲法適合性を審査する制度が導入されたのは、2008年の憲法改正によってである。第二に、行政活動に対する訴訟も、通常の裁判所ではなく、行政府の一部であるコンセイユ・デタが担う。通常の裁判所が行使する司法権は民事および刑事の裁判と理解されているのである。このような制度の背景には、裁判所に対する歴史的な嫌悪感があるといわれる。フランス革命前の旧体制（アンシャン・レジーム）下における裁判所は、裁判官職の売官制と世襲制の結果、貴族が自らの利益を守るための閉鎖的な組織であるとみられていた。権力分立とは、主に、裁判所を占める一部の貴族たちからの議会や政府の保護として捉えられたといえよう。

3 イギリス

モンテスキューが『法の精神』で描いた権力分立は，当時のイギリスの国制（政治制度）を参考にしたものであった。しかし，当時のイギリスの実際は，君主，貴族，平民の諸身分の均衡を図る混合政体であった。国王は行政権に加え，立法権も両議院と共同で行使し，司法権も「国王の裁判所」に委ねられていた。大臣である大法官は，貴族院議長そして司法府の長でもあった。

このように，イギリスではむしろ同一人物が複数の権力の行使に関与していることが多く，その意味で権力は分離されていなかった。この現象とモンテスキューの権力分立論との関係をどのように理解すればよいのか。マディソンは次のように説明する。

> **ハミルトン，ジェイ，マディソン『ザ・フェデラリスト』（1788年）第47篇**
> 「モンテスキューが真に言おうとしたことは，彼自身の言葉から察せられるように，また彼の眼にした事例によってさらに決定的に示されているように，ある部門の全権力が，他の部門の全権力を所有するものと同じ手によって行使される場合には，自由なる憲法の基本原理は覆される，ということ以上には出ないのである。」
> 斎藤眞＝中野勝郎・訳『同』（岩波文庫，1999年）215～216頁

モンテスキューが禁じたのは，ある部門の全権力が別の部門の全権力をもつ者に行使されることだけで，同一人物が複数の部門の権力の一部を持ってこれを行使することは構わないというのである。ここにも，抑制と均衡に重点を置いた理解をみることができる。

イギリスでは，19世紀に入って，選挙権の拡大に伴い議院内閣制が発達した。議院内閣制は，議会の与党指導部が内閣を組織するも

のであり，立法権と執行権には「密接な結合，ほとんど完全な融合」があるとも指摘される制度である（バジョット〔小松春雄・訳〕『イギリス憲政論』〔中公クラシックス，2011年〕14頁）。しかし，これも権力分立に反しないという説明が可能である。権力分立を上のモンテスキューのように，同一人物が複数の権力の一部を持ってこれを行使することは可能なのだとする理解に立ってみると，イギリスの議院内閣制でも大臣としての兼職が認められる議員の数は制限されており，これらの者は，立法権力を完全に掌握しているわけではないからである（立法権力には野党や平議員も存在する。なおもちろん，権力分立をもっと厳格なものだと理解するならば，議院内閣制は権力分立と対極にあるものだということになる。第7章「議院内閣制」参照）。

また，イギリスでは，法とは人間の意思の外に存在し，国王であってもそのような法に拘束される，という中世以来の「法の支配」の観念が妥当し，裁判官は法を発見し適用する存在として，高い権威が認められてきた（この点，フランスとは対照的である）。イギリスの裁判官は，民事，刑事裁判に限らず，行政活動に対する裁判も行い，時として国王の権力とも対峙してきたのである。このような裁判官に対しては，早くも1700年の王位継承法が身分保障の定めを置いている。イギリスでは裁判官の政府からの独立を権力分立の要素として重視する傾向が強い。2005年憲法改革法は，最高裁判所を創設して，貴族院から司法作用を完全に分離した。

4 ドイツ

ドイツでは，19世紀に入ってもなお国王が実権を握っており，君主は国家権力の総攬者(そうらん)としてすべての権力を有しているとの君主政原理から，三権分立の考えは国家を分裂，破壊し無秩序を導くので誤りであると説かれた。立法権，司法権，行政権の概念を認める場

Ⅱ● 各国における権力分立制

合でも、それらは、君主が有している権力の一部につき、議会が協賛し、裁判所が君主の名で行使するといった行使方法を規定するものと捉えられた。議会が協賛する立法は、法のすべてではなく臣民の自由と財産を制限するものだと解された（いわゆる「法規」概念）。また、司法権は、フランスと同様、民事および刑事の裁判だとされ、行政活動に対する訴訟を含まず、これは行政裁判所が行うものだと考えられていた。このように立法権や司法権を限定的に解する傾向の背後には、君主のもとで発達していた官僚制を重視する発想がうかがわれる。

この傾向は、共和国となったワイマール憲法のもとでも引き継がれたが、ナチスの台頭と、法律の制定を政府の決定のみで可能とする「全権委任法」などによって、権力分立制が廃棄されることになる。この権力集中制がもたらした惨状は、権力の濫用に対する備えとしての権力分立制の意義をあらためて浮き彫りにしたといえるだろう。

現在の憲法（ドイツ連邦共和国基本法）は、「国家権力は、……立法、執行権及び裁判の個別機関を通じて行使される」と定め（20条2項）、権力分立を掲げる。連邦憲法裁判所の判例では、「ドイツ連邦共和国の憲法構造に適合するのは、諸権力の絶対的な分離ではなく、それらの相互的なコントロールと抑制である」とされており、ここでも、単純な分離ではなく、相互抑制に力点が置かれている。他方、「諸権力の組織的・機能的区別と分離は……国家の決定が可能な限り適切に行われること、即ち、その組織・構成・機能・手続態様から見てそのための最上の前提条件をみたしている機関によって行われることをも目的とするものである」と述べる判決もあり、権力分立を、国家権力が全体として適切に動くための諸権限の配置という観点から捉える見方（機能的権力分立）も提示されている。

Ⅲ ● 日本における権力分立制

1 明治憲法下の議論

Ⅱでみてきたように，権力分立といっても，各国においてその捉え方はさまざまである。それでは，日本ではどのように理解されてきたのだろうか。

明治憲法は，「大日本帝国は万世一系の天皇之を統治す」（1条），「天皇は国の元首にして統治権を総攬し此の憲法の条規に依り之を行う」（4条）と定め，天皇が統治権を有し国家権力の総攬者であるとし，さらに，天皇に行政各部の官制を定め文武官の任免を行う権限（10条），陸海軍の統帥権（11条）や宣戦講和の権限（13条）などの大権を与える。他方で，立法権に対する帝国議会の協賛（5条・37条），司法権は「天皇の名に於て」裁判所が行うこと（57条1項）も定められていた。

これらの条項の理解に関連して，一方で，厳格な権力分立が説かれた。穂積八束（1860-1912）は，「権力分立の本義は国権の行動たる立法，行政，司法の三権を分ち各々独立の機関に依りて之を行うのことに存す」として，「政府の専制」を防ぐため，立法権を議会に移し，司法機関を政府の外に独立させることが必要であると説いた（『憲法提要（上）』〔有斐閣，1910年〕108頁，120～123頁）。興味深いのは，穂積は，「議院内閣と云うも実は多数政党内閣なるが故に議院制の結果は実は議院の専制にも非ず政党専制の政治たり」（「議院制及立憲制」『穂積八束博士論文集』〔有斐閣，1943年〕所収527頁）と述べて，議院内閣制は権力分立に反するとしたことである。この議論は，厳格な権力分立を説くことによって，立法権の伸長から行政権（天皇の大権）を守るという色彩が濃厚である。穂積の権力分立論は，

民主主義の進展に対し、天皇や官僚制の権力を守る機能をもっていたといえよう。

これに対し、美濃部達吉（1873-1948）や佐々木惣一（1878-1965）は、権力分立の目的は権力の濫用を防ぎ国民の自由を保護するためのものだとして、立憲主義、立憲政体の一要素に据える。ここでは権力分立を民主主義と組み合わせた理解がなされ、議院内閣制も権力分立に反しないとされていた。

もっとも、明治憲法は天皇に緊急命令や独立命令を発する権限を認めるなど（8条・9条）、憲法上、帝国議会の権限は限定されていた。また、裁判所が行う司法権の範囲は、民事および刑事裁判に限定され、「行政官庁の違法処分に由り権利を傷害せられたりとするの訴訟」は別に設置される行政裁判所が行うものとされていた（61条）。さらに、裁判所は、法律の合憲性も審査できないと解されていた。

2　日本国憲法と三権分立

これに対し、日本国憲法は、国民主権の原理に基づき、次のように三権を分配する規定を置いた。

日本国憲法
41条　国会は、国権の最高機関であって、国の唯一の立法機関である。
65条　行政権は、内閣に属する。
76条1項　すべて司法権は、最高裁判所及び法律の定めるところにより設置する下級裁判所に属する。

これは、アメリカ合衆国憲法の定め方に似ている。もっとも、日

本国憲法は、内閣総理大臣は国会議員の中から国会が指名すること（67条）、国務大臣の過半数は国会議員であること（68条）、内閣は国会に対して連帯責任を負い、衆議院の信任を必要とすること（66条3項・69条・70条）を明文で定める一方で、内閣に衆議院の解散権を認めており（7条3号・69条）、議院内閣制を採用していると解される。日本国憲法の下で、明治憲法と比べて議会が強化されたことは間違いない。裁判所も、司法権の範囲には行政裁判も含むとされた上、法律の違憲審査権が明文で付与されたことで（81条）、これまた権限が大幅に強化されている。

とはいえ、具体的にみると、このような権力分立制のイメージがどこまで妥当しているのか疑問も出てくる。たとえば、立法権と行政権の関係についてみると、通説は、立法の意味について、かつての（ドイツに由来する）自由と財産に対する制限よりも広く捉えるものの、なお立法の内容を一定の範囲に限る「法規」概念を維持する。他方、行政権とはすべての国家作用から立法作用と司法作用を除いた残りであると考える（「行政控除説」）。このような理解からは、なお強い行政権が残されているという印象も抱く。

また、司法権と行政権の関係でも、行政事件訴訟法は、行政処分の取消しを求めた訴えが提起された場合、一定の要件を充たせば、裁判所が一時的にその処分の執行を停止することができるが、内閣総理大臣は異議を述べることによってこの決定を覆すことができるとする（行政事件訴訟法25条・27条）。行政裁判での仮の救済に関して、内閣総理大臣の判断を裁判所に優先させる仕組みがとられているのであるが、その理由として、処分を執行するかしないかは行政作用であるという説明がなされる。ここでも、司法権に対して、強い行政権が維持されているようにみえる。

さらに、衆議院の解散の合憲性が争われた苫米地事件（最高裁判

Ⅲ●日本における権力分立制

所大法廷昭和35年6月8日判決)で，最高裁は，「直接国家統治の基本に関する高度に政治性のある国家行為……は裁判所の審査権の外にあり，その判断は主権者たる国民に対して政治的責任を負うところの政府，国会等の政治部門の判断に委され，最終的には国民の政治判断に委ねられている」として，司法判断になじまないと結論づけたが，「この司法権に対する制約は，結局，三権分立の原理に由来〔する〕」と述べられている。ここでは，権力分立が司法権にブレーキをかける役割を果たしているのである。

　このようにみてくると，日本国憲法の採用した権力分立制がどのようなものなのか，曖昧であることに気づくだろう。もとより，本章で眺めた通り，権力分立の捉え方は国により，時代により，さまざまである。本章で力点を置いて示した抑制と均衡に重点を置く見方も一つの捉え方にすぎない。そのことを念頭に置いたうえで，具体的な制度と視線を往復させながら，あるべき権力の関係を考えてみてほしい。

シャルル・ド・モンテスキュー (Charles-Louis de Montesquieu, 1689-1755)

　モンテスキューは，ボルドーの南にあるラ・ブレードという村で生まれた。11歳から6年間，パリ郊外，ジュイイにあるコレージュで学んだ後，ボルドー大学で法律を修めて，19歳でボルドー高等法院の弁護士となる。1714年から，ボルドーの高等法院の一員に，1716年にはその副院長になり，主として刑事裁判を担当するが，裁判官としての活動にはあまり熱心でなかったようである。その一方，ボルドーのアカデミーでは活躍し，1721年には，『ペルシャ人の手紙』を刊行している。結局，1725年には副院長職を売却している。1728年から

第3章　権力分立

> 31年まで，約3年間，神聖ローマ帝国，イタリア，オランダ，イギリス等を旅行し，各地で政治家や知識人と交流するとともに，資料を集め，鉱山などの見学もしている。1748年に出版された『法の精神』は，この旅行で得た知見も含めて，20年間の歳月をかけて執筆されたものといわれる。このほか，旅行からの帰国後の1734年に出版した，『ローマ人盛衰原因論』も知られる。若い頃にキケロに関する論文も書いており，生涯を通じ古代ローマに対する関心を持ち続けていた。

Q

◇　モンテスキューの権力分立の考え方にはどのような点に特徴があるだろうか。ロックの権力分立の考え方との異同についても考えてみよう。

◇　日本国憲法は，どのような権力分立制を採用したと考えらえるだろうか。国会と内閣の関係，裁判所の位置づけについて，日本国憲法の条文を見ながらそれぞれ整理してみよう。Ⅲの最後に挙げた，日本国憲法下でのいくつかの具体的な制度は，日本国憲法が採用した権力分立制と整合するものか，考えてみよう。

参考文献

①清宮四郎『権力分立制の研究』（有斐閣，1950年）

　戦後間もない時期に，ロックとモンテスキューの権力分立論を丁寧に紹介するとともに，アメリカとフランスの憲法における権力分立制の成立を論じたものである。

②小嶋和司「権力分立」同『憲法と政治機構』（木鐸社，1988年）

　モンテスキューの権力分立論だけでなく，各国の憲法史を丹念に検討することで権力分立の目的や意義を考察する。

③佐藤幸治「権力分立／法治国家」樋口陽一・編『講座憲法学5——権力の分立(1)』(日本評論社, 1994年)

　日本国憲法の解釈論として,「法の支配」を実現するための権力分立を説き, 行政控除説の再考などを促す。

第4章　民　主　政

●●●

　日本国憲法が制定された20世紀半ばと21世紀の現在では，大きく技術的環境は異なる（第12章「プライバシー」も参照）。もっといえば，憲法の基本的な考え方や制度が出来上がった18世紀，19世紀の状況と現在を比較すれば，その相違はもっと大きいだろう。大きな変化の一つが，インターネットの出現にあることは疑いえない。

　インターネットが誕生し，人びとに普及し始めてから少なくとも20年ほど経っている。現在，パーソナル・コンピュータであれスマートフォンであれ，多くの人はネットにつながる何らかの端末を持っているだろう。2ちゃんねる，ミクシィ，フェイスブック，ツイッター，LINEなどを通じて，以前ならばつながりをもてなかった人びと，あるいは，つながりを継続できなかった人びと（たとえば昔卒業した小学校の同窓生）とのつながりを簡単に維持することが可能になった。インターネットのおかげで，テレビやラジオと異なり，双方向のコミュニケーションが容易になった。

　ネットは，コミュニケーションの障害になっていた物理的な距離を消滅させる。もちろん，直に手と手を取り合うことはできない。しかし，声，文字などの情報は，物理的な距離を越えて送付される。ならば，政治的な決定もネットを通じて行うことができるようになるだろう。もっといえば，わざわざ代表を通じて政治的意志表明をするのではなくて，どのような法律を作るのがいいのか，どの部分がよくないのかを議論しながら，オープンソース・ソフトウェアな

らぬ、オープンソース・法律も作れてしまうかもしれない。ネットを通じて直接民主制が実現されるのではないか。

＊「オープンソース・ソフトウェア」　伝統的なソフトウェアにおいては、少数の者が設計や開発に関わっていき、そのソース・コードはユーザーには秘密にされたままで、ユーザーは単なる利用者にすぎない。これに対して、オープンソース・ソフトウェアにおいては、ユーザーは同時に共同開発者でもある。ソースコードが開示され、ユーザーも開発にたずさわることができるからである。

● ● ●

> ミル『自由論』（1859年）第2章
> 「意見の違いがありうる問題の場合、真理は、対立し衝突し合う二つの意見をあれこれ考え合わせることによってもたらされる。……自分が言いたいことしか知らない人は、ほとんど無知にひとしい」
> 斉藤悦則・訳『同』（光文社古典新訳文庫、2012年）90頁

> 『同』第3章
> 「人間が不完全な存在であるかぎり、さまざまな意見があることは有益である。」
> 斉藤・訳138頁

Ⅰ ● 間接民主制

　日本国憲法下の政治制度、ひいては、イギリス、アメリカ、ドイツ、フランスなどの政治制度においては、人びとが直接に政治に参加する直接民主制ではなく、人びとが代表者を選ぶことを通じて政治に参加する間接民主制が、基本的には、採用されている。日本国憲法の前文においては、「その権力は国民の代表者がこれを行使」すると規定されており、この文言は間接民主制を原則として採用したものと理解されている。

　選ばれた代表者が議会で討論をし、政治的な決定を行っていくという間接民主制は、反民主的な要素さえ持っているし（第5章「議

第4章　民主政

会」参照)，また，民主政を実現する唯一の形ではない。民主政の理念が誕生した古代ギリシアにおいては，都市国家に住む市民は広場に集まって議論を行い，政治的な決定を行っていた。それどころか，市民は輪番で行政官の役割を担うこともあった。古代ギリシアの都市国家（ポリスと呼ばれ，たとえば，アテネやスパルタなどがあった）では，市民が直接に政治を担う直接民主制が採用されていたのである。これに対して，現在の多くの国では，間接民主制が採用され，直接民主制は，一部，地方自治などの場面において，採用されているにとどまる。

では，なぜ多くの憲法で間接民主制が基本とされているのだろうか。この点については，二通りの説明の仕方が可能である。一つは，可能ならば直接民主制が望ましいが，多数の人びとが参加する現在の民主社会では，それを実現するのは物理的に困難だからという説明，もう一つは，間接民主制こそが民主政の最良の形態であるという説明である。

インターネットは物理的な距離をめぐる困難を取り除いてくれるはずであり，インターネットによって直接民主制が実現されるかもしれない。さて，インターネットは民主政の可能性を拡げてくれる素晴らしいツールなのだろうか。そこで，民主政の理念や機能について論じた古典的な著作を紐解いて考えてみよう。

II ● 直接民主制の理念

ルソー『社会契約論』(1762年) 第3篇第15章

「意志というものは，代表されるものではない。一般意志は一般意志であるか，一般意志ではないかのどちらかで，その中間というものはないのである。だから人民の代議士は人民の代表者ではないし，

Ⅱ●直接民主制の理念

人民の代表になることはできない。代議士が最終的な決定を下すことはできないのだ。人民がみずから出席して承認していない法律は，すべて無効であり，それはそもそも法律ではないのである。」

  中山元・訳『社会契約論／ジュネーヴ草稿』(光文社古典新訳文庫，2008年) 191〜192頁

　直接民主制の議論を強力に擁護した代表的な議論としてはジャン＝ジャック・ルソー (Jean-Jacques Rousseau, 1712-1778) の議論がよく挙げられている。もっとも，彼自身は，直接民主制が絶対的に正しいとは考えていないが，しかし，直接民主制論のルーツとして，ルソーの議論が参照されることが多い。

1　代表不可能論

　ここでルソーは，代理と代表とを区別している。代理とは，本人（ここでは人民）の指示を受ける形で代理人が行動することであるのに対して，代表とは，代表されるモノ（ここでは人民）のために，代表自身が最終的な判断をして行動する。つまり，人民の代議士は代理に分類され，最終的に取り決めることはできず，法律を承認する権限があるのは人民なのだと説くのである。人民の意志が代表されないことの根拠は，主権を譲り渡すことができないということに基づく。

　ここで彼のいう意志が，「自分のやりたいことをする」とイメージされる意志とはまったく異なることに注意を要する。彼は，「自分のやりたいことをする」とイメージされる意志を「特殊意志」と呼び，主権の行使たる意志の場合には「一般意志」と呼んでいる。一般意志とは，公共の利益に向かう意志のことであり，自分の利益に向かう意志とは異なる（『社会契約論』第1篇第3章参照）。ルソー

によれば，人民全体の一つの意志である一般意志に従うならば，自己統治になるというのである。人びとがまず自分の利益を考え，それを集めていくと民主的な意志になるという発想（特殊意志を集積してできた意志を，彼は「全体意志」と呼ぶ）は，現代のわれわれの民主政イメージに近いものだと思われるが，しかし，ルソーからすれば，それは民主的ではないのである。

2　代表制は奴隷となることである

主権は譲り渡すことができないという理論的な話だけで，ルソーは，直接民主制を支持するのではない。彼は，人民が，政治を代表に任せ，政府の統治にかかる資金を税金としてのみ拠出すると，真の自由に反することになるだろうと懸念する。真の自由は自分の手ですべてを行うことなのだ。ルソーはいう。代表者に政治をゆだねる「イギリスの人民はみずからを自由だと考えているが，それは大きな思い違いである。自由なのは，議会の議員を選挙するあいだだけであり，議員の選挙が終われば人民はもはや奴隷であり，無にひとしいものになる」（中山・訳192頁）。

また，政治を他人任せにすると，結局，市民は公共の事柄に対する関心を失ってしまうことを懸念している。家事に忙殺されて公共の事柄に関心を示さなくなった状態では，公共の利益に向かう意志たる一般意志も失われてゆく。「国事について，誰かが『それがわたしに何の関係があるのか』と言いだすようになったら，すでに国は滅んだと考えるべきなのである」（中山・訳190頁）。

3　ルソーと古代ギリシア

民主政論を構想するにあたってルソーが一つ念頭に置いていたことは，古代ギリシアの都市国家の政治であった。アテネにおいて，

市民が政治や行政に直接参加できた背景の一つには，労働は奴隷に任せていたことがある。奴隷制があったからこそ，アテネの民主政治や自由が可能となった。しかし，ルソーは，奴隷制を容認しない。ならば，真の自由を実現してくれる直接民主制は不可能ではないか。ルソー自身もそれを認めている。「真の民主政はこれまで存在したことがなかったし，これからも存在することはない」（中山・訳137頁）。

　それゆえ，ルソーの直接民主制論は理念上の議論である。理念としての民主政は実現されえないが，しかし，現実の制度のあり方を批判する一つの視座を提供してくれる。ルソーが独創的な視点を提供できたのも，アテネの民主政という遠い過去を彼にとっての古典として理想化したからであった。

4　ルソーの直接民主制論の現代的意義

　現在，直接民主制の重要性を説く論者の中でも，ルソーが提示する，「意志は代表されえない」という根拠を継承している者は少ない。また，インターネットで実現可能な直接民主制論の中には，ルソーが唾棄した全体意志の集計メカニズムに近いモノもある。ただ，他人任せの民主制が，結局，政治的無関心を呼び起こしてしまうというルソーの懸念は継承されている。

　さらにいえば，ルソーは，直接民主政を手放しで礼賛しているわけではない。民主政は，不安定な政治形態であり，民主政を選択するには，代表制という「平穏な隷属」よりも，民主政という「危険な自由」を選ぶ覚悟がなければならないとまで述べている（中山・訳137頁）。

Ⅲ●間接民主制の理念

1 ジョン・スチュアート・ミルの代議制論

間接民主制を擁護する代表的な議論の一つとしては、ジョン・スチュアート・ミル（John Stuart Mill, 1806-1873）の議論がある。イギリスの議会にも議員として参加していた彼は、ルソーに比べて民主政治のあり方を経験的に議論する。まず、理念としての最善の統治形態の条件は、「実行可能」であり、一定の望ましい環境下で将来にも有益な結果を生み出す統治形態でなければならないと述べる。

ところで、古代より、無知蒙昧な民衆による統治よりも、すぐれた賢人による専制政治が望ましいという議論があった。このような議論に対して、ミルは、確かに、きわめて特殊な条件下においては、一時的には、専制政治が望ましいこともあると述べるが、しかし、一般的に専制政治が民主政治よりも優れていると考えるのは危険な妄想だとする。最善の統治形態は、「すべての市民が究極的な主権に対して発言権」をもった民主政治であり、具体的には、代議制であると述べる。

議会がなすべき仕事は何か。

> ミル『代議制統治論』(1861年) 第5章
> 「代議合議体の本来の任務は、……政府を監視し統制することである。すなわち、その諸行為に公開性の光をあて、だれかが疑問に思うすべての行為について、十分な説明と弁明をさせ、断罪されるべきことがあれば非難し、また、政府を構成している人びとが、その信託を悪用したり、国民の熟慮された意向と矛盾するやり方でその信託に対応するならば、かれらを免職し、明示的または実質的その

後任者を任命することである。」

水田洋・訳『同』(岩波文庫, 1997年) 138〜139頁

　議会の適切な機能は,「政府を監視し統制すること」にある。そして, いかなるプロセスで監視し統制するのかといえば, 公開制のもとで他者に対して説明すること, つまり,「討論」である。ミルは, 討論に大きな価値を付与している。

ミル『自由論』(1859年) 第2章
「意見の違いがありうる問題の場合, 真理は, 対立し衝突し合う二つの意見をあれこれ考え合わせることによってもたらされる。……自分が言いたいことしか知らない人は, ほとんど無知にひとしい。」

斉藤・訳90頁

『同』第3章
「人間が不完全な存在であるかぎり, さまざまの意見があることは有益である。」

斉藤・訳138頁

2　ミルの哲学——意見の多様性

　自由論と民主政論を貫くミルの哲学の要がここに表現されている。人間は間違いうる不完全な存在であるから, 意見の異なる他人からこそ学ぶべきである。ミルは, この出発点から民主的な制度に関していくつかの結論を引き出す。まず, 議会における討論はまさに意見の異なる他人から学ぶ場の一つだといえる。ミルは, 選挙民が, 自分たちが選ぶ代表者に対して, 自分たちの考えを実現するような誓約は要求すべきではないと説く (『代議制統治論』第12章)。なぜなら, 選挙民の考えが議会の討論で間違っていると明らかになりうる

からである。次に，意見の異なる他人から学ぶことを重視するから，選挙制としても（小選挙区制に比べて）少数意見の候補者が当選しやすい比例代表制を支持するのである。討論の前提として，「意見の多様性」が求められる。それゆえ，少数の意見に耳を貸さず多数の意見だから正しいという民主政観は，ミルの民主政観とはまったく異なる。多数の意見がそのまま立法内容となった法律を，ミルは「階級立法」と呼び，これを否定的に評価する。

　意見の多様性を前提にした討論を基軸におくミルの民主政論は，民主政によって真理を探究するアプローチと位置づけられる。これに対しては，（道徳や政治の問題について）真理がわからないからこそ，みんなで話し合って決めざるをえないことに民主政の意義を認める論者も存在する。20世紀を代表する憲法学者・法哲学者であるハンス・ケルゼン（Hans Kelsen, 1881-1973）は，ミルと同じく直接民主制よりも代議制を高く評価しつつも，「絶対的価値の認識が不可能だと考える者は，自説と反対の意見も可能なものとみなさざるをえない。それゆえに，相対主義こそ民主主義思想が前提にする世界観である」と述べる（上原行雄ほか・訳『ハンス・ケルゼン著作集Ⅰ──民主主義論』〔慈学社，2009年〕30頁）。確かに，ミルは，道徳や政治の問題についても真理があるという前提で議論しているので，相対主義の世界観を採用しているとは言い難い。このことに関連して，真理と支配とを結びつけることは，たとえ多くの人びとが真理に反対であったとしても，真理を知っている少数者の意見に従えということで専制支配（プラトンのいう「哲人王」）につながりやすいと批判されることもある。実際，ミルは，知識のある者には，投票権をもう一つ与えてもよいと考えていた。しかし，ミルは，真理がわかる場合と真理がわからない場合とを峻別しない。ミルによれば，現時点で真理とみなされている主張もいつかは論駁される可能性もある

からである。また、すでに紹介した通り、ミルの立場からは、多数者であれ少数者であれ、誰かが特権的に真理を知っていることはない。人間はすべからく不完全な存在なのである。投票権を一つ余分に与えるという提案はしても、専制政治がよいとまではミルはいわない。あくまでも、ミルは、意見の多様性を前提にした討論の場である代議制を擁護する。

ただし、注意しなければならないのは、ミルは代議制を万能だとみなしていたわけではない。むしろその逆であり、「多人数の団体」としての議会が果たしうる機能には限界があることを強調する。ただ、その限界を説明するためには、一般的に間接民主制として説明される範囲を超えるので、節を変えよう。

Ⅳ●民主制と分業

1 官僚集団の意義と限界

ミルは、議会における討論の結果を「実行すること」は、多人数の団体たる議会の仕事ではなく、そのために特殊な訓練を受けた個人の仕事であるとする。ここでいう「実行すること」には、法律を作ること、法律を執行することの二つ、すなわち、立法と行政が含まれている。

まず、ミルは、民主的な議会は、行政を行う人びとに細かい点まで命令したりすることはできず、また、行政は熟練を要する仕事であって、その仕事をしたことがある人がするべきであるとする。つまり、議会は行政を担うべきではない。次に、（多くの憲法理論において議会の任務とされている）立法にさえ、議会は適していないとする。法律を作る仕事には、経験と熟練のみならず、また、長期間の研究も、必要とされる。まとめれば、議会は、行政や立法という統

治作用に向いていないということである。統治には,熟練した技能がいるからである。こうした熟練した技能をもつのは,官僚集団である。

　こうした官僚集団による政治を,ミルは高く評価する。ミルは,「近代ヨーロッパの貴族制的統治においては,偉大な大臣は,偉大な国王とほとんど同じくまれな現象である」(『代議制統治論』第6章〔水田・訳151頁〕)として,君主制や貴族制は否定的に評価するのに対して,代議制以外に,高度の政治的手腕と能力をもつのが官僚政治であるとする。しかし他方で,官僚制をむしばむ病理の存在も指摘する。専門職業である官僚は,たいていの場合,個性を圧迫し,教えられてきたことをするだけであり,このようなルーティンが官僚制をむしばむのである(同章)。官僚制は,特定の目的を追求する際に注目すべき手腕を発揮するが,しかし,それ以外の目的を注入するような外部に対して頑強な抵抗を示す。ミルによれば,他の目的を排除し,ある特定の目的のみを追求すると,その目的が過剰に実現されるというよりも,その目的の追求さえ,うまくいかなくなると説いている(同章)。ここでも先に触れた意見の多様性の視点が貫かれており,意見の多様性を殺してしまうルーティンは克服されなければならないとされるのだ。そのためには,人びとによって選ばれた代表が,官僚集団に対して外部の精神を注入し,官僚集団を監督し抑制していかなければならない。

2　統治における分業の意義と限界

　ミルが目指したのは,実行可能で,将来にも有益な結果をもたらす最良の統治形態を構想することであった。その手段として代議制がよいと考えたのだが,しかし,すべての仕事が代議制によって担われるべきだとは考えなかった。そもそも代議制も人びとに代わっ

Ⅳ●民主制と分業

て討論を行うところであり、人びとと代表の間でも分業がある。ミルの代議制論では、意見の多様性を統治において反映させること以外にも、統治における分業の視点が重要になっている。先ほど登場したハンス・ケルゼンも、「議会制は……民主的自由の要請と、すべての社会的技術的進歩の条件である分業の原理との妥協の産物である」(上原ほか・訳40頁) と述べ、議会制を要請する一つの原理は分業であるとしている。

分業の利点は、生産工程をいくつかに分解し、それぞれの工程にそれぞれの人びとが特化して携わって、協働して生産した方が、熟練の度合いが高まり、一人で全行程に携わるよりも、よりよい結果が得られることにある。個人の人生においても、自分に関わるすべてのことを自分で決めて、実施していくわけではない。医療の場でどのような治療法が望ましいのかについては、医師が提示した選択肢を勘案しつつ、自己決定し、その治療の実施はやはり医師に任せる。医療に関しては、医師の専門性が高いからだ。また、ある者に政治家としての才能があるとしても、経営者としての才覚がそれよりも高ければ、政治は他人に任せる方がよいかもしれない。個人が使える時間は有限だからだ。専門分化していく社会では、分業は必然である。政治活動とその他の活動との関係においても、政治活動内部においても、分業は生じる。分業のおかげで人びとに大きな幸福がもたらされ、人びとの自由の範囲は拡大する。

しかしながら、分業の理屈を推し進めていくと、先のルソーの懸念が浮上してくるだろう。分業とは、各人が特定の分野に専心していくことだが、他人が専心している分野に無関心にもなりうるからだ。経済活動に専心し、政治を他人任せにすると、結局、市民は公共の事柄に対する関心を失ってしまうというルソーの懸念が生ずる。また、この懸念は、ルーティンに身を委ね、思考が停止するという、

ミルの懸念にもつながる。そこでの解決策は，直接民主制的な要素を採り入れることが考えられるだろう。ミルも，直接民主制の要素を採用することを否定していない。

ここからわかるのは，間接民主制と直接民主制のどちらが優れているかという二者択一的な問いは正しくなく，社会の規模や分業のあり方に応じて直接民主制と間接民主制をどのように混合させるのが望ましいのかということである。民主制はさまざまな形態がありうるが，それらを使い分け，また，協働させるという民主制の領分を考察する必要がある。

V●インターネットがもたらす民主政の可能性は？

1 インターネットは民主政の可能性を拡げる

ここで導入の問題に立ち返ろう。インターネットは双方向的なコミュニケーションを容易にさせた。これは，ウェブ2.0と呼ばれる。このウェブ2.0の時代は，どのような民主政が可能になるだろうか。

古代ギリシアの都市アテネのような直接民主制においては，人びとが広場で集まり，議論をして，決定をする。広場という現実の空間上の制約もあれば，いつ集まれるのかという時間上の制約もあれば，数万人の意志を確認する煩雑さもある。これに対して，インターネット上のフォーラムや掲示板の設計やサーバーの容量によっては，広場よりも多くの人びとが集まることが可能になるし，また，掲示板にどんどん書き込む形式にすれば，同じ時間に集まる必要もなく，さらに，クリック一つで賛否の意志を確認できる。

そうはいっても，古代アテネとは異なり，人びとは生活の糧を自分で稼いでいかなければならない。インターネットで便利になったといっても，直接民主制に参加する時間を十分に確保できない。ま

た，たとえば，日本国民一億人で討論が成立することは考えにくいのであって，技術的な可能性がそのまま人間の処理能力の可能性を示すわけではない。それゆえ，インターネットが登場しても，やはり間接民主制は重要な制度的選択肢として残るだろう。

とはいえ，代表民主制においても，インターネットがもたらす可能性は大きい。アメリカのオバマ大統領は，選挙活動において，インターネット上で小口の寄付金を募り，多額の寄付金を集めた。また，各政党がネット上で公開しているマニフェストを有権者は確認することができる。さらに，国会中継やインタビューなどが動画サイトにアップロードされ，代表者がどのように質問・回答しているのか，マス・メディアによる意図的な編集を介在させることなく，自分の目で確認できる。

2　インターネットは民主政の可能性を狭める

このように考えると，インターネットによる民主政の可能性は相当に拡がりうるかもしれない。しかし，インターネットは現実空間とは別種の問題も引き起こしうる。まず，インターネットは，少数の者による支配，すなわち，政府や大企業の支配を強化しうるという議論がある。インターネットによる通信は，一定の物理的条件，通信上の技術的ルール，ソフトウェアのプログラムの上に成立しており，これらの条件には，インターネットにアクセスする限りは，拘束されざるをえない。たとえば，現在のツイッターで一つのツイートにより140文字を超えて己を表現することはできないのだ。これらの条件の設定主体と設定内容如何によっては，政府や大企業の支配の道具となりうる。とりわけ，私企業である大企業が選択した条件が現実の法にとって代わる事態を，アメリカの憲法学者で情報法学者のローレンス・レッシグ（Lawrence Lessig, 1961-）は「法の

私有化（privatized law）」と呼んで問題視している（レッシグ〔山形浩生・訳〕『CODE VERSION2.0』〔翔泳社，2007年〕）。

次に，より根源的な問題として，インターネット上では「集団極化」現象が生じやすいと指摘されている。同じ意見の者が集まって議論すれば，その討論の結果は極端になりがちだというのは，社会心理学の世界では，「集団極化」と呼ばれる。憲法学者サンスティーン（Cass R.Sunstein, 1954-）は，インターネット上では，人びとは，自分と異なる意見や情報に触れるよりも，同じような趣味嗜好を示す特定のサイトのみを訪れ，自分の趣味嗜好や意見を強化する傾向があると説き，インターネットが集団極化現象の温床となる危険を指摘している。ここでは，討論の結果が極端になりがちだということのみならず，異なる意見の交流も減少するという危険もあるのだ。このような集団極化や分断化が起きているとすれば，ミルが重視した意見の多様性を前提にした討論は生じないだろう。このように社会が分断化されれば，社会構成員の意見が分裂し社会が不安定化するのみならず，人びとが共有した体験を持つ機会が減少する。「共有体験は，情報通信システムで可能になった体験を含めて，市民や見知らぬ他人同士の望ましい関係づくりに貢献する」（サンスティーン〔石川幸憲・訳〕『インターネットは民主主義の敵か』〔毎日新聞社，2003年〕108頁）。一定の共有された体験があるからこそ，可能になるコミュニケーションがある。悲惨な戦争の記憶，汚職事件，原発事故，それぞれの共有体験が，政治的に討議される課題を設定し，政治的なコミュニケーションを促進する。

もっとも，ここでより根本的な問題提起が可能である。分裂化した社会はそもそも問題なのか。言い換えれば，分裂化した社会を再び統合し，同じ政治共同体の単位とする必要があるのだろうか。議会制を擁護したケルゼンを厳しく批判した20世紀の憲法学者カー

ル・シュミット（Carl Schmitt, 1888-1985）によれば，民主政は同質性を前提にするという（シュミット〔稲葉素之・訳〕『現代議会主義の精神史的地位〔新装版〕』〔みすず書房，2013年〕）。ここでシュミットが念頭においている「同質性」は民族のことである。シュミットのような同質性理解を採用しないとしても，政治的コミュニケーションには，共有体験のような一定の同質性が必要とされる。どの範囲の共同体でどのような民主政を実現していくのかという問題も，グローバル化し，また，分権化していく現代社会においては，重要になってくるだろう。

ジャン=ジャック・ルソー
(Jean-Jacques Rousseau, 1712-1778)

「冒険家，夢想家，作者，政治思想家，被迫害者，ジャン=ジャックはそれらのすべてであった」とスタロバンスキーはルソーを研究した自著『透明と障害』の冒頭で述べている。多岐に渡る活躍をしたルソーは，ジュネーヴ共和国（現在のスイスで，フランス語圏）に生まれ，幼少の頃は父親とともに小説や歴史書に親しんでいたという。しかし，10代半ばの多感な時期に家出したルソーは，職人への弟子入りなど職を転々とする。20歳のころに男爵夫人の愛人となり，その庇護のもとで多くの教養を身につけた。その後フランスに移り，『新エロイーズ』という小説を描き，「むすんでひらいて」を作曲し，そのうえ，『エミール』という教育論，『社会契約論』という政治理論，『言語起源論』という言語論などさまざまな分野の論文・書物を公表した。

ルソー自身は1789年のフランス革命が生じる前の1778年に死去した。にもかかわらず，彼の著作は，フランス革命の指導者たちの思想に，また，（憲法分野も含めて）後世の思想・哲学に大きな影響

第4章　民主政

を与えた。一般的には，近代的な啓蒙思想家，自由と平等の理論家の一人とされる。しかし，彼の思想ほど，統一した解釈が難しく評価の分かれる人物はいない。たとえば，歴史は進歩するものだという進歩史観は啓蒙思想と結び付けられるが，しかし，ルソー自身は，文明の進歩によって人間は堕落していくという（一般には保守思想と結び付けられる）堕落史観を採用している。また，自由や平等の理論家とされるが，しかし，（本文中で簡単に説明した）彼の一般意志論については，その概念がフランス革命時の恐怖政治をはじめとしてさまざまな独裁政治に援用された歴史的事実，個人の特殊意志に公共的な一般意志を優先させていることなどから，ルソーこそが全体主義や独裁政治の思想家だという者さえいる。（第1章で紹介した思想家）コンスタンも同趣旨のことを指摘している。

このような評価の原因はルソーの議論の中に潜む矛盾にあるとされることも多く，それゆえ，ルソーの議論を否定的に評価する論者も多い。しかし，依然として，参加民主主義論など，現代の思想に多くの着想を与えていることも確かであり，ルソーの議論が豊かな知的源泉の一つであるという事実は否定できないだろう。彼の矛盾した議論こそが近代が抱えた矛盾なのかもしれない。

Q

◇　オープンソースで法律を作ることは可能だろうか。本文中の文章を参考にしながら，法律とソフトウェアがどのように違うのかという問題を手掛かりに考えてみよう。たとえば，法律のカスタマイズはそもそも許されるのか。

◇　インターネットは統治の道具としてどこまで活用できるだろうか。本章で紹介したミルの議論をふまえて考えてみよう。ここで，統治とは立法や行政のことである。

参考文献

①澤田典子『アテネ民主政——命をかけた八人の政治家』(講談社メチエ，2010年)

　民主政の起源は，古代ギリシアのポリス，とりわけ，アテネにあるといわれている。アテネの民主政のあり方は現在のそれと大きく異なるので，現在のあり方を大きく相対化することができるだろう。

②東浩紀『一般意志2.0』(講談社，2011年〔文庫版2015年〕)

　本章で登場したサンスティーンの著作以外でも，インターネットと民主政の関係を考察した，示唆にあふれた書物である。ルソーの一般意志概念から出発して，インターネット時代の一般意志のあり方を考察している。

③松井茂記『インターネットの憲法学〔新版〕』(岩波書店，2014年)(とりわけ第13章)

　本書は民主政論(第13章)のみならず，インターネット上の憲法問題全般について論じた書物である。非常に多くの論点に触れられている。

第5章　議　会

● ● ●

　読者は，国会議員に対してどのようなイメージを抱いているだろうか。

　2015年9月に行われた世論調査で，国会議員，官僚，裁判官，マスコミ，銀行，大企業，医療機関，警察，自衛隊，教師に対する信頼感について，「ほとんど信頼できない」の「1点」から「たいへん信頼できる」の「5点」までの間の五段階で回答を求めたところ，国会議員は平均点が2.4点で最低であった（中央調査社「議員，官僚，大企業，警察等の信頼感」調査〔第8回〕）。同様の世論調査は2000年3月から8回行われているが，国会議員は官僚と毎回最下位を争っている。また上の世論調査で，「あなたがいま，国民にもっと信頼されるよう努力して欲しいと思う日本の機関や団体は，この中ではどれですか」という問いに対して，第一番目に国会議員を挙げた回答は66.1％で，ダントツの首位であった。

　この調査結果からは，国会議員は国民から信頼されていないことが窺われる。読者も，国会議員は，「自分自身の利益ばかりを追い求めている」，「他愛のないおしゃべりばかりをしている」，「実は何もしていないのではないか」等々のイメージを抱いているかもしれない。それでは，国会はなくてもよいということになるだろうか。そもそも，国会の「本来の仕事」とは何なのだろうか。

● ● ●

ケルゼン『デモクラシーの本質と価値』(第2版1929年) 第3章

「議会制を規定している理念を理解しようと試みれば、そこで支配的意義をもっているのは民主主義の自律思想、すなわち自由の思想であることが分かる。……自由の理念は、その最深の本質において、あらゆる社会的なるものの、それゆえあらゆる政治的なるものの否定者〔である。〕……〔それが、〕自由は純粋なままでは社会的なものの領域、まして政治的・国家的なものの領域に立ち入れず、それと違和的な諸々の要素と融合せざるを得ないことの理由である。

そこで議会主義の原理の中に、元来の自由の理念の力を減殺するような二つの要素が結びついていることが判明する。その第一は、多数決原理である。……第二の要素は、意思形成の間接性である。すなわち国家意志が国民自身によって直接に創造されるのではなく、国民によって創造されたものであるとはいえ、議会を通じて創造されることである。ここに自律主義としての自由主義が分業、社会的分化という不可避の必要と結びつくのである。この傾向は、民主主義的自由理念のもつ素朴化という基本性格と矛盾している。なぜなら、自由の理念のみからすれば、全国家意志は、雑多極まる全有権者の単一の集会によって形成されねばならなくなるからである。国家有機体の分業的分化、国家機能の相当部分を国民以外の機関に委譲することは、必然的に自由の制限を帰結する。

それゆえ議会制は、自由という民主制の要請と、あらゆる社会技術の進歩の条件をなす分業原理との妥協である。……社会的諸関係は複雑で、分業の利益を放棄することなどできなかったから、直接民主主義を本気で受け容れることはできなかった。国家という共同体の規模が大きくなればなるほど、『国民』自身が国家意志形成活動を、直接的で、真に創造的に展開する可能性はいよいよ小さくなり、純粋に社会技術的な理由からも、『国民』には国家意志形成機構を、創造し、統制する以上のことはできなくなる。」

長尾龍一＝植田俊太郎・訳『同』(岩波文庫、2015年) 45～47頁

第5章 議　会

I ●議会制とその歴史

　議会制は，広い意味では，国民から選挙で選ばれる議員で組織される議会を設け，これに立法権をはじめとする諸権限を与え，国政上重要な地位を認める政治制度をいう。議会と政府との関係に着目すると，この中で，国民が実質的に選挙で選出する大統領と議会とが互いに分離・独立して各々の権限を行使する大統領制（アメリカ合衆国など），首相や大臣が議会によって選出され，その結果，議会の多数派から組織される政府が一定程度以上の独自性や主導性をもちつつ議会と協働して権限を行使する議院内閣制（イギリス，フランスなど），政府が議会に従属し，議会の決定を執行する議会支配制（スイス）にさらに分類することも可能である（議院内閣制のことを狭い意味で議会制と呼ぶこともあるが，本章では議会制を広い意味で用いる）。しかし，いずれの制度にも，議会が存在して，これに重要な地位が認められていることに違いはない。

　議会制は，イギリスでは，中世（13世紀）に設けられた身分制の議会（14世紀には，聖職者と貴族からなる会議体と，州の騎士や自治都市の代表者からなる会議体があったといわれる）が脈々と続きながら発展してきたが，フランスでは，1789年のフランス革命で中世以来の聖職者・貴族・平民の代表者から構成される三部会のうち平民からなる第三部会が国民議会を名乗って以来，革命的な国民公会制（議会支配制）や独裁制を繰り返す中で確立した。またアメリカ合衆国のように，1788年に成立した合衆国憲法で（大統領制とともに）一気に確立した国もある。これに対し，1871年に成立したドイツ帝国のように，議会を有してはいたものの，皇帝や，帝国を組織する各邦の代表者からなる連邦参議院に強い権限が認められ，19世紀後半の時

I ● 議会制とその歴史

点では議会制が十分に確立していなかった国もあった。

19世紀後半のイギリスの議会制を『代議制統治論』で描いたジョン・スチュアート・ミル（John Stuart Mill, 1806-1873）は、議会の任務について、次のように主張していた。

ミル『代議制統治論』（1861年）第5章
「代議合議体の本来の任務は、それが根本的に適していない統治という機能ではなくて、政府を監視し統制することである。すなわち、その諸行為に公開性の光をあて、だれかが疑問に思うすべての行為について、十分な説明と弁明をさせ、断罪されるべきことがあれば非難し、また、政府を構成している人びとが、その信託を悪用したり、国民の熟慮された意向と矛盾するやり方でその信託に対応するならば、かれらを免職し、明示的または実質的にその後任者を任命することである。……これに加えて、議会は、その重要性においてこれにさえ劣らない一つの任務をもっている。それは、国民の苦情処理委員会であると同時にその意見会議であって、国民の一般的な意見だけでなく、その各層ごとの意見と、可能なかぎり、国民がふくむすぐれた人びととのそれぞれの意見が、十分に明示でき、論戦をいどむことができる舞台なのである。……国内に存するあらゆる利害や関心あらゆる色あいの意見が、政府の面前で、また他のあらゆる利害関心や意見の面前で、その主張を情熱をこめてさえ弁じてもらうことができ、かれらに傾聴をせまり、同意するか、そうでなければ理由を明白にのべるようにせまりうる場は、そのことだけで……もっとも重要な政治諸制度の一つであり、自由な統治の主要な恩恵の一つなのである。」水田洋・訳『同』（岩波文庫、1997年）138〜140頁

当時のイギリスは議会制が最も進んでいた国であり、議会は立法権や課税・歳出に関する決定権をもっていたが、ミルによれば、議

会の任務は，政府や，立法業務に習熟した人びとからなる委員会からの提案に対して，「同意」や「国家的承認」を「与えたり与えなかったりすること」だという（水田・訳122頁，134頁）。ミルは，国政を行うこと——行政のみならず，立法の提案も含む——は多様な人びとからなる議会には不向きで，議会はむしろ，重要な事項に同意を与え，また国政を行う者を監視するとともに，代表者が多様な利害や意見を発表し討論する場であると考えていたのであった（第4章「民主政」Ⅳ参照）。

議会制といっても，19世紀のはじめには，選挙権が与えられるのは相当な金額以上を納税する者に限定されていた（制限選挙）。それゆえ，当時の議会は，財産そして教養をもった富裕層によって占められており，なお貴族的なものであった。しかし，その後，政治参加を本当の意味での庶民，一般国民にも開いていくべきである，という運動が強まり，男子普通選挙が実現することになる（もっとも，女子に参政権が認められるのはさらに後である。第11章「平等」，第20章「参政権」参照）。

イギリスでは1832年，1867年，1884年の選挙法改正によって徐々に庶民院議員の選挙権が拡大され，都市の労働者や農村部の小作人にも選挙権が認められるようになった（完全な普通選挙が実現したのは1918年のことである）。フランスでは，1789年の革命の後も実際には制限選挙制であったが，1848年の二月革命の後，早くも男子普通選挙が実現した。ドイツでも，1871年のドイツ帝国憲法（ビスマルク憲法）が男子普通選挙を保障した。

これにより，一般市民の政治参加が進んだ。議員は，票を得るために一般市民の利害や意見を気にするようになり，民意や世論が重視されるようになった。これに合わせ，一般市民と議員とを繋ぐパイプ役として政党が発達し始めた（第6章「政党」参照）。こうして，

議会は，民主主義と結びついて国政の中で中心的な地位を占めるようになる。

II ● 議会制に対する批判

しかし，議会制に対しても，さまざまな不満や批判を向けることが可能であるし，実際にもなされてきた。ドイツのワイマール憲法下における議論でみてみよう。

ドイツでは，第一次世界大戦の後に，帝政が倒れ，ワイマール憲法が制定されることで，制度上は議会制が確立した。しかし，戦後の混乱と激しいインフレの中，一方で労働者や社会主義者の，もう一方で元軍人や右翼団体の運動・行動に揺さぶられ，その実際は不安定なものであった。1923年以降は議会の少数派による内閣が続き，議会の各政党は個別利害の主張にこだわる傾向が顕著であった。

また，19世紀の終わりから，政党は現在のような巨大な組織となったが(大衆政党。第6章「政党」参照)，そこでは，ミヘルス(Robert Michels, 1876-1936)が『現代民主主義における政党の社会学』(1911年)で指摘したように，本来は選挙権をもった一般庶民が政治に参加するための組織であるはずなのに，実際には巨大な組織を動かすために幹部達が権力をもち，運営が民主的でなくなるという皮肉な現象が生じた(いわゆる「寡頭制の鉄則」)。そのうえ，ワイマール憲法下のドイツでは，議員の選挙が名簿式の比例代表制で行われたために，議員は政党の比例代表名簿に載せてもらわなければならないことから，議会での発言や投票の際にも幹部達が決める政党の方針に従わざるをえず，議員個人の見解に基づいて自由に議論を行うことができなくなった。このような状況を鋭く批判したのがカール・シュミット(Carl Schmitt, 1888-1985)である。

第 5 章　議　会

> **シュミット『現代議会主義の精神史的地位』（第 2 版1926年）序章**
>
> 「比例代表制とその名簿制度は選挙人と代議士との間の関連を断ち切り，したがって党派的拘束が不可欠の手段となり，いわゆる代表の原則〔引用者注：代議士は全国民の代表であって，自己の良心にのみ従い，命令に拘束されないとする，ワイマール憲法21条が定める原則〕……が無意味となる……。さらに，議会の本質的な活動は本会議の公開の討議の席で行われずに各種の委員会において行われ，しかもそれは議会の委員会とは限らず，本質的な決定はむしろフラクション〔引用者注：会派，議会内政党〕指導者の秘密会議においてか，あるいは全く議会外の委員会において行われ，その結果あらゆる責任の転嫁と棚上げとが起」こる。
>
> 稲葉素之・訳『同〔新装版〕』（みすず書房，2013年）29頁

　シュミットによれば，議会の本質は，公開の討議，討論にある。しかし，実質的な決定が非公開の場における会派（＝議会内の政党）の指導者たちの間の取引で行われるのであれば，議会はその存在意義を失っているのではないか。

　また，議会制に対しては，民主主義の立場から原理的な批判を行うことが可能である。シュミットの言葉を使うと，民主主義（民主政）とは，「支配者と被支配者・統治者と被治者・命令者と服従者の同一性である」（尾吹善人・訳『憲法理論』〔創文社，1972年〕288頁）。すなわち，民主主義とは政治に関する決定を私たち市民が自ら行うべきであるとする理念である。しかし，議会制は，政治に関する決定を議員たちが行うものである。もちろん，議員は私たち市民が選挙で選出するもので，私たちの代表者である。しかし，近代の議会においては，議員は選挙民の指図に拘束されない（命令的委任の禁止。上のシュミットの引用中の「代表の原則」がこれに当たる）。議員は私たち市民の意思とは別に，議員自身の意思によって決定を行うのであ

る。それゆえ、議員が代表者であるというのは「擬制」であり、「自由原理は議会主義によって現実に、また重大な仕方で侵害されているのであり、この明々白々たる擬制はこの侵害を隠蔽することをその役割としている」（長尾ほか・訳48頁）ということになる。それは、選挙という仕組みがある結果、実際には、議員が次の選挙で当選するべく、その活動において選挙区の有権者たる市民の利害や意思を反映するようにふるまうのだとしても、変わらない。このように、議員が代表者であるというのは「擬制」であることを見抜けば、議会制は民主主義にとって対立するもの、少なくとも民主主義の理念を十分にみたしていないものということになる。

Ⅲ ● 議会制に代わる政治制度① ── 「指導者制」

そこで、現状の議会制に不満を抱く者、原理的に「統治者と被治者の同一性」という民主主義の理念を追求する立場からは、別の政治体制が主張されることになる。それらの政治体制との比較を通じて議会制の意義をさらに考えてみたい。

議会制に代わる政治体制として考えられる一つは、役立たずの議員たちで組織されている議会ではなく、有能なひとりの政治指導者にすべてを委ねるという体制である。この体制は、国民がその政治指導者の行動を支持するとき、民主主義にも叶うものということができる。

たとえば、シュミットは、「人民の直接的意志表示の自然な形式は、集合した群衆の賛成または反対の叫び、喝采である」と述べる（傍点原文。尾吹・訳105頁）。指導者が、集まった人びとの前で国政上の決定を宣言し、それに対して、集まった人びとが歓声を上げて賛意を示す、という絵を想像すればよい。そこでは、指導者と人び

第5章　議　会

とは一体化しており，人びとは指導者による言葉を自分たちの言葉であると感じている。人びとは決定に直接参加をしているのである。

　また，このような生身の人間，群集の喝采に代えて，人民投票による人びとの同意によって，指導者が自らの権力を正統化するということも行われる。その古典的な例は，ナポレオン（Napoléon Bonaparte, 1769-1821）である。ナポレオンは，1802年に，自らを終身執政官とする元老院令を，さらに1804年には自身をフランス国民の皇帝とする元老院令を，それぞれ人民投票にかけて，圧倒的多数で支持を得て，最終的に皇帝となったのであった（第2章「国民主権」Ⅰ参照）。ここでも，人びとは，ナポレオンとその政治的な決定を投票で支持することによって，自ら決定に参加しているのだとの感覚を持つことができたのだろう。このようなかたちの人民投票（「プレビシット」と呼ばれる）は，フランスではその後も第二帝政を樹立する際にルイ・ナポレオン（Charles Louis-Napoléon Bonaparte, 1808-1873）によって用いられた。

　しかし，「喝采」にしても，プレビシットにしても，人びとは本当に自分たちで決定を行っているのだろうか。むしろ，人びとはひとりの指導者にすべての決定を委ねていると見ることもできる。上で挙げた「喝采」の例にしても，ナポレオンの元老院令に対する人民投票にしても，決定の賛否を問うているのは指導者であり，人びとはただこれに支持を与えているにすぎないとみることもできるからである。さらにいえば，人びとが支持を与えているといっても，それは真剣に政治のあり方を考えて冷静に判断したうえのものではなく，指導者の巧みな表現や振る舞いによって偏見や激情を煽られた結果にすぎないのではないか。ここでの指導者は，真に有能な政治家なのではなく，ただ言葉巧みに大衆——冷静に議論を行う市民ではない——を煽り立てて自らに対する支持を取り付ける能力をも

つだけの者にすぎないのではないのか（このような指導者のことを「デマゴーグ」と呼ぶ）。そしてその行き着くところは，指導者による独裁ではないのか。ドイツでは，1933年1月にヒトラー（Adolf Hitler, 1889-1945）が首相に任命されると（ナチスは1928年に議会で議席を獲得して以来，その勢力を拡大し，1932年には第一党になっていた），2月には国会議事堂放火事件を契機として大統領令で基本的人権が停止され，3月には「全権委任法」の可決によって事実上の独裁制が敷かれた。シュミットの「喝采」による民主主義の考え方は，このようなドイツの政治状況の中で，ヒトラーによる独裁制を導入し，これを擁護する役割を果たしたといわれる。

Ⅳ ● 議会制に代わる政治制度② ── 直接民主制

もう一つ考えられる政治制度は，市民が自ら国政上の決定を行う制度，直接民主制である。

そのモデルは，古代ギリシアの都市国家における民会である。アテネの民会は，月に4回ほど開かれ，アテネ市民が民会議場に集まって，宣戦布告，条約締結，外交使節の派遣といった外交問題をはじめ，国事犯（国家に対する犯罪）の弾劾裁判の発議などが決定された。このように，文字通り，市民が会議に集まって議論や決定に参加する仕組みは，現在でもスイスの一部のカントン（州）においてみられる。

しかし，この仕組みは物理的に人口の少ない国家でしか採用できない。アテネで参政権が認められていた成年男子の市民は4万人程度だったといわれ，また現在総会による直接民主制が残っているスイスのカントンも，人口は多くて5万人程度である。

これに対し，法律等を国民投票にかけて決定する制度が，直接民

主制の一種として重要である。ワイマール憲法では、議会が議決した法律を大統領によって国民投票に付すことが認められていたほか、有権者の10分の1が予算案、租税法、俸給法以外の法律案を発案すれば、議会がこれをそのまま可決しないときに、国民投票に付することとされていた（ワイマール憲法73条）。スイスでは、憲法改正以外にも、集団的安全保障機構または超国家的共同体への加盟、憲法に基づかない緊急の法律について、必ず国民投票（とカントンの投票）に付することになっているほか（スイス憲法140条）、法律や一定の条約も5万人の有権者または八つのカントンの請求があれば国民投票に付すこととされている（141条）。フランスでも、大統領が、憲法が定める一定のカテゴリーの法律案について、国民投票に付すことが認められている（フランス憲法11条）。イタリアでも、50万人以上の市民または五つの州議会が要求する場合に、法律等の廃止を決定するための国民投票が行われる（イタリア憲法75条）。さらにイギリスでも、1975年に当時のEC残留に関して、また2011年に選挙制度改革に関して、議会の提案によって全国的な国民投票が行われた。

このように、国民投票は多くの国で取り入れられ、また実際に行われてきている。それならば、このような国民投票を拡張して、議会制にとってかえることはできるのではないのか。

本章冒頭で引用したケルゼン（Hans Kelsen, 1881-1973）によれば、社会関係が複雑になったことで、人びとの分業の必要性から、立法のための合議機関として議会が生まれたのだという。これは、「事実としてそうである」という、社会学的な説明であって、「そうあるべきである」という規範論ではない。しかし、現代の諸国家において、100年近く前のドイツに比べて分業の必要性が小さくなっているとはいえないだろう（第4章「民主政」IV参照）。

Ⅳ●議会制に代わる政治制度②

　シュミットも，国民投票においては，「投票権者の大部分が，決定に対して受身な態度をとり，決定を避けようという志向をもつ」と指摘する（尾吹・訳348頁）。ナポレオンの国民投票で圧倒的多数が賛成を投じたのは，すでにナポレオンによって実質的な決定が下されていたからであり，スイスの国民投票で進歩的な改革案が拒否されるのは，「変革の決意よりも，その内容上『決定』の点では明らかに小さな決意であるから」（尾吹・訳350頁）であるという説明がつくというのである。改革を進めるか否かの決定を本当に人びとが自ら行わなければならない場合，人びとは最小限の決定――現状維持――ですまそうとする。国民投票を行っても，人びとは，積極的に（さらには熱狂して）決定に参加するのではなく，むしろ自ら決定することを避けるのだという醒めた分析である。

　これらを踏まえさらに進めていえば，規範論として次のような批判を行うことも考えられる。国民投票は，国民に国政上の問題の議論と決定への参加を促すものなので，政治に関心のない人びとからすれば，自分のやりたいことに充てる時間と労力が削られ，また強制的に政治へ関心を向けさせられるという点で，個人の自由を制限するものであるとの批判である。もちろん，国政上の問題に関する直接の決定は議員が行う議会制の場合でも，議員の選挙には国民が参加しなければならないので，これと同じであるともいえる。しかし，選挙と比べると，国民投票は，投票の頻度からいっても，また投票の内容からいっても――物事を決める方が人を選ぶよりも大変であるから――人びとに与える負担は大きいであろう。いくつかの限られた重要な問題についてのみ国民投票に付すのではなく，今の議会で決定しているすべての問題を国民投票に付す制度を想像すれば，上の批判――難しい言い方をすれば，個人の自由で多様な生き方を尊重するリベラリズムに反するという批判――を一笑に付すこ

とはできなくなるだろう。

　最後にもう一点，国民投票といっても，投票にかける提案を誰が行うかを見ると，①国民自身，②議会，③政府の三つに分類できる。しかし，②議会が提案を行うものは，たとえばその議案が国政上重要であるなどの理由から最終的には国民による決定に委ねるのが妥当であるとの考え方に立っているとしても，議会が議論を経て提案内容を決定する以上，議会にはなお重要な役割が期待されており，「議会制に代わる政治制度」とまではいえない。また，③政府が提案を行うものについては，Ⅲでみたプレビシットになってしまう危険を指摘できる。残るは①国民自身による提案であるが，これは国民発案（イニシアチブ）と呼ばれる。これは，一定数または一定割合の有権者が提案に賛成することで成立するが，実際にはこれがそのまま国民投票にかけられるわけではない。スイスでは，国民発案で憲法の部分改正を求めることができるが，提案が抽象的な政策の形式で行われた場合，議会両院がこれに賛成すれば議会が条文のかたちで改正案を作成し，国民投票にかけることになるし，議会両院が反対すれば抽象的な提案の可否をいったん国民投票にかけ，過半数の賛成があった場合には議会が改正案の作成に入ることになる。また，提案が条文のかたちで行われた場合も，議会両院がそれに対する賛否を決定し，賛成すれば国民投票にかけられ，不同意であれば議会自身の代替案または拒否勧告案が元の提案とともに国民投票にかけられることとなる（スイス憲法139条）。複雑な仕組みであるが，要するにこの場合でも議会が国民投票に関与するのである。このようにみると，国民投票や国民発案は，議会制を完全に否定するものではなくて，これを補完するものであるといえるだろう。

V●議会の意義

このようにみると，いまのところ，議会制に取って代わる政治制度は考えづらく，議会制が消極的ながら最善の制度だということになりそうである。しかし，ここまでみてきたところから，もう少し積極的に議会の意義を掘り起こすと，次のようにいうことができる。

議会は，人びとではなく「議員」が議論を行う場として意味がある。すべての人びとが古代ギリシアの市民のように政治に従事することは，社会的な分業の必要性からもできないし，自分自身の生き方として政治以外の事柄（ビジネスであれ，芸術であれ）を選択する可能性からも強制すべきでない。しかし，中には政治に従事することに関心を持つ者もいるだろう。人びとは，そうした者の中から選挙で議員を選び出して，議員に政治的な議論と決定を委ねるのである。

議員は，議会でそれぞれの立場からさまざまな利害や見解を主張することができる。もちろん，法律など，議会で議決を行わなければならない場合には，多数決によって決せられるので，最終的にすべての議員の利害や見解が通るわけではないことはもちろんである。しかし，議論の中で自らの立場に他の議員を賛同させる可能性がまったくないわけではない。また，仮に敗れたとしても，長期的にみれば意味があるかもしれない。さらに今の時点でも，公開の場で議論を行うことは国民に訴えかけるという意義がある。逆に，国民には議員の活動をチェックできるという意義もある。人びとは，良くないと思う議員は次の選挙で落選させ，また新たな議員を人びとの中から選出することができる。

第 5 章 議 会

> **ハンス・ケルゼン(Hans Kelsen, 1881-1973)**
>
> プラハに生まれ，4 歳で両親の引越しに伴いウイーンで育つ。ギムナジウムの時代には，文学や哲学に没頭する。ウイーン大学法学部で学ぶうちに，研究者を志すようになる。ハイデルベルクに留学し，イエリネックの元で勉強するが，イエリネックとはそりが合わなかったようである。この間，『国法学の主要問題』を書き上げ，同書で教授資格を取得し，1911年から，ウイーン大学の国法学・法哲学の私講師を務めた。第一次大戦勃発後，予備役で召集されるが，肺疾患のため事務職のみ可能とされ，陸軍省で勤務した。その途中で，ひょんなことから陸軍大臣付の係官となり，オーストリア＝ハンガリー帝国の終焉を権力中枢の傍で体験する。1919年に，ウイーン大学の国法学正教授となり，『一般国家学』等の著作を書く一方で，はじめて憲法裁判所制度を導入したことで知られるオーストリア憲法を起草し，1921年にはその憲法裁判所の裁判官になる。しかし，その後，ユダヤ人であったケルゼンは時代に翻弄されることになる。1929年に，右派のキリスト教社会党による憲法改正で憲法裁判所が廃止され，ケルゼンはドイツのケルン大学に国際法の教授として移籍した。しかし，1933年にヒトラーが首相となると，ケルゼンは教授を罷免される。辛くもドイツを出国しジュネーブに移るが，第二次世界大戦の勃発で1940年にはアメリカ合衆国に亡命，1945年にはカリフォルニア大学バークリー校の正教授となり，余生はアメリカで過ごした。
>
> ullstein bild/gettyimages

Q

◇ 議会制に代わる政治制度として，どのような仕組みが考えられるだろうか。それらの仕組みは，議会制よりも優れた政治制度だとい

えるだろうか。

◇ もし議会制を残すならば，問題を少なくするためにどのような工夫を行うことが考えられるだろうか。

参考文献

①ジョン・スチュアート・ミル（水田洋・訳）『代議制統治論』（岩波文庫，1997年）

19世紀中盤のイギリスにおいて，議会制が最良の政治制度であることを主張するとともに，当時のイギリスの実際の政治制度を分析して，議会制に関係するさまざまな論点の考察を行う。

②カール・シュミット（稲葉素之・訳）『現代議会主義の精神史的地位〔新装版〕』（みすず書房，2013年）

第一次世界大戦後のドイツにおいて，議会制を支える政治思想上の論拠が大衆民主主義の発展によって妥当しえなくなってきていることを鋭く抉り出す。

③ケルゼン（長尾龍一＝植田俊太郎・訳）『デモクラシーの本質と価値』（岩波文庫，2015年）

デモクラシーを相対主義に基づき正当化する立場から，議会制をデモクラシーの現実形態として必然的なものであるとして擁護する。

④大石眞『立憲民主制』（信山社，1996年）

直接民主制と代表民主制の違い，代表民主制の中の純粋代表制，半代表制，半直接民主制という類型の違いについて，簡明に説明し，日本国憲法を半直接民主制に位置づける。

⑤高橋和之「現代デモクラシーの課題」同『現代立憲主義の制度構想』（有斐閣，2006年）

デモクラシーの理解に参加民主政論と代表民主政論の二つの方向性があるとしたうえで，代表民主政の中で，国会の選挙を通じて事実上直接に政治プログラムとその担い手（首相）を選択する運用を行って国民の政治に対する支配力を高めるべきだと主張する。

第6章 政 党

　政党は，現在の日本の政治を考える際に欠かせない存在である。毎日の政治ニュースでも政党の政策や動向——この頃多いのは野党の離合集散——が取り上げられる。政治家が紹介される時にも所属政党や肩書き（党首や幹事長など）が付けられることが多い。選挙の時にも与党対野党といった図式で政党別の獲得議席数が注目される。みなさんが政治について考える時にも，政治家個人とは別に，政党を意識しているのではないだろうか。実際，現在の日本の国政において，政党は，それぞれの政策を掲げて，所属する国会議員の数を増やすことを目指して選挙で争い，衆議院で多数を占めた政党が単独で，あるいは複数の政党が連立して内閣を組織し，その政策を実現させる，というかたちで，国民（有権者）—国会—内閣を媒介し政治を動かす存在であるといえる。

　しかし，日本国憲法を見ても「政党」という言葉はどこにも出てこない。政党が重要な存在であるならば，日本国憲法でも，その存在を明記してもよいはずであるが，なぜ「政党」については触れられていないのだろうか。そしてまた，憲法の視点から政党をどのように考えればよいのだろうか。政党の発展のありさまと憲法の中の位置づけの変化に関する歴史を振り返りながら考えてみたい。

トリーペル『憲法と政党』(1927年)

　「歴史的にみると，政党に対する国家の態度は，四つの段階を移っ

てきた。われわれは，敵視の段階，それから無視の段階について語ることができる。これに次いで，承認及び法制化の時代が起こり，最後に，憲法上の編入の時代がやってくるであろう。」

「19世紀の中頃に至ってなお，ドイツ連邦政府の政党敵視政策は，よく知られる，フランス法から伝えられた『結社の禁止』によって，政治上の結社全般と特に組織的政党の勢力の発展を抑止することができた。官僚的な警察国家に囚われた見解は，独立した政党政治を官憲の活動に留保された領域に対する許されざる介入だとみたが，当時においては，世論の強力な反対にも遭わず，議会においても攻撃を受けなかった。」

「しかし，議会制の進展によって，原則となる出発点から次第に遠く離れることになった。民主主義思想が絶えず強く進んでくるに従って，議会の独自性，審議及び討論の中で生まれる議会の決定の自発性，議会外の影響からの議員の独立性，会派からの自由が次第に弱められ，ついにはほとんど失われるに至った。政党組織は，議会制を内外から圧迫した。」「特徴的なのは，成文法が，最初はこの展開を完全に無視したことである。もちろん，政府の政党に対するいわば公式の敵視は，政治生活の激しい現実を前に，屈服せざるを得なかった。いくつかの政党とは闘い，鎮圧法によってこれを粉砕しようとしたこともあったが，かかる措置が役に立たないことを悟った。」

「国家の態度は近来に至って著しく変わった。法律，命令，議院規則は，議会内外の政党や政党組織を公式に承認するようになったのである。」

「現代国家は，その政党との関係において，第四段階，政党国家，政党に基礎づけられた国家の時代へと突入したのか？」「私の見るところによれば，この問いには，単純に肯定又は否定で答えることはできない。その答えは，他の多くの場合と同様に，物事を形式的な法の観点から判断するのか，政治的な動態の観点から判断するの

かによって異なる。」「純粋に法的な観点から観れば……一般に，政党国家の思想には解き難い矛盾が含まれている。この思想は法的には承認されない。」「〔しかし，〕現実に，国の統治が委ねられているのは政党に対してなのである。指導する政府首脳を選出し，大臣職を占有し，内閣を支持し，監視し，操作し，瓦解させるのは政党であって，その本部において，重要政策が形成され，法律の制定に関する決定が下される。行政，とくに官職の任命に対する影響力をますますその手中に収めるのは，政党なのである。……〔ドイツでも〕政党国家が現実のものになっていることを見過ごすことはできない。」

> 上田・訳。なお，美濃部達吉『憲法と政党』〔日本評論社，1934年〕1頁以下に大部分の翻訳がある。

I ● 近代憲法と政党

18世紀末から19世紀初めにかけて，近代的意味での成文憲法が欧米諸国で制定されたが，これらの憲法典では政党について触れられていなかった。これは，当時の「政党」は，議会において同様の傾向を持つ代議士の緩やかな集まりにすぎず，冒頭で触れた現代の政党のような，議会外にも巨大な組織をもって国民と議会，政府を媒介するという重要な役割を果たしていなかった事情もあった。しかし，当時の人びとが「政党」に否定的な見方をもっていたことも重要である。「政党」を「派閥」「徒党」と同じ意味で（あるいはこれらの語と区別せずに）マイナスイメージで捉える観念が一般的だったのである。たとえば，アメリカ合衆国憲法を支える思想を示した『ザ・フェデラリスト』には派閥の弊害と匡正に関する章があり，派閥とは「全体中の多数であれ少数であれ，一定数の市民が，他の

市民の権利に反する,あるいは共同社会の永続的・全般的利益に反するような感情または利益といった,ある共通の動機により結合し行動する場合,その市民たちをさすもの」とする観念が示されている(斎藤眞＝中野勝郎・訳『ザ・フェデラリスト』〔岩波文庫,1999年〕54頁)。また,フランス革命期においても,政党は非難の対象であった。理論的には,ジャン＝ジャック・ルソー(Jean-Jacques Rousseau, 1712-1778) の次の見方が有名である。

ルソー『社会契約論』(1762年) 第 2 篇第 3 章

「人民が十分な情報をもって議論を尽くし,たがいに前もって根回ししていなければ,わずかな意見の違いが多く集まって,そこに一般意志が生まれるのであり,その決議はつねに善いものであるだろう。しかし人々が徒党を組み,この部分的な結社が [政治体という] 大きな結社を犠牲にするときには,こうした結社のそれぞれの意志は,結社の成員にとっては一般意志であろうが,国家にとっては個別意志となる。……一般意志が十分に表明されるためには,国家の内部に部分的な結社が存在せず,それぞれの市民が自分自身の意見だけを表明することが重要である……。」

中山元・訳『社会契約論／ジュネーヴ草稿』(光文社古典新訳文庫,2008年) 65～66頁

真の国家の意思(一般意志)は,個人——生まれながらにして自由で平等な存在である——が直接にその形成に参加することによってのみ生み出される。団体,徒党の介在は,団体の内外の個人の意志を抑圧することで一般意志の表出を妨げる。立憲主義が大前提とする「自由で平等な個人」という観念には,旧制度(アンシャン・レジーム)の身分社会において人びとの生活を束縛していたギルド(商工業者の組合)や教会からの個人の解放が含意されていた。したがって,根本には団体

第6章 政党

——政党も含まれる——を敵視する発想があったのである。フランスでは，1791〜92年にかけて，ギルドや労働組合，宗教団体の結成を禁止したが，その後，1810年の刑法で，結社が一般的に刑罰をもって禁止された。革命期の議会においても，議場の議席をくじびきで決めて同一の団体の議員が一箇所にまとまらないようにしたことが知られる。ドイツでは，19世紀初頭，多くの領邦国家が分立する中からプロイセンが台頭し，1867年の北ドイツ連邦の結成を経て，1871年のドイツ帝国（第二帝政）による統一に至るが，その中で，党派を超越する祖国や国家を重視する思想が強く存在しており（「権威国家」論），このような発想から政党が敵視されていた。

　もっとも，当時においても政党の意義を認める議論がなかったわけではない。たとえば，バーク（Edmund Burke, 1729-1797）は，「政党とは，その連帯した努力により彼ら全員の間で一致している或る特定の原理にもとづいて，国家利益の促進のために統合する人間集団のことである」（『エドマンド・バーク著作集（1）』〔みすず書房，1973年〕275頁）と定義し，政党を「徒党」「派閥」と区別して肯定的に捉える見方を示した。また，アレクシ・ド・トクヴィル（Alexis de Tocqueville, 1805-1859）は，19世紀はじめのアメリカ社会を描いた著作の中で次のように述べた。

トクヴィル『アメリカのデモクラシー（第1巻）』(1835年) 第2部第4章

「党派的専制や君主の恣意を妨げるのに，社会状態が民主的な国ほど結社が必要な国はない……。貴族制の国民では，二次的な団体が権力の濫用を抑制する自然の結社を形成している。このような結社が存在しない国で，もし私人がこれに似た何かを人為的，一時的につくりえないとすれば，もはやいかなる種類の暴政に対しても防波

堤は見当らず，大国の人民も一握りの叛徒，一人の人間によってやすやすと制圧されるだろう。」

松本礼二・訳『同(下)』(岩波文庫，2005年) 44頁

ここでは，結社——政党も含まれる——は権力の濫用やそれによる抑圧から個人を守る防波堤として有用，有益であるとする見方が明確に打ち出されていた（第15章「結社の自由」も参照）。

Ⅱ● 政党の発展と憲法

1　政党の発展——「幹部政党」から「大衆政党」へ

19世紀から20世紀の初頭にかけて，人びとが住所や職業を変えることで経済的，社会的地位を変化させやすい社会となり，また選挙権が多くの人びとに認められるようになってきた中で，政党は，単なる議員の集まりから，しだいに議会の外にその組織を拡大して，現在の姿を整えていった。

イギリスでは，フランスやドイツのような反結社法は存在していなかったが，1832年の第一次選挙法改正を契機に，候補者を支援する選挙区組織が誕生し，各選挙区組織を指揮する中央の組織が保守，自由の両党で形成された。もっとも，この時点で組織の中心は国会議員または国会議員を支援する地方の有力者であった（「幹部政党」「有望家政党」）。しかし，1867年の第二次選挙法改正により，本格的に，一般の有権者が積極的に参加する恒常的な組織（「コーカス」と呼ばれる）が発展し，その全国連合が組織された。ここに，一般の有権者を広く構成員として恒常的に組織される政党組織が確立した。もっとも，保守，自由の両党では，具体的な政策決定の際に議員集団がコーカスに優位する体制であり，一般党員はほとんど発言権を

有していなかった。これに対し，1900年に労働代表委員会として結成され1906年に名前を改めた労働党は，議会外の労働組合や諸団体が労働運動の代表を議会に送り込むために設立された政党である。この成り立ちゆえ，当初，労働党においては，政策決定において議会外政党の意向が議員に優先した。こうして，国民を幅広く党員として組織し，所属議員の活動を厳格に規律する政党（「大衆政党」）が誕生した（もっとも，労働党でも，1920年代から，しだいに議員団が議会外政党からの自律性を獲得していった）。

　これに対し，フランスでは，大衆政党としての政党の組織化は遅れて始まった。保守政党は，第三共和制においては，恒常的な議会外の組織をもたず，唯一の例外である急進社会党も，一般の有権者が積極的に参加する議会外の組織までは有していなかった。保守政党が党規約のうえで大衆政党となったのは，第二次世界大戦後になってからのことである。ドイツでも，大衆政党としての政党の組織化は，1890年に社会主義者鎮圧法が失効して合法化された社会民主党において始まった。社会民主党は第一次世界大戦直前に党員数が100万人を超えるまでに成長した。こうした大衆政党化の動きは，カトリック教会を基盤とする中央党や保守政党にも拡がった。

2　政党の「承認及び合法化」

　上でみた大衆政党こそが，本章冒頭でみたように，トリーペル（Heinrich Triepel, 1868-1946）が念頭に置いていた政党であった。この種の政党の——実際の姿からはやや誇張された——特徴として，議会外政党が議会内政党（「会派」と呼ばれる）に優位するとともに，会派が個々の所属議員に優位するという力関係を挙げることができる。一人ひとりの議員は，議会における議論や投票の際に，厳格な規律のもとで所属会派の意向に拘束されるし，会派は，議会外政党

で決定された方針や政策に従わなければならない。さらにいえば，巨大な大衆政党の政策は，実際には，党員の全員によっていわば下から民主的に形成されるのではなく，少数の党幹部や党官僚によっていわば上から非民主的に決定されることとなり，少数が党員を支配する寡頭制に陥るといわれる。その結果，議会の決定は，一人ひとりの議員が自ら国益であると考える政策をぶつけ合って議論する中から生み出されるものではなくなり，一政党が議会の多数を占めるときには，その政党の決定がそのまま議会の決定となり，議会が多くの政党に分裂しているときには，議会の決定は，議員たちではなく諸政党の間の妥協の産物となる。「政党による議会の支配」ともいわれる状況が生まれていたのである。

このような現実政治における政党の発展に対して，法の世界でも，徐々に，そして断片的にではあるが，法律や議院規則の中で，議会内外の政党やその機関に言及する例がみられるようになる。たとえば，フランスでは，1910年の下院議院規則が，委員会の委員の配分を院内会派による選任で行うと定め，さらに1911年，議事運営について院内会派の代表による話し合いの機関である議事協議会の存在を認めて，院内会派を公認した。ドイツでも，1909年にヴュルテンベルク王国の下院議事規則が同様の定めを設けて，院内会派が公認された。そして，ドイツでは，1919年制定のワイマール憲法のもと名簿式比例代表制が導入され，ライヒ議会の選挙が政党を前提としたものとされた。

イギリスでは，1937年国務大臣法で野党第一党党首に給与を支払う規定が設けられた。野党は，19世紀から「（女王）陛下の反対党(His (Her) Majesty's Opposition)」と呼ばれ，政府＝与党とともに，議会政治における役割が事実上認められていたが，ここで法的にも「承認」が与えられたのである。アメリカでは，1866年に政党の候

補者指名手続に対する法律の規制がカリフォルニア州やニューヨーク州で始まり，1890年代以降はこれが厳しくされて，候補者を決定する大会の代議員の選挙や，候補者を直接に指名するための選挙（直接予選）に対して一般の党員の参加を義務づけるものとなった。これは，地方の政党組織の「ボス」が候補者の決定に大きな影響力をもち，その結果，選挙が腐敗していたことに対処するためである。ここでも，政党は法律により規制されているものの，それは政党の存在や重要性を承認したうえでのことであった。

トリーペルが『憲法と政党』を発表した当時の，そして彼が第三段階の「承認及び合法化の時代」として描いた，政党に関する法の状況は，このようなものであった。

3 憲法上の編入

トリーペルは「政党の憲法上の編入」の時代がやってくることを予想していたが，これは第二次大戦後に現実のものとなった。ドイツ基本法21条は，1項で「政党は，国民の政治的意思形成に協力する。政党の結成は自由である。政党の内部秩序は，民主制の諸原則に合致していなければならない。政党は，その資金の出所および用途ならびにその財産について，公的に報告しなければならない」とするとともに，2項で「政党のうちで……自由で民主的な基本秩序を侵害し若しくは除去し，又はドイツ連邦共和国の存立を危うくすることを目指すものは，違憲である。……」と定める。政党は憲法の中に組み込まれたのである。

この背景には，一方で政党は民主政にとり不可欠のものであるという評価とともに，他方で政党が反民主主義を目的として追求する場合には民主政にとって危険なものとなりうるという懸念があった。第一次世界大戦後に結成されたドイツの国家社会主義ドイツ労働者

Ⅱ ● 政党の発展と憲法

党（ナチス）は，個人主義に基づく多元的な社会を否定し，有機的な一体としての共同体がすなわち国家となるような社会を構想して（全体主義），他の政党を禁止し議会制民主主義をも否定して一党独裁を行った（コラム「ワイマール憲法」を参照）。このような政党が，当時最も民主主義的であるといわれたワイマール憲法のもとで勢力を拡大し，体制そのものを崩壊させたことに対する強い反省が，第二次世界大戦後に政党の憲法上の編入をもたらした一因であったといえよう。

　もっとも，政党の憲法上の編入に実際上どのような意味があるのかは議論の余地がある。ドイツでは，政党の法的性格について，これにより国家機関としての性格を与えたとする学説も唱えられたが，解釈論上の帰結としては政党が機関争訟（基本法93条1項1号）を提起できることが挙げられるくらいである。また，具体的な法制度として，連邦憲法裁判所の判決によって憲法に敵対する政党を違憲とする制度が設けられたことが知られる。しかし，この制度が導入されたのは，抽象的に政党が憲法上の編入を受けたからではなく，ドイツ基本法21条2項，3項という特定の条項の帰結であると理解できる（ちなみに，イタリアも，1947年憲法49条が政党を憲法上明記するが，「すべて市民は，民主的な方法で，国の政策の決定に協力するために，自由に政党を結成する権利を有する」と定めるだけで——経過および補則規定12条はファシスト党の再結成を禁止するが——政党の違憲審査制度は存在しない。フランスでも，1958年憲法4条1項が政党の規定を置くが，「政党および政治団体は，投票による意見表明に向け協働する。政党の結成と活動は自由である。政党は国民主権と民主政治の原理を尊重しなければならない」という文言であり，やはり政党に特別な解散制度は存在しない）。さらに，ドイツでは1967年に政党の内部秩序の規律，国家助成，会計事項の規律等を定める包括的な政党法が制定されたが，これも，ド

イツ基本法21条1項3文・4文，3項の帰結であると考えられる。内部秩序や会計事項の規律や政党助成が許される具体的な範囲は，政党の自由や平等（競争における機会均等），そして国民の政治的意思形成に政党が果たすべき機能を考慮して決定されており，ここでも抽象的な憲法上の編入が議論の決め手にはなっていない。

III ● 日本における政党の意義と位置づけ

1　日本国憲法と政党

これに対し，日本国憲法には政党条項が存在しない。政党も，憲法21条で保障される「結社」の一つであると理解されている。しかし，政党の結成，活動が自由であることは当然だとしてこれを軽視することはできない。

明治憲法下を振り返れば，政党は，「結社」の一つとして「法律の範囲内に於て」自由を保障されていた。しかし，当初，政党が反藩閥政府の勢力の集まりであったこともあり，政府は「不偏不党」を謳い，政党に敵対的な姿勢をとっていた。その後，藩閥系の勢力も政党を作り政党政治が浸透し，政党内閣が誕生するに至るが，その陰で，集会及政社法（1893年）とそれに続く治安警察法（1900年）によって，政党の結成には警察への届出を要し，安寧秩序の妨害となる場合に内務大臣が禁止命令を発することができるとされた。政党は取締りの対象であるとの発想が政府（内務省）にはあったのである。そして，1930年代以降，ナチスやファシスト党に似た一党制への動きが進行し，1940年に結成された大政翼賛会に合流するかたちでほぼすべての政党が解散したのであった。

このような経験に鑑みれば，政党の結成や活動の自由を憲法上保障することには，政党を取締りの対象であるとする発想を払拭する

Ⅲ●日本における政党の意義と位置づけ

意義があったのである。

2　政党の役割

さらにいえば、政党は、日本国憲法のもとで、自由に結成・活動できる存在として認められているにすぎないわけではない。最高裁は、八幡製鉄事件（最高裁判所大法廷昭和45年6月24日判決）で、「憲法は、政党の存在を当然に予定している」のであり、政党は、「議会制民主主義を支える不可欠の要素」、「国民の政治意思を形成する最も有力な媒体」であるとして、統治機構における政党の重要性を認めているのである。

政党が議会制民主主義において果たす役割の詳細について、最高裁は何も述べていないが、政治学の知見に従えば、①代表機能、②公的意思形成における統合機能、③人材育成機能を挙げることができるだろう（これ以外に、国民に対する政治教育機能も挙げられるが、ここでは触れない）。①は、国政に（少なくとも国会に）国民の各種の利害を反映させる役割、②は、多様な利害を調整してひとつの政策にまとめる役割、③は、①や②の役割をうまく果たす政治家、さらに政治指導者を教育し選抜する役割である。このうち、特に①と②のどちらの役割に力点を置くかによってあるべき政党像は変わりうる。①に力点を置けば、単一の政策の実現にこだわる小政党でも構わない（むしろ望ましい）ことになるし、②に力点を置けば、小政党でも他党との妥協を許容するものや、はじめから党内にさまざまな利害の代表者を含みつつ政策の統合を図る大政党が良いことになるだろう。いずれにせよ、政党には、これに所属する一人ひとりの国会議員とは多かれ少なかれ別の活動主体として、国民の国政への参加を促し、国会議員をまとめて意見や利害の集約を図ることが憲法上も期待されているといえよう。

第6章　政　党

　1990年代に行われた政治改革の中で，衆議院の選挙制度が中選挙区制から小選挙区制に変更されるとともに政党助成制度が創設されたが，そこでは，「政党本位」という言葉がキャッチフレーズとして説かれた。1選挙区から3～5人が当選する中選挙区では，同一政党から複数の候補者が出るため，候補者は政党の看板や政策ではなく個人的な魅力や成果によって当選を目指すことになる。その結果，選挙区に対する利益誘導や派閥政治といった弊害が生じた。この弊害を改めるため，一方で，1選挙区の定数を1とする小選挙区制を導入して実質的に政党間の（政権をかけた）争いであることを明確にし，他方で，政党助成制度を創設して，政治資金獲得のための利益誘導を防ぐとともに党本部の力を大きくして政党が国会議員を束ねやすくしたということができる。もっとも，これらの仕組みは，既成政党，ひいては大政党に有利であるため，政党結成の自由や政党間の平等（競争における機会均等）といった観点から問題がないか精査しなければならない。しかし，その際には，上で挙げた政党に期待される役割を無視することができない。

　このように考えると，政党の憲法上の編入がなされていない日本国憲法のもとでも，政党をめぐる法制度の合憲性を検討するにあたっては，政党に期待される役割を考慮に入れなければならない以上，ドイツも含めた外国の議論が参照可能だということになる。ここでも，憲法上の編入がなされていないことは議論の決め手にならないのである。

3　おわりに

　日本に特有の問題として，五十五年体制下における自民党の一党優位体制が尾を引き，政権交代の可能な政党システムが十分に確立しているとはいい難い点が挙げられる。政権交代の可能性は，国会

Ⅲ●日本における政党の意義と位置づけ

議員や政党に緊張感を与え，政権を獲るために政策を磨く契機となる以上，国政をよくするために不可欠の前提だろう。政党間の平等（競争における機会均等）という観点は，この文脈で捉えることもできる。この点，小選挙区制の導入には，政権交代可能な二大政党制を誘導するという意図もあった。2009年の民主党政権の誕生で本格的な政権交代が始まったかにもみえるが，2012年に自民党が政権を奪還した後，果たして次の政権交代はありうるのか，先行きは不透明である。またそもそも，既成政党に対する不信が高まり，いわゆる無党派層が増加しているという問題もある。しかし，目下，議会制民主主義を動かす中心的役割を果たすものとして，政党に代わる存在は現れていない。そうであるならば，一方で法制度のあるべき姿を論じつつ，他方で，政党の結成や支持は自由であるという原点に立ち戻って，一人ひとりが，「国民の政治意思を形成する最も有力な媒体」としての政党の意義とともに，その育て方を考えてみることもまた重要であろう。

◇ トリーペルは，政党に対する法の見方として，「敵視」，「無視」，「承認及び合法化」，「憲法上の編入」の四段階の発展図式を示したが，それぞれどのような状態を指しているか，諸国の例で説明してみよう。
◇ 「政党本位」の選挙制度として，小選挙区制と名簿式比例代表制が挙げられる。それぞれどのような選挙制度か整理したうえで，それらがなぜ「政党本位」なのか考えてみよう。またこのような選挙制度は，政党の結成，活動の自由や政党間の平等の観点から問題はないか，考えてみよう。

第 6 章　政　党

参考文献

①ジョヴァンニ・サルトーリ（岡沢憲芙＝川野秀之・訳）『現代政党学』（早稲田大学出版部，2009年）

第 1 部の政党論の中で，政党に対するさまざまな思想家の見方が整理されている。

②モーリス・デュベルジェ（岡野加穂留・訳）『政党社会学』（潮出版社，1970年）

第 2 部の政党システムに関する分析が憲法学でもよく参照されるが，本章では，「幹部政党」「大衆政党」の用語も含め，第 1 部の政党組織の発展に関する分析を参考にしている。

③的場敏博『政治機構論講義』（有斐閣，1998年）

政治学の教科書であるが，諸外国の政党や議会の歴史が丁寧に説明されており，憲法の学習にも非常に有益である。

④川人貞史ほか『現代の政党と選挙〔新版〕』（有斐閣，2011年）

日本については，2009年の政権交代をふまえながら，政党と選挙に関するコンパクトな説明を行っている。

⑤林知更「政党の位置づけ」小山剛＝駒村圭吾編『論点探究　憲法〔第 2 版〕』（弘文堂，2013年）

政党法制のあり方に関して，さまざまな憲法上の要請の解釈・調整を行いつつ政党の理論的な位置づけを明らかにしていくべきことを説く。

コラム●ワイマール憲法

　ワイマール憲法は，1919年，ドイツの都市ワイマールの劇場を会場とする国民議会によって審議，可決されて成立した。この草案は，第二帝政が崩壊した後，社会民主党の臨時内閣から任を受けたフーゴ・プロイス（Hugo Preuß, 1860-1925）が，マックス・ウェーバー（Max Weber, 1864-1920）などの意見を聞きつつ作成したものである。

　ワイマール憲法では，「普通，平等，直接及び秘密の選挙において，比例代表の諸原則に従い，満20歳以上の男女によって」選出される（20条）議員からなる議会と，「全ドイツ国民によって選挙される」（41条）大統領が対峙し，首相と大臣は大統領が任免するものの議会の信任が在職の要件とされる（53条・54条），二元的な議院内閣制が採用された。立法に関し国民投票や国民請願の制度が設けられたのも特徴的である（73条など）。また，連邦制のもと，各ラントを代表する参議院が設置された（60条）。参議院は政府提出法案に対する同意権（69条）や，議会の可決した法律に対する異議権（74条）などを有した。司法に関しては，裁判官の独立と地位の保障が憲法で保障された（102条・104条）。法律に対する違憲審査権は明文の定めがなかったが，各種の裁判所の判決によって肯定された。

　人権に関しては，伝統的な自由権に加えて，社会権に関する条項が置かれたことが知られる。「人間に値する生存」の保障に経済生活の秩序が適合するべき旨の定め（151条1項）や，「財産権は，義務を伴う。その行使は，同時に公共の善に役立つべきものである」との定め（153条3項）は，日本国憲法の生存権や財産権の規定にも影響を与えたといわれる。

　ナチスの台頭により1933年に成立した全権委任法（「民族及び国家の危難を除去するための法律」）は，政府に法律制定権を認めた上に，政府が議決した法律がワイマール憲法に違反することを許容するものであった。この全権委任法は，ワイマール憲法の改正に必要な議会の3

分の2以上の多数の賛成を得て定められたものであったが，これにより，実質的にワイマール憲法は廃棄される結果となった。

第7章　議院内閣制

● ● ●

　読者は，憲法の基本原理として，権力分立や国民主権（民主政）といったものを学んでいるだろう。しかし，日本では，行政権を担う内閣（65条）の長である内閣総理大臣が国会議員の中から国会の議決で指名され（67条1項），また，内閣は行政権の行使について国会に対して連帯責任を負う（66条3項）とされている。このような内閣と国会の関係のあり方は議院内閣制と呼ばれている。

　しかし，権力分立や国民主権の原理を重視するならば，アメリカなどのように行政府の長（大統領や首相）を国民が直接選挙する方が良いのではないか，また，内閣は国会からもっと独立しているべきではないかとも考えられるのではないか。

　議院内閣制とは，どのような制度なのだろうか，本章では，18世紀初頭のイギリスにまで遡りつつ，この点について検討する。

● ● ●

①バジョット『イギリス憲政論』（1872年）
「イギリス憲法に潜む機能の秘密は，行政権と立法権との密接な結合，そのほとんど完全な融合にあるということができる。もちろん，あらゆる書物に書かれている伝統的理論によれば，イギリス憲法の長所は，立法権と行政権との完全な分離にあるとされている。しかし実際には，その長所は両者の不思議な結合にあるのである。両者を結ぶきずなが内閣である。内閣という新しい言葉は，行政権を担当するため，立法機関によって選出された委員会という意味である。

立法部は多くの委員会を設けているが,内閣はその中の最大のものである。立法部は,内閣,すなわち,その重要な委員会のために最も信頼できる人物を選任する。……要するに立法部は,名目的には法律を制定するために選出されるのであるが,実際には行政部をつくり,これを維持することを,主たる任務とするに至っているのである。」

小松春雄・訳『同』(中公クラシックス,2011年) 14～16頁

②レズロープ『議院内閣制』(第2版1924年)

「議院内閣制とは,均衡のシステムである。……執行権と立法権とは対抗関係にある。両者のいずれとも,他方を支配するような優越的な権威を有していない。

こうした均衡は,あらゆる危機が議会の解散によって解決されることによって確保される。両者の対立が生じた際には,いかなる内閣も,総選挙によって審判を受けることなく倒され,あるいは維持されることはない。このことはすなわち,この二権は,主権的な人民という共通の主人を持っているということである。執行府および立法府は,一つの屈強な腕で制止され御される2頭の駿馬にたとえることができる。」

曽我部・訳, R. Redslob, Le régime parlementaire, 1924, p. 5

③カピタン「議院内閣制の改革」(1934年)

「議院内閣制とは議会に対して責任を負う大臣による統治にほかならない。議院内閣制の要諦は政府による統治および議会による統制という2つの準則である。」

「統治とは,もはや既存の法律の枠内で活動することではなく,立法それ自体を主導することであり,一言でいえば,立法である。統治と立法という2つの概念は今や密接に結びついている。議院内閣制は,この真理をふまえて権力を政府に集中しなければ正当化され

ない。

したがって，強力な内閣と独裁者に匹敵するような内閣総理大臣が必要である，そのためには内閣総理大臣は全権とすべての統治組織を掌握しなければならない。これが議院内閣制の第1の準則である。

しかし，内閣は議会の代表団あるいは流出物でしかなく，議会に対して責任を負っている。これは自由が要求するものであり，ここに議会の権限の根拠がある〔第2の準則〕。」

時本義昭・訳，龍谷大学社会学部紀要21号（2002年）107頁，108頁

ルネ・カピタン（René Marie Alphonse Charles Capitant, 1901-1970）

憲法学者であり政治家としても活躍したカピタンの人生は，第二次大戦期を境に大きく転換した。1928年にパリ大学で博士論文を執筆した後，1930年にはストラスブール大学教授となり，本章で取り上げたような当時のフランス議院内閣制の改革を論じるなど，憲法の実際の運用の理論的な分析を行った。また，1933年にはドイツに滞在し，台頭するナチズムを批判的に論じたが，この分析は近年再評価されている。1940年，第二次大戦においてフランスがドイツに降伏すると，対独抵抗運動（レジスタンス）に身を投じ，1941年にはフランスの海外県アルジェリアのアルジェ大学教授となって活動を続ける。こうした中で後の大統領シャルル・ドゴールの知遇を得，臨時政府の教育大臣を皮切りに，戦後はパリ大学教授を務めつつ，下院議員など政治家としても活躍し，議会の権限を削減する一方で，人民と直接結びついた大統領の主導権を確保するというドゴールの憲法構想（これは第五共和制憲法として結実した）の理論的な支柱となった。最晩年の1968年には司法大臣に就任している。また，1957〜60年には東京の日仏会館の館長として日本に滞在した。

第7章　議院内閣制

Ⅰ ●議院内閣制という「器」の成立

　古典として取り上げた三つの見解は，いずれも議院内閣制に関する分析あるいは主張であるが，お互いにかなり異なる内容をもっている。このことが示すのは，議院内閣制は行政府と立法府との関係の一つの「器」にすぎず，その実際の働き，あるいはあるべき機能の仕方に関する考え方は，時代状況によって異なるということである。

　本節では，議院内閣制の成立の歴史をみることによって，どのようにしてこのような「器」ができたのかの理解を図ることとする。

　議院内閣制が生まれたのは18世紀のイギリスであった。イギリスは君主制の国で，歴史的に国王は大臣や顧問官を任命し，その補佐によって国を統治する一方で，議会は租税の議決をはじめ限られた場面で国政に影響力を持つにすぎなかったし，国王によって解散させられたりもした。しかし，早くから経済発展を遂げたイギリスでは，地主や事業家から成る市民を基盤とする議会の力が次第に高まり，政党も形成された。その後，名誉革命（1688年）の後には，外国出身の国王自身が議会の支持を受けて即位するといった事態に至り，議会の政治的発言権が飛躍的に高まった。

　こうした中，国王による大臣の選任についても議会の意向が反映されるようになる。また，1714年に即位したジョージ1世（George I, 1660-1727〔在位1714-1727〕）がドイツ出身で英語を解さなかったため閣議にも出席しなくなったことや，同時期にウォルポール（Robert Walpole, 1676-1745）という優れた政治家が20年余りに渡って首相を努めて国政を指導したこと，といった事情も加わり，18世紀前半には，国王が大臣を任命するが，同時にその大臣は議会（実

際には議会で多数を占める政党)の支持を得なければならず,議会の支持を失った場合には辞任しなければならないという慣行が成立した。また国王は,議会の解散権を保持していた。

これが,議院内閣制という「器」の原型であり,こうした「器」が日本国憲法をはじめ多くの国に,その基本的要素に関しては現在に至るまで受け継がれているのである。

しかし,この時点では,国王もなお一定の政治的影響力を有していたこと(内閣は国王と議会との両者に責任を負うという点で,「二元型」の議院内閣制と呼ばれる)や,議会議員の選挙権者の範囲は狭く議会が民主的な国民の代表とはいえなかったこと(この点については第5章「議会」参照)など,19世紀後半あるいは20世紀との事情の違いは大きい。このような事情の違いが,議院内閣制という「器」に異なった運用をもたらしているのである。

II●議会の民主化と議院内閣制——バジョット

さて,イギリスの話題を続けると,その後イギリスでは,民主主義思想の発展により,三次に渡る選挙法改革(1832年,67年,84年)が行われた。その結果,いまだ普通選挙とまではいかないものの,当時としてはかなり広い範囲の者に選挙権が認められ,議会が民主的な機関であるとの位置づけを獲得することによって,その権力は「議会主権」と呼ばれるほど強大なものとなった。他方で,民主政原理からすれば正統性のない君主の権力は名目化していき,君主は儀礼的な存在となっていった。

このような変化は,議院内閣制の運用にも影響をおよぼす。すなわち,首相の任命は相変わらず国王が行うものの,それは,基本的には,議会による実質的な選任を正式に追認するだけのものとなっ

ていった。すなわち、内閣は議会、特に選挙で選ばれた下院（庶民院）によって創りだされるものとなった（「一元型」の議院内閣制）。

このような有り様を描写したのが、①のバジョット（Walter Bagehot, 1826-1877）である。バジョットは、首相はもはや国王ではなく議会によって選出される結果、議院内閣制成立以前のような国王によって任命された大臣（内閣）対議会という対立図式は成立せず、内閣は議会によって選出された委員会であって、両者は融合するに至っているとの指摘を行っている。

引用文中、「立法権と行政権との完全な分離」という「伝統的理論」とはたとえばシャルル・ド・モンテスキュー（Charles-Louis de Montesquieu, 1689-1755）の権力分立論のことである。モンテスキューの権力分立論のモデルはイギリスであるが、しかしそれは議院内閣制確立以前のイギリスであり、バジョットの時代にはもはや当てはまらないとされているのである。

Ⅲ ● 議会と内閣の均衡——レズロープ

1　レズロープの議院内閣制論

バジョットの議論は当時のイギリス憲法の分析を目的とするものであったが、その後、比較憲法的な観点から本格的に議院内閣制の分析を行い、日本の憲法論にも影響を及ぼしたのが、②で引用したレズロープ（Robert Redslob, 1882-1862）の『議院内閣制——その真実の形と不真正の形』である。レズロープは独仏係争の地アルザス地方の中心都市ストラスブールを拠点として活動した公法学者であり、1918年に刊行された本書の初版はドイツ語で書かれたが、同年第一次世界大戦が終了してアルザス地方がフランス領となると、改訂版（1924年）はフランス語で刊行されている。

さて、前述のようにバジョットは内閣と議会との融合を強調したわけであるが、引用文にある通り、レズロープは両者の間の均衡こそが議院内閣制の本質であると理解した。具体的には、内閣の対議会責任（議会の信任を失った場合の辞職も含む）に対して、内閣の側も議会解散権（解散権は形式的には君主の権限であるが、前述のような君主の権力の名目化の結果、実質的には内閣の権限と位置づけられる）という形で議会に対する「武器」を持つことで、両者の均衡が図られることが重要であるとしたのである。

こうした観点から、当時（第三共和制〔1875～1940年〕）のフランスが、内閣の対議会責任の要素を持ちながら、解散権が（憲法上は規定があるものの）事実上封印されてしまっていたことについて、「不真正な議院内閣制」という位置づけが与えられた点は有名である。

2　レズロープの日本の議論への影響

このようなレズロープの議院内閣制の理解の影響力は大きかった。特に第一次大戦後に制定されたドイツのワイマール憲法への影響は有名であるが、日本の憲法論にも大きな影響を及ぼした。憲法の教科書でも説明されている議院内閣制の本質をめぐる均衡本質説と責任本質説との対立は、レズロープの問題設定に影響を受けたものである。

責任本質説は、議院内閣制の本質は内閣が議会に対して責任を負うところにあり、こうした要素を含む憲法体制は議院内閣制と呼んでよいとする。これに対して均衡本質説は、議院内閣制の本質は両者の間の均衡を図ることにあり、具体的には、内閣の対議会責任に加えて、内閣の議会解散権が認められていないような憲法体制は議院内閣制とは呼べないとする。

戦後の日本で議院内閣制の本質論が盛んに議論された一つの重要

な背景は，日本国憲法には内閣の衆議院解散権に関する明文規定がないことにある。すなわち，憲法 7 条は天皇が衆議院を解散することとしているが，「国政に関する権能を有しない」(4 条) 天皇が衆議院解散という政治的な決断を行えるはずがなく，7 条の天皇の解散権は形式的なものであるにすぎない。また，69 条にも衆議院の解散について触れられているが，同条は内閣不信任案が衆議院で可決された場合の効果の中で衆議院の解散が触れられているだけであって，やはり解散権の所在に関する明文規定とはいえない。

そこで，解釈によって内閣の国会解散権を基礎づけることが必要とされた。その論法の一つが，日本国憲法が議院内閣制を採用していることを前提として，その本質に遡って内閣の解散権を導こうというものである。議院内閣制の本質が内閣と議会と間の均衡であって解散権が当然含まれているというのであれば，日本国憲法においても内閣の衆議院解散権が当然に前提とされているというわけである。

3 解散権の意義

ところで，レズロープが内閣と議会との間の均衡を議院内閣制の本質的な要素とし，議会解散権を重視したのはなぜだろうか。

解散権の意義についてはレズロープ以前にも語られてきており，たとえばバジョットは，解散権を，内閣を支持する議会多数派の結束を確保する意義について述べている。すなわち，解散は議員の身分を失わせる行為であって議員としては当然避けたいものであり，内閣が解散権の行使の気配を見せることは，議会多数派に属する議員の「造反」を防止する「脅し」となるのである。こうした捉え方はもちろん現在でも通用する解散権の機能の一つであるが，あくまでも内閣と議会との関係の枠内での捉え方である。

Ⅲ●議会と内閣の均衡

　これに対して、レズロープは解散のもつ民主主義的な意義を重視した。すなわち、一般に、内閣が議会の解散を考える場面は色々あるが、その重要な一つは、内閣と議会とが対立し、それを打開しようとする場面である。解散をすれば総選挙が行われる。そこで、内閣と議会との対立を打開するための解散は、両者の対立を国民（有権者）が裁定するという意味合いを有することになる。つまり、解散の制度は、ある種の民主主義的な機能を果たすのである。ここに至って議院内閣制は、18世紀以来の「器」の大枠は維持しつつも、18～19世紀前半までの君主と（民主化以前の）議会の争いの舞台から、民主政の一形態としての意義を帯びるようになったということができる。

　解散を内閣と議会との関係の枠内で捉える考え方と対比すれば、解散制度の民主主義的な捉え方は、議院内閣制の理解について新しい現代的な地平を開くものであるといえる（これについてはⅣでさらに述べる）。

　以上は均衡本質説からの立論であるが、解散の民主的意義を重視する均衡本質説が民主政原理にかなった理解であり、責任本質説は民主的ではないかというと、そのようなことはない。実際、責任本質説は、選挙で選ばれ民主的な基盤を有する議会に対して、民主的な基盤を持たない内閣が責任を負い、議会の統制を受けるという側面を議院内閣制の本質とみなすのであるから、これはこれで民主政原理にかなった考え方である。それによれば、民主的基盤を有するのは議会であり、議会によって選任される首相ないし内閣は有権者との関係は間接的なものにすぎないのであるから議会とは対等ではありえず、両者の均衡を語る均衡本質説は民主政原理からすれば妥当ではないということになる。

　これは結局、民主政というものが一義的なものではなく、何が民

主政かということについてさまざまな見方（民主政観）が存在しうるということに由来する対立である。このように，均衡本質説と責任本質説とは，単に解散権の有無という基準の違いだけではなく，民主政観においても異なっていることに注意が必要である。

Ⅳ●行政国家における新たな民主政のあり方と議院内閣制
―― カピタン

1　フランス第三共和制の宿痾(しゅくあ)

レズロープによって，「不真正な議院内閣制」というレッテルを貼られたフランスであるが，その当時のフランス第三共和制では，内閣の弱体と不安定とが深刻な課題として問題となっていた。実際，第三共和制期における内閣の平均存続期間は約8か月にすぎなかった。その要因として指摘されているのが，議会解散権の不存在と，政党規律の不十分さであった。前述のように第三共和制憲法には議会の解散に関する規定は存在したが，第三共和制の初期に不適切な解散の事例（セーズ・メ事件〔1877年〕と呼ばれる）があってそれ以後解散はタブー視され封印された。その結果，内閣と議会との均衡は失われて議会優位の統治構造となり，また，内閣を支える与党内の結束が弱い（政党規律の不十分さ）こともあって容易に内閣が倒されることとなってしまったのである。

他方で，他の多くの国と同様であるが，第三共和制期は，国家が社会生活のあらゆる領域にまでその活動領域を拡大していき，「行政国家」「福祉国家」としての色彩を強めていく時期でもあった。このように国家の活動領域の拡大が要請されている中で，内閣が弱体かつ不安定であるということは，国家の機能不全につながる。

そこで，特に1930年代にはさまざまな統治機構改革が提案された。

そのうち最もラディカルなものの一つが、③で引用したカピタンの議論である。

2 カピタンの議院内閣制論

カピタンの議院内閣制論のポイントは、①内閣と議会とでは、内閣が統治の中心であって政治のイニシアティヴを有し、他方、議会は内閣を統制する存在である（にすぎない）こと（引用文で「2つの準則」とされている要素である）、②内閣と国民との総選挙を介した結びつきが必要であること、である。

まず①であるが、統治の中心が内閣であると理解するか、議会だと理解するかは、その論者による統治機構のイメージを決める大きな要因である。この点、議会が有権者の選挙に基づいていることを考えれば、また、議会だけが法律を制定する権限を有するのだとすれば、民主政のもとでは議会が統治の中心であると理解するのが一つの筋であり、またこれが19世紀以来の伝統的な理解でもある。

しかし、特に20世紀以降の行政国家化の進展とともに国家が引き受けるべき仕事が増大し、その処理のために専門的な能力や情報が必要になってくると、専門性に着目して選挙されているわけではない議員からなり、しかも、会期制のもと、常に活動しているわけではない議会が実際に統治の中心であり続けることは困難になり、内閣およびその指揮監督下にある省庁の役割が大きくなる。こうした状況の変化自体は明らかであるが、議会が統治の中心であるべきだとする伝統的な立場からは、それはある種の逸脱現象であると評価されることになる。他方で、こうした変化を必然的なものとして積極的に評価する立場も登場することになる。カピタンの立場はまさに後者であって、これは引用文を一読すれば明らかであろう。

問題は、どのようにしてこのような内閣中心主義を軸に議院内閣

制全体を組み立てるかである。特に，先に述べたような当時のフランスの内閣の弱体と不安定を前提とすれば，どのような制度設計をすれば内閣を安定させ統治の中心とすることができるのか，また，内閣の強化が可能であるとして，どのように民主政原理と適合させるのか。これらの問題へのカピタンの解答が，総選挙を通じて内閣と国民とを直結させることである（本項冒頭の②）。

内閣と国民とを直結するというのはややわかりにくい。大統領制ではない以上，選挙において国民が行うのは，あくまでも議員の選出であり，首相ないし内閣は，相変わらず議会によって選任される。しかし，選挙で過半数の議席を獲得した政党の党首がそのまま首相に指名されるという慣行ができれば，総選挙は実質的には首相の選挙としての意味合いを持つことになる。総選挙を通じての内閣と国民の直結とは，このような事態を指している。

このような形で首相が国民によって実質的には直接に選出されれば，首相ないし内閣は統治の中心というにふさわしい民主的正統性を獲得することになる。内閣は，安定した与党の支持を得つつ，総選挙において国民の信任を得た政策を強力に推進していくことになる。この間，議会は野党を中心として，政府与党の政策をチェックし批判することはできるが，政策を阻止することは基本的には困難であり，ましてや内閣を倒すことはほとんど考えられないことになる。

しかし，総選挙を通じて内閣と国民を直結させるためには，前提が必要である。こうした前提はいくつかありうるが，特に重要なのは政党のあり方と選挙制度という相互に関連する要素であり，解散制度である。

選挙で勝利した政党の党首がそのまま首相に指名されるという慣行が成立するためには，単独で過半数を獲得できるような選挙制度

が必要である。その意味では，一般論としては，一つの選挙区から1名のみを選出し，二大政党制となる傾向のある小選挙区制が適しており，逆に，多党制を生む傾向のある比例代表制は不向きである。

解散制度については，前述のように当時のフランスでは事実上存在しなかったが，国民と内閣とを結びつけるためには解散制度が必要である。また，与党内の規律を確保するためには，解散権は首相に与えられる必要がある。ここでは，バジョットに関して述べたような与党内の規律を確保する機能と，レズロープに関して述べたような民主的な機能との両者に位置づけが与えられている。

最後に，権力分立の関係であるが，引用文からも推察できる通り，「議院内閣制は権力分立の対極にある」とされる。カピタンは「議院内閣制は長く連続した変遷を経て権力分立から派生したものであろうが，その変遷がきわめて連続的であったので，一般大衆も法学者も議会人もその変遷にほとんど気が付かなかった」とするが，本章でみたような歴史的展開からすれば，理解できる指摘だと思われる。

V●おわりに——現代的課題

国民と直結した内閣を中心とする議院内閣制の運用を提唱したカピタンの議論は，今日の日本とも無縁ではない。最近の有力な議論である高橋和之の「国民内閣制論」は，カピタンの上記のような議論を下敷きにしている。実際，1994年の衆議院議員総選挙への小選挙区制導入を始めとする一連の「政治改革」は，これらの議論と方向性と同じくするものである。ただし，日本国憲法においては二院制がとられており，しかも参議院の権限が第二院としては強力であるために，総選挙によって政権を獲得した首相の政策が参議院に

よって阻止されることがある(「ねじれ国会」の問題)が,これは国民内閣制あるいはカピタン流の議論の実現の障害ともなっている。また,2009年,民主党への政権交代がみられたものの,政権交代可能な二大政党制(あるいは二大ブロック制)が定着しているとはいい難い。

しかしそもそも,憲法学説においては,国民内閣制論に対する批判も有力である。これらの批判論は,国民による選挙に基盤を置く議会が少なくとも理念的には統治の中心であるとの前提をとっているように思われる。本章の議論からは,責任本質説がとっていたような民主政観である。議会には,国民の間に存在する多様な意見をそれぞれ反映する多様な政党が存在し,議会における討議と合意によって(法律という形で)政策が決定されていく,現実的には内閣がイニシアティヴを持っていることを事実としては否定しないが,あくまで本筋は議会での討議のプロセスが重要なのであって,いくら「民意」を受けた首相の政策であっても,議会のプロセスを軽視して一瀉千里に進んでいくことは民主的であるとはいえないという民主政観である。こうした民主政観からは,多党制を生みやすい比例代表制も否定されず,また,日本国憲法の定める二院制についても,異なる政党間での合意を要求する仕組みとして肯定的に評価されることになる。

◇ 解散権にはさまざまな意義があるが,どのようなものがあっただろうか。
◇ 世界各国の政治制度を見ると,議会と大統領を選挙で選出する大統領制よりも,議院内閣制を採用する例が多い。その理由は何か,

議会と大統領が対立した場合にどのように解決されるかという観点から考えてみよう。

◇ 民主政の捉え方（民主政観）にはさまざまなものがあり，それぞれの民主政観を具体化するための統治機構の仕組みもさまざまである。本章では，議院内閣制という「器」を前提として二つの民主政観とそれに対応する議院内閣制のあり方を示したが，それぞれの長所と短所をまとめ，日本国憲法との「相性」（適合性）を考えてみよう。

参考文献

①樋口陽一「議院内閣制の概念」小嶋和司・編『憲法の争点〔新版〕』（有斐閣，1985年）180頁以下

　議院内閣制の本質論について詳細な検討を行う，この論点についての基本文献である。

②大石眞「議院内閣制論の再検討」同『立憲民主制』（信山社，1996年〔初出1995年〕）179頁以下

　議院内閣制論の歴史的展開をたどりつつその限界を指摘し，「民主主義モデル」による理解を提示する。

③石川健治「議会制の背後仮説——議会と政府の関係の諸相」法学教室225号（1999年）67頁以下

　レズロープの主張とその影響を受けたドイツ，フランスの制度的な模索を素材に，議院内閣制の諸形態を論じたもの。

④高橋和之『国民内閣制の理念と運用』（有斐閣，1994年）

　カピタンをはじめとするフランス第三，第四共和制下の議論や制度の分析に基づき，日本についても国民に立脚する議院内閣制（国民内閣制）としての憲法運用を提唱する。

⑤山口二郎『内閣制度』（東京大学出版会，2007年）

　行政学の立場から，日本の内閣制度や議院内閣制の歴史，運用の実際や，それをめぐる議論を包括的に紹介・分析したもの。

第8章　違憲審査制

　最高裁判所は憲法81条により、法令等が憲法に違反していないかどうかを審査する権限（違憲審査権）を有しており、「憲法の番人」としての地位を占めている。しかし、最高裁判所は——近年変化がみられるものの——これまで法律に違憲判断を下すことにはきわめて消極的な姿勢を示してきており、学界では一般に、違憲審査制が有効に機能していないとの評価が下されてきた。2001年に内閣に提出された司法制度改革審議会意見書も、裁判所が国民の権利・自由や憲法秩序の保障に関し、「期待に応えてきたかについては、必ずしも十分ではなかったという評価も少なくない」としたうえで、「立法・行政に対する司法のチェック機能の充実・強化の必要」を指摘していた。

　このように現在の日本では違憲審査制の活性化が課題になっているが、それでは裁判所が違憲審査権を積極的にどんどんと行使するようになればよいかというと、問題はそれほど単純なものでもない。実はこの制度の母国であるアメリカでは、その歴史の中で、むしろ裁判所が違憲審査権を積極的に行使し過ぎているとの批判が繰り返されてきており、適正な違憲審査権の行使のあり方をめぐって長年論争が繰り広げられてきた。2015年には連邦最高裁判所が、同性間の婚姻を認めないことは合衆国憲法修正14条（適正手続条項および平等保護条項）に違反するとの判断を示し、全米の同性カップルに法的婚姻を認める歴史的な判決を下したが、これについても、人権の

砦としての司法の役割を適切に果たしたとの賞賛の声が上がる一方で，司法による事実上の立法であって司法の役割を超えているとの批判の声も上がっている。

立憲民主制における裁判所の役割とはいかなるものであり，裁判所は違憲審査権をいかに行使すべきなのであろうか。本章では違憲審査制の歴史を遡りながら，この問題について考えることにしよう。

● ● ●

アメリカ連邦最高裁判所マーベリー対マディソン事件判決（1803年）

「憲法に反する法律が国法……たりうるか否かという問題は，合衆国にとって極めて重要な問題である。……

人民が，その将来の統治のために，自己の幸福に一番貢献するものと信ずる諸原理を樹立するという始原的権利……を有するということは，アメリカの全制度を支える基礎である。……

この始原的かつ至高の意思が政府を組織し，その各部門にそれぞれの権力を与えるのである。この意思は，ここで止まることもあるが，各部門が超えてはならない制限を設けることもある。

合衆国政府は，後の種類に属する。立法部の権力は限定され，制限されている。この制限について誤解が生じたり，それが忘れ去られたりすることがないように，憲法が起草されたのである。もしこのような制限による抑制を受けるものとされていた機関が，何時でもそれを超えることができるとすれば，何のために権力を制限し，この制限を文書にしたのであろうか。もし，これらの制限がそれを課せられている人々を拘束せず，禁止した行為も許容された行為も同等の拘束力をもつとすれば，権力が制限されている政府と権力に制限のない政府との区別は，廃止されることになる。……

〔したがって，〕憲法に反する法律は無効だということでなければならない。

憲法に反する法律が無効だとすれば，このような立法は，無効で

あるにもかかわらず，裁判所を拘束し，裁判所はこれに効果を与える義務を負うか。……

　何が法であるかを述べることは，断然，司法部の領域であり，義務である。特定の事件に準則を適用する者がこの準則を説明し解釈しなければならぬことは，必須である。そして2つの法が衝突するときは，裁判所はそれぞれの効力を決しなければならない。……

　もし裁判所が憲法を尊重し，憲法は通常の立法より上位にあるとするならば，...通常の立法ではなく憲法を適用しなければならない。……

　〔もしこのことが否定されるならば〕立法部に対し明示的に禁じられているところを立法部がなした場合，このような行為は明文の禁止があるにもかかわらず〔裁判所は〕有効だと宣言することになる。立法部の権力を狭い枠内に制限すべしと言う口の下から，立法部を実際的現実的には全能のものとすることになる。制限を定めるそばで，この制限は意のままに超えることができると述べることになるのである。」

訳は，田中英夫『英米法総論(上)』(東京大学出版会，1980年) による。

I ● 問題の所在

　違憲審査制とは，国家行為（立法行為や行政行為）が憲法に適合しているか否かを，裁判所が審査する制度のことをいう。この制度は現在では，①憲法を保障し（憲法の最高法規性を確保し），②人権を保障するための最も重要な手段，すなわち，立憲主義を実現するための最も重要な手段の一つとして，多くの立憲主義諸国において導入されている。特に1990年代以降，この制度は社会主義国家や独裁国家の体制転換等に伴って，多くの国々で新たに導入されるようになっている。

このように現在，違憲審査制は立憲主義を実現するための手段として各国で取り入れられているが，ただ，この制度は，裁判所が国民から選出された代表者によって民主的に制定された法律を覆すことを可能にすることから，民主主義とは緊張関係に立つとされる。特に，憲法条文は一般に抽象性が高く多義的であるため，複数の解釈が成り立ちうることを考えると，裁判官が自己の憲法解釈に基づいて議会の判断を覆すことの正当性は必ずしも自明なことではない。それゆえ，裁判所はいかに違憲審査権を行使すべきかということが，この制度をめぐっては重要な問題として問われることになる。以下では，この問題について，違憲審査制の歴史をたどりながら考えることにしよう。

Ⅱ●違憲審査制の誕生

1 違憲審査制の淵源

違憲審査制の母国はアメリカ合衆国であるが，実は合衆国憲法には，この制度に関する明示的な言及はみられない。この制度は，後述のように，アメリカの司法判例の蓄積を通して成立したものである。

その思想的源流の一つとしてしばしば指摘されるのが，1610年のイギリスのボナム医師事件におけるエドワード・コーク卿（Sir Edward Coke, 1552-1634）の意見である。「法の支配」の擁護者であったコークは，同事件において，「議会制定法が一般の正義と理性に反していたり，〔コモン・ローに〕矛盾していたり，執行不能であったりする場合には，コモン・ローはそうした法律を統制し，無効と判示するであろう」と主張した。このような主張はイギリスでは議会主権の確立に伴って退けられていったが，法の大家である彼

の言葉は，植民地アメリカにおいても知られるところとなった。そして，植民地アメリカがイギリス本国議会による専横的な立法に直面し抵抗するようになると，アメリカではコークの言説の影響も受けながら次第に，議会制定法よりも高次の法（コモン・ローや自然法）が存在しており，それに反する議会制定法は無効であるとの思想が広まるとともに，裁判所はそうした議会制定法を無効と判示してその適用を拒否すべきであるとの主張がみられるようになった。

このようにして，アメリカ独立革命に至る歴史の中で，違憲審査制の原型となる思想が形成されることになった。そして，独立後，今度は各邦の議会において，数のうえでは多数派の下層階級が有産階級の財産権を脅かすような立法を相次いで行う――有産・知識階級からみると「多数者の専制」が発生する――と，有産・知識階級の間で上記のような思想がさらに強まることになった。そこでは，多数派の下層階級が人民主権の名のもと，議会が万能であることや議会に高次法の終局的な解釈権があることを主張して，これらの立法を正当化しようとしたのに対し，少数派のエリートは議会も高次の法によって制限を受けること，裁判所がその高次法の解釈権を有することを主張して，そうした動きに対抗したのである。そして，このような状況の中，いくつかの邦では実際に，高次の法（自然法や憲法）に反していることを理由に，裁判所が法律を無効にしたとみられる例も現れるようになった。

2　違憲審査制と人民主権の結合――アレクサンダー・ハミルトン

13の邦が統一国家を結成する際に制定された合衆国憲法は，前記のように，違憲審査制に明示的には言及していない。このため，合衆国憲法がこの制度を認めているのかどうかが問題になるが，合衆国憲法の起草者で「建国の父」の一人であるアレクサンダー・ハミ

ルトン（Alexander Hamilton, 1757（or 1755）-1804）は，『ザ・フェデラリスト』の中で，違憲審査制が憲法上の権利の保障にとって鍵となる制度であることを指摘している。

> ハミルトン，ジェイ，マディソン『ザ・フェデラリスト』（1788年）
> 第78篇
> 「権力を制限する憲法とは，立法権に対して特定の例外，たとえば私権を剥奪する法と遡及処罰法などを通過させてはならないことなどを規定した憲法を意味する。この種の権力制限は，裁判所という仲介を経なければ実際には守りえないのである。つまり，憲法の明白な趣旨に反する一切の立法行為を無効であると宣言するのが裁判所の義務なのである。これなくしては，特定の権利または特権の維持もすべて無に帰することになろう。」
>
> 斎藤眞＝中野勝郎・訳『同』（岩波文庫，1999年）342頁

このように，ハミルトンは合衆国憲法が権力の制限を意図した憲法であることを理由に，違憲審査制が合衆国憲法にとって不可欠の構成要素であることを主張した。ただ，合衆国憲法は同時に人民主権原理にも立脚している。人民主権原理は前記のように，邦時代には議会の万能性や憲法の終局的解釈権が議会にあることを意味するものとして用いられることが多く，違憲審査制とは対立的な関係にあったが，ハミルトンは人民主権と違憲審査制の関係をいかに捉えていたのであろうか。

この点につき，彼はまず主権者である人民を本人，議会をその代理人として位置づけたうえで，憲法が本人の意思の表明，法律が代理人の意思の表明であることから，憲法は法律よりも高次にあり，両者が抵触する場合には憲法が優先すべきことを指摘する。そのう

えで，法の解釈機関である裁判所がこの両者の抵触を判断する権限を有していると述べ，裁判所がこの役割を果たすことによって，主権者の意思の表明である憲法が保障されると主張する。このようにハミルトンは，憲法を人民の意思の表明，違憲審査制をその執行として位置づけることで，違憲審査制を人民主権の観点からも正当化した。そして，このような考え方は，人民主権・民主政のもとで違憲審査制を正当化する一つの有力な論法として，現在に至るまで影響を及ぼしてきたのである。

ただ，憲法制定から時がたてば，現在の人民の代理人である議会が制定した法律の方が，数世代前の人民が制定した憲法よりも，現在の人民の意思をより正確に表明しているとみることもできる。そのようにみると，法律に対する違憲判決を，単純に人民の意思の執行であると捉えて正当化することは難しくなるであろう。くわえて，憲法の解釈が複数成立しうるときに，人民から直接選ばれていない裁判官がその一つを選んで，人民から選ばれた議会が制定した法律を違憲無効であると判断することは，人民の意思の執行であるとどこまでいえるのか，やはり問題になるであろう。これらの問題は，違憲判決が人民の意思の執行というよりも，むしろ人民の意思に反するものとして立ち現れうることを示唆している。この点については後からまた考察することにしよう。

また，ハミルトンは，裁判所の恣意的解釈により，法律が無効とされるリスクに関して，恣意的解釈の可能性は法解釈一般につきまとうものであり，違憲審査に限られたことではないうえ，そもそも裁判官は法の意味を宣言する義務を負っているから，ここで論じても意味がないと主張している。しかし，裁判所による法律の恣意的解釈に対しては，新たな法律の制定によって対処できるが，憲法の恣意的解釈に対しては，憲法改正手続が厳格なために実際には対処

が難しいこと，また，裁判官が法の意味を宣言する義務を負っているという原則論を述べるのみでは，恣意的解釈の可能性は排除されないことから，上記リスクを論じることが「意味がない」とはいえないであろう。それにもかかわらず「意味がない」と断じるハミルトンの議論の背後には，法律専門家・法律エリートである裁判官・裁判所に対する信頼が存在していることが窺える。

3　違憲審査制の成立──マーベリー対マディソン事件判決

　前項では「建国の父」の一人，ハミルトンの見解をみたが，憲法制定会議参加者全体の中で違憲審査制がいかに位置づけられていたかについては，必ずしも明らかではない。ただ，建国後，州裁判所による違憲審査権の行使の例などを通して，違憲審査制を認める考え方が（違憲審査の範囲や効果等については見解の相違があったものの）徐々に広まっていった。そのような中，連邦最高裁判所自らが違憲審査権を有することを明らかにした判例として重要であるのが，1803年のマーベリー対マディソン事件判決である。

　この事件は，連邦派（連邦政府の権限や統治におけるエリートの役割を重視）と共和派（州政府の権限や民主主義を重視）という当時の二大党派が，激しい政治的対立を展開する中で生じたものである。原告のウィリアム・マーベリー（William Marbury, 1762-1835）は連邦派政権のもとで治安判事に選ばれたものの，直後に成立した共和派新政権は彼に辞令を交付することを拒否した。そこで，マーベリーは，当時の裁判所法13条を根拠として連邦最高裁判所に対して，ジェイムズ・マディソン新国務長官（James Madison, 1751-1836）に辞令交付を命じる「職務執行令状」を出すように求めた。

　当時の連邦最高裁判所は，ジョン・マーシャル首席裁判官（John Marshall, 1755-1835）を筆頭に連邦派がそろっていたが，マーシャル

執筆の判決は，大方の予想に反して職務執行令状を出すことを拒否して原告の請求を退けた。一見，新政権側に配慮したようにみえるが，重要なのはその論理である。判決は，裁判所法13条が違憲無効であるがゆえに，同条を根拠として職務執行令状を出すことはできないと判示したのである。そして，裁判所が違憲審査権を有することを，ハミルトンの議論の影響を受けつつ詳細に論じたのであった。それが本章冒頭の引用箇所である。

判決はまず，主権者であるアメリカ人民は成文憲法を制定して国家権力を制限しようと企図したのであるから，成文憲法の制限に反する立法は無効であると述べて，人民主権・成文憲法・制限政府の観念を結びつけながら，憲法が法律よりも強い効力を持つことを確認している（引用箇所前半部分）。もっとも，このことから裁判所の違憲審査権が当然に導き出されるわけではない。実際に当時，共和派の一部議員の間では，立法の合憲性の判断権は立法権を付与された議会自身が排他的に有しており，裁判所はそのような判断権を有しないとの見解もみられた。そこには，選挙を通した責任追及を受けることのない裁判官が恣意的な憲法解釈を行うこと，憲法解釈の名のもとに人民に自己の意思や選好を押し付けることへの危惧がある。しかし，判決は，裁判所は法を解釈し適用する機関，「何が法であるか」を述べる機関である以上，当然に憲法の解釈権，法律の合憲性の判断権を有すると宣言した（引用箇所後半部分）。そこには，裁判官による支配を懸念する上記議員の見解とは反対に，ハミルトンと同様，法律専門家である裁判官に対する信頼と，議会の専制に対する懸念が存在していたといえる。

この判決は，時の政権を勝訴へと導く議論の中で，裁判所が違憲審査権を有することを宣言することによって，政治部門の反発が生じにくいように配慮しながら，政治部門が制定した法令を違憲無効

にするという大きな権限を掌中に収めようとした点で、非常に巧妙といえる。州裁判所による違憲審査権の行使の事例が蓄積されつつあったことにくわえ、このような奇知も手伝って、違憲審査制は連邦最高裁判所判例として成立したのであった。もっとも、裁判所がこの獲得した権限をさまざまな法令に対して積極的に行使するようになれば、そうした法令を制定した政治部門との摩擦は避けられなくなるであろう。また、2で指摘したように、現在の人民の意思と衝突し、民主主義原理と鋭い緊張関係に立つ場面——違憲審査権の行使を人民の意思の執行と単純にみることが難しい場面——も出てくるであろう。実際に、Ⅲでみるように、アメリカでは19世紀末頃からそうした場面が度々現れるようになり、違憲審査権の適正な行使のあり方が問われるようになったのである。

Ⅲ● 違憲審査制の展開と司法積極主義批判

1　19世紀における違憲審査制

Ⅱでは違憲審査制誕生の思想的・政治的背景をみたが、次にこの制度の展開をみていくことにしよう（第3章「権力分立」Ⅱも参照）。まず、この制度は、19世紀を通じて、ヨーロッパ諸国に波及することはなかった。その背景には、一つには、当時のヨーロッパ諸国では市民革命の原動力であり国民の代表機関であった議会が、国民の権利を擁護する機関として位置づけられていた一方で、絶対王政期に抑圧的な王権を支えていた裁判所は十分な信頼を獲得していなかったことがある。それらの諸国では、違憲審査制はむしろ議会の憲法解釈権や立法権に対する侵害として、国民主権・人民主権原理や権力分立原理に抵触する制度として受け止められる傾向にあった。違憲審査制がヨーロッパ諸国で一般的になったのは、ナチス時代の

悪法を経験して、裁判所が法律を統制する必要性が広く認識されるようになった第二次世界大戦終結以降のことである。

一方、アメリカにおいても、連邦最高裁判所は当初、違憲審査権の行使には慎重な姿勢をとっていた。特に、州法には違憲判決を徐々に下すようになっていったが、連邦法には長く違憲判決を下すことはなかった。連邦法に違憲判決を下せば、当該法を制定した連邦議会や大統領が反発するおそれがあるが、そうした反発に対峙できるだけの権威や基盤を連邦最高裁判所が十分に確立していなかったことが、影響していたとみられる。連邦最高裁判所が連邦法に対しても活発に違憲審査権を行使するようになったのは、連邦最高裁判所の地位が安定・確立し、州法に対する違憲審査権行使の実績も積み重ねた19世紀の終わり頃になってからのことであった。

2　アメリカ連邦最高裁判所の積極化と批判

このように、アメリカ連邦最高裁判所は19世紀の大半の時期において、違憲審査権の行使に抑制的な姿勢をとっていた。ただ、前記のように、世紀の変わり目頃から次第に経済的自由を保護するために、この権限を積極的に行使するようになり、それに伴って、適正な違憲審査権の行使のあり方が、政治上・法学上の一大争点として浮上するようになった。

この時期（代表的な判決の名前をとって「ロックナー時代」と呼ばれる）の連邦最高裁判所の積極主義は、基本的に保守的な性格のものであった。産業革命が進展し、労働者の搾取や市場の独占などの自由市場経済の歪みが大きな政治問題・社会問題になる中で、立法部は労働者保護や独占防止のために各種の法規制を行っていったが、連邦最高裁判所はこれらに相次いで違憲無効の判断を下したのである。たとえば、連邦最高裁判所は合衆国憲法修正14条の適正手続条

項(「法の適正な手続によることなく、何人からも生命、自由、または財産を奪ってはならない」)が「契約の自由」を保障していると解釈して、最低賃金法や長時間労働規制を違憲とした。契約の自由は憲法に明文で規定されているわけではなかったことから、こうした判決は、保守的な裁判官が自己の信奉する自由放任主義的な経済思想を憲法に読み込んで、人民の代表が民主的に制定した法律を覆しているとして、リベラル派から激しい批判を受けることになった。そして、民主政のもとでは、裁判所は人民の代表機関の判断を尊重しなければならず、違憲審査権の行使は法律が憲法に明白に違反しているような場合に限られるべきこと——裁判所は謙抑的であるべきこと——が、リベラル派によって主張された。

このような連邦最高裁判所の保守的な積極主義は、大恐慌から立ち直るために企図された1930年代の各種の経済立法(ニュー・ディール立法)にも及び、ついには大統領・連邦議会との正面衝突を招くことになった。そして、政治部門に対する国民の圧倒的な支持と、司法の独立の危機を前にして、連邦最高裁判所はこれまでの路線を転換させ、経済活動規制については原則として合憲判断を下すようになったのである(コラム「ニュー・ディール憲法革命」参照)。

もっとも、連邦最高裁判所の積極主義の歴史はこれで終わりではなかった。経済領域における保守的な積極主義を放棄した連邦最高裁判所は、1950年代中頃から、今度は平等や精神的自由を保護するために、リベラルな積極主義を展開するようになった。連邦最高裁判所は、人種差別や投票価値の不平等の是正、表現の自由や信教の自由の保障、刑事被告人の権利の保障のために、積極的に違憲審査権を行使するようになったのである。そして、かつて連邦最高裁判所が「契約の自由」を導き出した適正手続条項から、今度はプライバシーの権利や、女性が人工妊娠中絶を決定する権利を導き出すよ

うになった。こうした中,人民の代表である議会に成り代わって裁判所が立法を行っているとして保守派から批判が上がるようになり,今度は保守派の間で「司法の謙抑」の必要性が説かれるようになったのである。

このように,連邦最高裁判所が保守的な積極主義を展開するとリベラル派から,リベラルな積極主義を展開すると保守派から,「司法の謙抑」の必要性が主張されてきた。このような歴史をみると,「司法の謙抑」を求める立場は,単なる党派的主張にすぎないようにもみえる。ただ,それは,理論的な根拠も有しており,適正な違憲審査権の行使のあり方に関わる問題でもあることから,積極的な違憲審査を求める立場は,これに応答する必要がある。日本において違憲審査制の活性化を目指す場合にも,いかなる形の活性化が望ましいのか考える必要があるであろう。そこで,以下では,この点について検討することにしよう。

Ⅳ● 違憲審査権の行使のあり方——「違憲審査制と民主主義」の問題

1 「違憲審査制と民主主義」の問題

「司法の謙抑」や司法消極主義——政治部門の判断を尊重し,法律が憲法に違反していることが明白な場合に限って,裁判所は違憲判決を下すべきであるとする立場——が主張される背景には,「違憲審査制と民主主義」の問題がある。この問題は,アメリカにおいて保守的な積極主義が展開されたロックナー時代に強く意識されるようになり,リベラルな積極主義が展開された1950年代中期以降,学界・政界において活発に議論されてきた。以下では,まずこの問題について簡単にみておこう。

「違憲審査制と民主主義」の問題とは,民主主義を国政の基本原

理とする体制において，違憲審査制の正当性はどこに存するのか，裁判所はいかに違憲審査権を行使すべきかを問うものである。その背景には，違憲審査制は，民主的に選出された数百名の代表者が議論して制定した法律を，国民に直接責任を負わない10名程度の裁判官（アメリカ連邦最高裁判所は9名，日本の最高裁判所は15名）が憲法違反を理由に覆すものであり，民主主義原理と鋭い緊張関係にあるとの認識がある。

　Ⅱでみたハミルトンやマーシャルの立論は，この問題に対する回答としては，十分とはいいがたいであろう。前記のように，ハミルトンやマーシャルは，違憲審査制を，人民によって民主的に制定された憲法の執行と捉えて民主主義の観点から，あるいは，最高法規である憲法の執行と捉えて立憲主義の観点から，正当化していた。そこでは，裁判所の憲法判断は単なる「法の宣言」にすぎず，裁判官の「意思」は介在しないとの認識が暗黙の前提とされている。しかし，憲法条文は一般に抽象性が高く多義的なことから，裁判所の憲法判断には，裁判官の主観的・主体的な価値判断が介在すること（少なくとも介在する余地のあること）は，違憲審査制の運用の歴史を通して，今日広く知られるところである。そして，裁判所の憲法判断がそのような性質のものであるとすれば，国民に直接責任を負わない裁判所が議会の民主的判断を覆すことの正当性は自明とはいえないであろう。民主政を基本原理とする国家において，違憲審査制の正当性の根拠や役割は何か，裁判所はいかに違憲審査権を行使すべきかが，やはり問題にならざるをえないのである。

2　司法の謙抑論

　司法の謙抑論は，このような「違憲審査制と民主主義」の問題に対する一つの回答といえる。たとえば，この立場の代表的論者であ

るフェリックス・フランクファーター元アメリカ連邦最高裁判所裁判官（Felix Frankfurter, 1882-1965）は，裁判所に対して「徹底的な自制」を求めたが，その背景には，この問題があった（1943年のウェスト・ヴァージニア州教育委員会対バーネット事件，1949年のAFL対アメリカン・サッシ＆ドア会社事件の同裁判官個別意見等を参照）。彼によれば，裁判所は国民に直接責任を負わない「非民主的」「寡頭制的」機関であるから，国民に直接責任を負う議会の判断を最大限に尊重しなければならない。特に，政治的に無答責な裁判官が憲法に自己の個人的価値観を読み込んで議会の民主的判断を覆すことは，民主主義原理に反し正当性を有しないから，これを避けるためにも，裁判官は違憲審査に対して自制的でなければならない。また，裁判所が民主政治に介入することは，試行錯誤し自ら誤りを正していくという経験と責任を人民から奪うことになり，民主政治の弱体化につながるから，その意味でも裁判所には自制が求められる，という。実際に，フランクファーター裁判官は在職中，広範な問題領域において議会の判断を尊重する姿勢を示していた。

こうした司法の謙抑論の立場に立てば，裁判所は法律の合憲性を推定して違憲審査を行うべきことになり，裁判所が違憲判断を下すことが許されるのは，法律が憲法に明らかに反している場合や何ら合理性を有しない場合などに限られることになるであろう。

3　民主主義プロセス論

それでは，「違憲審査制と民主主義」の問題に応答しつつ，違憲審査に司法の謙抑論よりも積極的な役割を認めるとすれば，どのような立論がありうるであろうか。その一つの回答が，民主主義プロセス論である。この理論は，1938年の合衆国対カロリーン・プロダクツ会社事件におけるアメリカ連邦最高裁判所判決の脚注4を手掛

Ⅳ● 違憲審査権の行使のあり方

かりとして形成された理論である（コラム「ニュー・ディール憲法革命」参照）。

民主主義プロセス論によると，法律に問題があっても，通常は民主主義プロセスにおける議論を通して，その法律を見直し改廃することが可能である。それゆえ，民主主義が統治の基本原理であること，価値判断は直接国民に責任を負う代表者が行うべきことに照らせば，裁判所はみだりに介入すべきではない。しかし，民主主義プロセスそのものが歪められると，そのような見直しの可能性も閉ざされてしまう。そこで，民主主義プロセスそのものを歪めるおそれのある法律——民主主義プロセスを支える表現の自由や選挙権等を制限する法律——に対しては，裁判所は違憲を推定して厳格な違憲審査を実施すること——積極的に介入すること——が要請される。また，社会的偏見の対象となっている少数者を不平等に取り扱う法律も，偏見の存在ゆえに（当該少数者集団と他集団との連携が見込めず）民主主義プロセスを通して見直される可能性が閉ざされているといえるから，裁判所はこれに厳格な違憲審査を実施することが求められる。

つまり，民主主義プロセスがやり直しや変化に開かれている限り，裁判所は民主主義への配慮から議会の判断を尊重しなければならないが，民主主義プロセスが歪められ，そうしたやり直しや変化が閉ざされているおそれがある場合には，裁判所は民主主義プロセスを矯正するために積極的に介入することが求められるという。そして，この介入は，民主主義プロセスを擁護するために行われることから，まさに民主主義の観点から正当化されることになる。民主主義に対立するといわれる違憲審査を，民主主義を根拠に正当化する点で，この理論は「違憲審査制と民主主義」の問題に対する一つの有力な回答といえる。

第8章　違憲審査制

　このような民主主義プロセス論は，日本の学界において支配的な「二重の基準論」（裁判所は，精神的自由権を制限している法律に対しては違憲を推定して厳格に違憲審査し，経済的自由権を制限している法律に対しては議会の判断を尊重して緩やかに違憲審査すべきである，という考え方）の理論的根拠とされてきた。民主主義プロセスが機能している限り，経済的自由権に対する規制は議論され見直される可能性に開かれていることから，裁判所は議会の判断に敬譲的であるべきであるが，表現の自由をはじめとする精神的自由権に対する規制は，まさに民主主義プロセス自体を歪め，そうした議論や見直しの可能性を封じてしまうおそれがあることから，裁判所は厳格にこれを違憲審査すべきであると説明されてきたのである。

　ただ，厳密にいえば，民主主義プロセス論によって，二重の基準論を余すことなく説明することは難しい。というのも，精神的自由権の中には自己決定権のように民主主義プロセスの維持に直接関わらない権利もあるが，そのような権利に対する制限を厳格に違憲審査することは，民主主義プロセス論からは正当化されにくいからである。また，表現の中でも芸術的表現は民主主義プロセスの維持に直ちに関わるものとはいいがたいことから，これに対する制限を厳格に違憲審査することも，民主主義プロセス論から導かれうるか曖昧である。このため，二重の基準論を説明するためには，他の論拠も必要とされることになる。そして，この点，日本の学界は，裁判所の判断能力の違いを挙げてきた。つまり，経済的自由権を制限する法律は政策的理由に基づくことが多く，その当否を判断する能力を裁判所は十分に有していないが，精神的自由権を制限する法律は他者危害防止を理由としていることが多く，その当否を判断する能力を裁判所は有しているというのである。

4　まとめ

本節では，「違憲審査制と民主主義」の問題と，それに対する回答のいくつかをみてきた。この問題は，裁判所が積極的な違憲審査活動を展開し，政治部門との対立が繰り返されてきたアメリカにおいて活発に議論されてきたが，日本においても重要な意義を有している。というのも，日本の最高裁判所が長年違憲判決を下すことに対して消極的であった背景には，部分的には，最高裁判所裁判官が違憲審査制と民主主義の緊張を強く意識していたことが働いていたとみられるからである。たとえば，横田喜三郎・元最高裁判所長官（1896-1993）は著書『違憲審査』の中で，民主主義に対する配慮などから裁判所の自制の必要性を訴えていた。それゆえ，日本において裁判所により大きな役割を求めるとすれば，「違憲審査制と民主主義」の問題に向き合い，いかなる場合であれば裁判所による介入が要請され正当化されるのか，また，裁判所はいかに違憲審査権を行使すべきかについて，理論的に明確にしておく必要があるといえよう。

◇　違憲審査制の成立当時，アメリカではこの制度に賛否両論があったが，各々いかなる論拠に基づいていたのだろうか。
◇　「違憲審査制と民主主義」の問題とは，いかなる問題か。また，この問題に照らせば，裁判所はいかに違憲審査権を行使すべきだろうか。
◇　民主主義プロセス論によれば，次の各場合に，裁判所はいかに違憲審査権を行使すべきだろうか。
①国政選挙において，選挙区によって投票価値に較差が生じている場合。

②国公立学校が女性のみ，もしくは男性のみに入学を許可している場合。

③法律が同性間の婚姻を認めていない場合。

④条例が営業広告の屋外掲出を規制している場合。

参考文献

①松井茂記「違憲審査基準論」大石眞＝石川健治・編『憲法の争点』（有斐閣，2008年）282頁

裁判所による違憲審査権の行使のあり方について，「二重の基準論」を中心にわかりやすく解説している。

②佐藤幸治『立憲主義について――成立過程と現代』（左右社，2015年）

本章では触れることができなかった，ヨーロッパ諸国の違憲審査制の展開について，初学者にもわかりやすく説明している（第6章）。また，本書全体を通して，違憲審査制の基礎となる立憲主義の考え方について，理解を深めることができる。

③土井真一ほか「違憲審査制と最高裁の活性化」論究ジュリスト2号（2012年）160頁，佐々木雅寿ほか「対話的違憲審査」論究ジュリスト12号（2015年）218頁，見平典ほか「憲法学と司法政治学の対話（前篇）（後篇）」法律時報86巻9号（2014年）102頁，10号（2014年）104頁

いずれも違憲審査制をめぐる日本の現状と論点について，憲法学研究者が基調報告をもとに座談会形式で議論している。

④泉徳治『私の最高裁判所論』（日本評論社，2013年）

元最高裁判所裁判官である著者が，日本の違憲審査制の現状とその背景を分析するとともに，違憲審査権の適正な行使のあり方について論じている。

⑤松井茂記『司法審査と民主主義』（有斐閣，1991年）

「違憲審査制と民主主義」の問題をめぐるアメリカの議論を整理・分析した大著。この問題を深く知りたい方のために。

コラム●ニュー・ディール憲法革命

　ニュー・ディール憲法革命とは，連邦最高裁判所が1930年代のニュー・ディール期に，フランクリン・D・ルーズヴェルト大統領（Franklin D. Roosevelt, 1882-1945）および連邦議会との激しい対立の末，基本的な憲法秩序・統治秩序に関わる憲法判例を転換させたことをいう。

　1929年に発生した大恐慌は，アメリカの国民生活に甚大な影響を与え，膨大な数の失業者の発生，銀行の相次ぐ倒産，生産・税収の激減をもたらした。このような中，1933年に就任したルーズヴェルト大統領は，社会経済に政府が積極的に介入することを通して，経済再建を果たそうとした。彼のプログラムはニュー・ディールと呼ばれているが，その内容は多岐にわたり，農産物価格維持のために農民と減産協定を締結したり（農業調整法），生産の促進・安定のために，各業界に生産量・価格・賃金・労働条件の基準を設定させたりした（全国産業復興法）。これらの諸政策は，政府が積極的かつ大規模に社会経済に介入する点（福祉国家化），従来州政府の所管と考えられていた事項に連邦政府が介入する点（中央集権化）で，これまでのアメリカの基本的な統治システムのあり方に大きな変革をもたらすものであった。

　ところが，これらの諸政策に対して，連邦最高裁判所は連邦議会権限の逸脱であるなどとして，相次いで違憲無効の判断を下した。その結果，連邦最高裁判所は，政権はもとより多くの法学者やメディアから，時代錯誤の自由放任主義的経済思想に基づいて憲法解釈を行っている上，民主的正統性を有した政治部門の判断を尊重する姿勢がみられないとの激しい批判を浴びることになった。そして，連邦最高裁判所と大統領・連邦議会との対立が深まる中，ルーズヴェルト大統領は連邦最高裁判所の裁判官を増員して，ニュー・ディール政策を支持する裁判官を新たに任命し，判例変更へと導くことを画策するに至り（「裁判所抱き込み計画」），連邦最高裁判所は独立性の危機を迎えることになった。そして，このような緊迫した情勢とニュー・ディール政策

に対する圧倒的な国民的支持を前に，中道派の裁判官が従来の立場を変え，連邦最高裁判所は1937年に先例を変更して，ニュー・ディール立法をはじめとする各種の社会経済規制に合憲判断を下すようになった。これ以降，連邦最高裁判所は連邦政府の経済規制を広く容認するようになり，事実上無審査状態になった。

このように，連邦最高裁判所の憲法判断が転換した結果，連邦政府は広く国民の経済生活に規制を行うことが可能になり，福祉国家化・中央集権化・行政国家化がアメリカでも進展した。これはアメリカの統治秩序・憲法秩序の大きな転換であったことから，この一連の出来事を，ニュー・ディール憲法革命と呼んでいる。

なお，経済規制に対する積極主義を放棄した連邦最高裁判所は，これ以降，新たな役割を模索することになった。そして，その方向性が示唆されたのが，1938年の合衆国対カロリーン・プロダクツ会社事件判決の脚注4である。そこでは，①憲法の明示的な禁止規定に違反していると思われる法律，②不適切な法律を見直し改めていく政治プロセスそのものを制限する法律（投票権や表現の自由，集会の自由などを制限する法律），③社会的偏見の対象となっている少数者を狙い撃ちにした法律については，裁判所は厳格な審査をなすべきことが示唆されていた。この脚注4は，その後の違憲審査理論の形成に重要な影響を与え，20世紀後期の連邦最高裁判所の積極主義を支える役割を果たすことになった（本文参照）。

第Ⅱ部●人　権

第9章 人権の観念

● ● ●

「人権」とは一般に,「人間がただ人間であるということにのみもとづいて,当然に,もっていると考えられる権利」(宮沢俊義『憲法Ⅱ〔新版〕』〔有斐閣,1974年〕77頁)のことをいう。それは,国家や憲法に認められたから存在するのではなく,人間に固有のものとしてあらかじめ存在しており,それゆえすべての人間に普遍的に認められるものとされる。日本国憲法をはじめとする諸外国の多くの憲法や国際条約は,このような権利の存在を確認し,保障しており,その意味で今日人権なるものが存在し,その侵害は許されないとの考え方は,広く定着しているかのようにみえる。

しかし,人類の歴史上,そのような権利が存在するとの考え方は比較的新しく,しかもそれは現代においても論争的なものである。それは,近代の欧米において育まれた思想であり,人権とされる権利の内容も時代とともに変化してきた。このため,「人権」なるものは特殊欧米的な思想にすぎず,普遍的な性格を有するものではないとの主張も,アジアやアラブ諸国を中心にみられる。また,理論的にみても,そもそもなぜ人間であることのみを理由に,一定の権利がすべての人に備わっているといえるのか,その根拠が明らかではないとの指摘もある。たしかに,われわれは普段「人権」なるものの存在を自明なものとして受け止めているが,あらためてその根拠や内容を問われると,答えに窮するのではなかろうか。

なぜ人間は生まれながらにして一定の権利を有するといえるので

第9章 人権の観念

あろうか。また，具体的にいかなる内容のものが，そのような権利に当たるのであろうか。このような問いに向き合うことは，なぜ憲法が一定の権利を保障しているのかを理解するうえで必要であるのみならず，人に対する抑圧や不当な取扱いを防ぎ批判していくうえでも重要である。本章では人権観念の歴史を遡り，それがいかなる背景のもと成立し展開してきたのかを検討することを通して，それらの問いについて考えてみたい。

● ● ●

> **ロック『統治二論』(1690年) 後篇第2章第4節～第6節**
>
> 「政治権力を正しく理解し，それをその起源から引き出すためには，われわれは，すべての人間が自然にはどんな状態にあるかを考察しなければならない。……自然状態はそれを支配する自然法をもち，すべての人間がそれに拘束される。そして，その自然法たる理性は，それに耳を傾けようとしさえすれば，全人類に対して，すべての人間は平等で独立しているのだから，何人も他人の生命，健康，自由，あるいは所有物を侵害すべきではないということを教えるのである。というのは，人間が，すべて，ただ一人の全能で無限の知恵を備えた造物主の作品であり，主権をもつ唯一の主の僕であって，彼の命により，彼の業のためにこの世に送り込まれた存在である以上，神の所有物であり，神の作品であるその人間は，決して他者の欲するままにではなく，神の欲する限りにおいて存続すべく造られているからである。」 加藤節・訳『完訳 統治二論』(岩波文庫，2010年) 296～299頁
>
> **『同』後篇第9章第123節～第124節**
>
> 「もし，すでに述べたように，自然状態における人間がそれほど自由であり，また，自分自身の身体と所有物との絶対的な主人であって，どんなに偉大な人とも平等で誰にも従属していないとすれば，彼はなぜその自由を手放し，自分自身のその絶対的な統治権を放棄

して，他者の統治権と統制とに服するのであろうか。これに対する答えは明確であって，自然状態において人は確かにそうした権利をもっているが，しかし，その権利の享受はきわめて不確実であり，たえず他者による権利侵害にさらされているからだということに他ならない。というのは，万人が彼と同じように王であり，彼と同等者であって，しかも，大部分の者が，公正と正義との厳格な遵守者ではないので，彼が自然状態においてもっている固有権(プロパティ)の享受はきわめて不安定であり不確実であるからである。これが，彼をして，どんなに自由であっても，恐怖と絶えざる危険とに満ちた状態をすすんで放棄させるのである。それゆえ，私が固有権(プロパティ)という一般名辞で呼ぶ生命，自由，資産の相互的な保全のために，彼が，すでに結合しているか，あるいは結合しようと考えている他の人々とともに社会を作ることを求め，すすんでこれに加わることを欲するのは，決して理由のないことではない。

　従って，人が，政治的共同体へと結合し，自らを統治の下に置く大きな，そして主たる目的は，固有権(プロパティ)の保全ということにある。」

加藤・訳441〜442頁

Ⅰ● 人権の概念

　はじめに人権の概念について，確認・整理しておくことにしよう。人権 (human rights) とは，「人間がただ人間であるということにのみもとづいて，当然に，もっていると考えられる権利」のことをいい，一般に次のような性質を持つとされる。第一に，それは，憲法や条約などの実定法に規定されてはじめて成立する権利ではなく，人間という存在にあらかじめ備わっている権利である（前実定法性）。したがって，憲法や条約の人権規定は人権を創出したものではなく，人間にもともと備わっている権利を確認し，法制度上保障したもの

といえる。第二に，それは人間であるということにのみ基づいて認められるものであるから，人種・性別・身分・階級・国籍・信仰などにかかわらず，すべての人に普遍的にかつ平等に認められる（普遍性・平等性）。第三に，それに対する侵害は，たとえ国家や多数者の意思によるものであっても許されず（不可侵性），本人がそれを放棄したり譲り渡したりすることもできない（不可譲性）。

このような性質の権利が存在するとの考え方は歴史的に見れば比較的新しく，その原型がヨーロッパの政治哲学者によって唱えられるようになったのは17世紀以降のことであり，それが各国において法制度化されるようになったのは18世紀末から20世紀にかけてのことである。その歴史は，常に現実政治・現実社会との相互作用——すなわち，現実政治・現実社会の影響を受けるとともに，それらに影響を与えるという相互作用——の関係にあった。本章ではその具体的な展開をみていくが，Ⅱではまずその前史として，中世におけるそうした考え方の萌芽をみておくことにしよう。

Ⅱ ● 人権概念の前史

人権という権利の一つの特質は，前記のように，国家権力であっても侵すことができない点にあるとされるが（不可侵性），このような発想の萌芽は中世のイギリスにおいてみられる。イギリスでは13世紀初頭に，国王ジョン（John, the Lackland, 1167-1216）の恣意的な権力行使に反発した貴族が立ちあがって，国王に臣民の権利や国王が守るべき事項を確認させるという事件が起こった。この時の確認文書がマグナ・カルタ（Magna Carta）と呼ばれるものであるが，そこにおいては，君主といえども，いにしえからの慣習の蓄積である古き良き法に従わなければならず，君主はこの法に含まれる臣民

の権利を恣意的に侵害することは許されないとの考え方がみられる。もっとも、そこで雑多に挙げられた諸権利は、特権身分の権利を中心とした封建的性格の強いものであり、人類普遍の共通の権利という近代的な人権思想とは異なるものであった。著名な第39条は「自由人」に対して身体の自由を保障していたが、当時の大多数は農奴であり、「自由人」は限られた存在であったことから、この権利も「自由人」という身分に伴う封建的権利としての性格が強かったといわれる。ただ、マグナ・カルタには、国王であってもみだりに侵すことのできない権利が存在するとの観念が存在しており、このような観念が後の人権思想の一つの基礎を提供することになった。

その後、イギリスでは17世紀に入ると、著名な法律家であったエドワード・コーク卿（Sir Edward Coke, 1552-1634）が国王の専横に対抗しようとする中で、マグナ・カルタを特権身分の権利ではなく、すべてのイギリス人の権利を保護したものとして再解釈した。そして、専制的な国王が亡命を余儀なくされた1688～89年の名誉革命時には、議会が権利章典を制定し、国王であってもみだりに否定できない臣民の諸権利を確認した。そこでは、人身の自由や請願権などが挙げられていたが、それらの諸権利は、特権身分に限らず、広くイギリスの「聖俗の貴族および庶民」が古来より有するものとして位置づけられるに至った。こうして、イギリスでは、国王であってもみだりに侵すことのできない権利が存在するとの観念が発達し、その権利も特権身分のものから広く臣民一般のものへと発展していった。このようなイギリスの展開は、近代人権思想が生成する下地を与えたといえよう。ただし、それらの権利は、特定身分や特定国民（イギリス国民）に結びつけられていた点、また、権利の根拠も古来性に求められていた点で、特定集団の既得権的な性格を持っており、すべての人が生まれながらにして当然に持つ権利という現

代の人権概念とは異なるものであった。

Ⅲ ● 近代自然権思想

1 ロックの自然権思想

　現代の人権思想の直接的な起源は，17世紀から18世紀にかけてヨーロッパの政治哲学者によって唱えられるようになった近代自然権思想に求められる。なかでもその代表的な論客，イギリスの哲学者ジョン・ロック（John Locke, 1632-1704）は，冒頭で引用した『統治二論』において，人権概念の原型となる自然権の考え方を洗練された形で提示し，当時の思想界に大きな影響を与えた。名誉革命期に匿名で出版された同書は，それ以前の王位排斥闘争や，国王が王権神授を主張して専横化を強める最中に執筆されたといわれており，同書には絶対王政に対する抵抗を基礎づける実践的な意図があったとみられる。ただ，それは単なる党派的文書ではなく，ロック自身の統治に関する深い思索をまとめた理論書であった。

　ロックは議論の出発点として，まず，国家が成立する前の状態——自然状態——を想定する。彼によれば，自然状態においては人間は自由であり，自律的に行動しうるとともに，神の被造物として平等であって，ただ自然法にのみ拘束されるという。自然法とは，人間によって定立された法ではなく自然に成立している法のことであり，具体的には，他者の生命とその維持に役立つもの——健康・自由・財産——を傷つけてはならないというルールである。これは，人が神の被造物として平等で独立した存在であり，それゆえ自己のみならず他者も保全すべきであることの帰結であり，このようなルールは，ロックによれば理性を通して把握されうるという。

　このような自然法が存在するということは，裏返していえば，す

べての人が生まれながらにして生命・健康・自由・財産に対する権利——自然権——を有しているということである（なお，ロック自身は自然権という表現を用いておらず，生命・健康・自由・財産をまとめて「プロパティ」と呼んでいた）。ただ，ロックによれば自然状態においては，こうした自然権はたえず他者からの侵害にさらされており，その保障は不安定であるという。なぜならば，自然法は理性を通して把握しうるものの，人間は勉強不足や利己心によりそれに厳密に従うとは限らないうえ，国家が成立する前の自然状態においては，権利侵害に対する救済を行うための裁判所も，その判決を確実に執行する権力も存在しないからである。そこで，人びとは自然権の保障をより確実にするため，結集して国家の設立に合意するという（社会契約説）。これが国家の起源である。そして，ロックによれば，政府はこのように人びとの自然権をより良く保障するために成立しているのであるから，政府自身がこの役割に反して自己の権力を濫用し，人びとの自然権を逆に侵害するようになったならば，人びとはその政府に抵抗し，体制を変革する権利（抵抗権）を持つという。

このように，ロックは絶対王政を批判し，政府の存立が人びとの同意に由来すること，それゆえ人びとには政府の恣意的な権力行使に対する抵抗権が認められることを論証しようとしたが，それにあたり，彼は自然状態および自然法の概念を導入して，人が本来的に自由かつ平等であること，生まれながらにして一定の権利を有すること，そして，政府であってもそうした権利を侵すことはできないことを示したのである。ここに，中世的な権利観——古来性に基づく特定集団の権利——とは異なる，現代人権思想の原型をみることができる。そこで示された人間像は，自由で自律的な個人，（国家設立のために結集するような）主体的で理性的な個人であり，身分制秩序に埋め込まれた中世的な人間像とは大きく異なるものであった。

このような個人主義的な人間像には，教皇の権威を否定し，個人が神に直接主体的・自律的に向き合うことを重視したピューリタニズムの影響があったとみられる（ロックの生家はピューリタンであった）。

2 自然権思想の制度化

このようなロックに代表される自然権思想の背後には，人びとの生命・自由・財産を恣意的に奪うような，当時の抑圧的・専制的な絶対王政に対する反発があった。それゆえ，そのような背景を持つ自然権思想は，単に思想界にとどまらず，現実政治にも次第に大きな影響を及ぼすようになった——自然権思想は，抑圧的な政府に抵抗する際の理論的な根拠として援用されるようになった——のである。そして，そうした政府が市民革命により排除されると，それは公式文書において制度化されるに至った。特にロックの思想は，アメリカ独立革命の理論的下地になったと考えられている。

自然権思想に基づく，史上初の公式の権利章典は，アメリカ独立革命時のヴァージニア権利章典である。その第1条は次のように規定し，自然権の概念を宣明した。

ヴァージニア権利章典（1776年）

「すべて人は生来ひとしく自由かつ独立しており，一定の生来の権利を有するものである。これらの権利は人民が社会を組織するに当り，いかなる契約によっても，人民の子孫からこれを〔あらかじめ〕奪うことのできないものである。かかる権利とは，すなわち財産を取得所有し，幸福と安寧とを追求獲得する手段を伴って，生命と自由とを享受する権利である。」

高木八尺ほか・編『人権宣言集』（岩波文庫，1957年）109頁〔斎藤真・訳〕

Ⅲ●近代自然権思想

この宣言は他にも，抵抗権（3条），自由選挙（6条），人身の自由（8条〜10条），言論・出版の自由（12条），信仰の自由（16条）などを盛り込んでおり，権利章典の一つのモデルとして，アメリカの他邦の権利章典や合衆国憲法に影響を及ぼすことになった。

さらに，1789年には革命初期のフランスにおいて，国民議会が「人および市民の権利宣言」を採択した。同宣言は「人の譲渡不能かつ神聖な自然権」（前文）を提示し，「あらゆる政治的団結の目的は，人の消滅することのない自然権を保全すること」にあること，それらの権利は「自由・所有権・安全および圧制への抵抗である」（2条）ことを宣明して，ヨーロッパ諸国の近代憲法の成立と展開に大きな影響を及ぼした（訳はいずれも，前掲『人権宣言集』〔山本桂一・訳〕）。

上記の権利章典・人権宣言は，列挙された諸権利を自然（あるいは神・造物主）によって認められた「生まれながらの権利」として位置づけており，それらがすべての人に共通する普遍的な性格を有すること（普遍性），実定法に規定される前から存在していること（前実定法性）を打ち出している。身分制秩序と結びついた中世的な権利概念とは異なる「人権」概念が，ここに制度化されたといえよう。そして，この制度化された諸権利は自由権中心であり，国家権力による侵害に対抗しようとするものであった（対国家性）。

3　自然権的人権概念に対する批判

もっとも，このようにして成立した近代人権宣言や自然権的人権概念には，賛美の声ばかりではなく，さまざまな批判の声も挙がった。

まず，女性運動から，人権宣言は実際のところ男性の権利の保障にすぎないとの批判が提起された。フランスのオランプ・ドゥ・グ

ージュ (Olympe de Gouges, 1748-1793) はフランス人権宣言の成立直後に，そこにおける「人 (homme)」が実際には「男性 (homme)」を意味しているにすぎないことをいち早く看破してこれを批判し，「女性および女性市民の権利宣言」を著して，「女性は，自由なものとして生まれ，かつ，権利において男性と平等なものとして生存する」ことを宣言した（辻村みよ子『人権の普遍性と歴史性』〔創文社，1992年〕139～144頁）。だが，女性の政治的・経済的諸権利は長く制限されたままであり，両性の同権への道のりは遠かった（第11章「平等」も参照）。

次に，社会主義や労働運動からは，自然権的人権が資本家の「労働者を搾取する自由」にすぎないとの批判が加えられた。産業革命期には機械化が進む中で，労働者は職を維持するために過酷な労働条件をのむことを余儀なくされていたが，これは自然権たる「契約の自由」の名のもとに正当化されており，労働者は長時間の低賃金労働を強いられていた。また，自由な競争とはいっても，実際には人びとが出発点で享受する条件（教育的機会・経済的機会など）には大きな格差が存在していたが，自由権を中心とする近代の自然権思想はこれを不問とした。このため，経済格差が世代間で拡大再生産され，労働者階層は過酷な生活を余儀なくされていた。こうした中，カール・マルクス (Karl Marx, 1818-1883) は，自由という人権が「人間と人間との分離にもとづいている」こと，それゆえ自由を中核とする自然権的人権が「利己的人間の権利，人間および共同体から切り離された人間の権利」にほかならず，結局「彼らの財産と彼らの利己的人身との保全」——他者との関わり合いを欠いた利己的行動の保障——にすぎないことを指摘し，自然権的人権概念自体の中に問題の源泉を見出した（カール・マルクス〔城塚登・訳〕『ユダヤ人問題によせて／ヘーゲル法哲学批判序説』〔岩波文庫，1974年〕）。

Ⅲ ● 近代自然権思想

　さらに，保守主義からは，自然権理論の思弁性・抽象性が批判された。エドマンド・バーク（Edmund Burke, 1729-1797）は，統治が「誤り易くか弱い人間理性」によって導出された抽象理論ではなく，実践知に基づくべきであるとの考えから，「曖昧で思弁的な」自然権概念に依拠して社会を計画的に作り替えようとするフランス革命を批判した。さらに彼は，権利や自由を思弁によって根拠づけることを否定し，それを祖先から受け継がれてきた共同体の遺産として捉えるべきことを主張した。なぜならば，そのように捉えることにより，年を重ねた者に対して敬意が生じるのと同様に，権利や自由に対しても敬意が生じるからである。くわえて，祖先からの遺産とされることにより，自由が人びとに厳粛に受け止められるようになり，それが人びとに濫用されて無秩序に至ることも避けられるからである。バークはこのような理由から，古来性に依拠したイギリスの伝統的な権利観を擁護するとともに，自然権理論を批判した。彼によれば，自然権などというのは「虚偽」であり，存在するのはあくまで各々の政治共同体において祖先から継承されてきた権利——たとえば「イギリス人の権利」——なのであった（エドマンド・バーク〔半澤孝麿・訳〕『フランス革命の省察』〔みすず書房，1997年〕）。

　また，自然権理論は，実定法のみを法と捉える（あるいは法学の対象とする）法実証主義からも批判された。ジェレミー・ベンサム（Jeremy Bentham, 1748-1832）は，国家なくして法や権利は存在しないとの立場から，国家に先立つ権利があるとする自然権概念を「全くのナンセンス」であるとして批判した（ジェレミー・ベンサム『無政府主義的誤謬』）。

4　近代自然権思想の衰退

　アメリカおよびフランスの革命の影響を受けて，18世紀後半から

153

19世紀にかけてヨーロッパ各国において権利章典が成立し，権利の実定化が進められたが，それとともに次第に自然権的人権の概念は衰退していった。もとより，ドイツをはじめとする君主制諸国の憲法においては，権利は人間が生まれながらにして有する自然権としてではなく，国法によって与えられる国民の権利として規定されていたが，フランスにおいても自然権思想の後退がみられた。

このような背景には，先ほどみたような，法実証主義や保守主義などによる，自然権概念に対する批判や懐疑の高まりがある。また，合理主義や科学主義の浸透により，五感で知覚できない自然法を人間が正しく認識できる可能性や，そのような法の存在自体が疑われるようになったこともあった。こうして19世紀には，人が生来有する普遍的な権利という自然権的な人権概念から，国法によって与えられる権利という法実証主義的な権利概念への変容がみられた。

Ⅳ●現代人権思想

1　第二次世界大戦後の動向

(1)　人権思想の復活　　Ⅲで述べたように，19世紀になると，各国で権利保障を含んだ憲法典が制定されるようになったが，その権利は，人が生まれながらにして持つ権利という意味での人権というよりは，法によって国民に与えられる権利として性格づけられていた。その背景には，自然法，およびそれによって根拠づけられる自然権というものが存在するという考え方が衰退していったことがあった。

しかし，第二次大戦後，こうした状況に大きな変化が訪れることになった。人が生まれながらにしてもつ権利，人ということだけを理由に認められる権利という意味での人権の観念が復活したのであ

Ⅳ●現代人権思想

る。その背景には、大戦中のファシズムやナチズムによる悲惨な経験がある。ファシズムやナチズムは、大量の人びとの人格を否定し、辱め、生命を奪うということを法律に基づいて行った。このような経験から、やはり人には誰も侵すことのできない生まれながらの権利、人ということだけで認められる権利というものがあるはずだという考えが強くなっていったのである。こうして、人権の観念が復活することになった。このように、人権という発想は、市民革命の時もそうであったように、悲惨で危機的な状況における現実の体験の中から生まれ出たものといえる。

　もっとも、人が生まれながらにして持つ権利という意味での人権の観念は復活したものの、なぜ人はそのような権利をもつのかということについての理論的根拠は盤石ではない。というのも、現代ではもはや、市民革命期のように自然法を持ち出すことは難しくなっているからである。たしかに、第二次大戦後しばらくは、自然法というものが存在する、そして自然法によって認められる自然権というものが存在するという考え方が再び広まった。しかし、合理主義的な考え方が広まり、価値観も多様な現代では、自然法なるものが存在し、それによって自然権というものが認められているという考え方を受け入れられない人も少なくないであろう。特に、自然法という発想も、（神の被造物たる人間は平等で独立した存在であるという）キリスト教的世界観を背景としている面があるから、そうした世界観を共有しない人には、自然法なるものの存在を確信することは難しいかもしれない。それゆえ、なぜ一定の権利については、すべての人が当然に持っているといえるのかを、自然法を持ち出すことなく、皆が納得できるような形で説明することが大きな課題になった。この点については、また後でみることにしよう。

　(2)　人権の拡大　　人権をめぐる第二次大戦後の動向として、人

権観念の復活と並んで重要であるのが，憲法典で保障される権利の範囲・対象が拡大したことである。

まず，女性運動の長年の努力が実り，各国憲法において両性の平等が明記されるようになった。また，自由権中心の近代的人権は，「労働者を搾取する自由」にすぎず，機会の実質的不平等や経済格差の拡大再生産を放置しているとの批判が労働運動などから加えられていたが，こうした批判をふまえ，大戦後の多くの国の憲法では，国民の生存や教育を保障する「社会権」が規定されるようになった。こうして国家は社会保障や教育を提供する責任を負うことになったが，このような社会権は国家に対して作為を求める点で，国家に対して不作為を求める自由権とは大きく異なっている。そして，それは，所得の強制的な再分配や契約の自由等に対する規制を必要とする点で，経済的自由権と衝突する場合がある。

このような性格を有する社会権をめぐっては，それが「人権」に当たるかどうかについて議論がある。というのも，社会権は国家の存在を前提にしているため，「国家が存在する前の自然状態においてすでに人間が有する権利」という意味での自然権概念から社会権を直ちに導くことは難しいからである。それゆえ，社会権は「人権」に当たるのか，社会権が保障される根拠は何かということが，人権概念をいかに捉えるか，人権が存在するとされる根拠は何かという問題と結びついて，問われることになった。

2　人権をめぐる論争

このように，第二次大戦後，人権観念が復活するとともに，憲法典で保障される権利の範囲や対象が拡大した。さらに，1948年の世界人権宣言を嚆矢として，さまざまな国際人権文書や国際人権条約が採択・締結されるようになり，人権の国際的な保障も大幅に進展

した。こうして現代では、人権概念が現実の政治・社会においてますます重要な意味を持つに至っているが、それに伴って、この概念をめぐる論争も活発になっている。以下では、そうした論争の一端を見てみよう。

(1) 人権概念の基礎づけ　まず、哲学や憲法学では、なぜすべての人が一定の権利を当然に持っているといえるのかをめぐって議論が行われてきた。この問題をめぐる一つの代表的な論法は、「人間本性」や「人間の尊厳」に訴えるものである（日本における例として、たとえば、宮沢俊義『憲法Ⅱ〔新版〕』〔有斐閣、1974年〕77～81頁、205頁参照）。この論法は、人びとにも理解しやすく、自由権のみならず社会権も正当化しうるという強みがあるが、他方で、そもそも何が「人間本性」なのか、なぜ「人間本性」から規範的な人権概念が導かれうるのかが十分に明らかではない、という問題が指摘されている（深田三徳『現代人権論』〔弘文堂、1999年〕197頁）。

自然法論や人間本性論とは異なるタイプの代表的な議論としては、アメリカの政治哲学者ジョン・ロールズ（John Rawls, 1921-2002）によるものがある。ロールズは、人びとが「無知のヴェール」という目隠しに覆われた「原初状態」を想定する——人びとはこのヴェールにより、自分の社会的地位や身分・資産・才能等の特殊利害を知らない状態に置かれている。そして、そのような公正な状態で社会の基本構造を選択しようとすれば、人びとは自分が不利な層の人間である場合に備えて、全員に広範かつ平等な自由と、一定の格差是正を認めるであろう、という（ジョン・ロールズ〔川本隆史ほか・訳〕『正義論』〔講談社、2005年〕）。ここでは、基本的諸自由の正当化根拠が見出されるとともに、（ロールズ自身は再分配的な社会権を意図していたわけではなかったとされるが）社会権を正当化するための一つの手掛かりも示唆されているといえよう（第18章「生存権」も参照）。

第9章　人権の観念

(2) 従来の人権理論に対する批判　　他方で，現代では，ロックからロールズに至る従来の人権理論（主流のリベラルな人権理論）を，批判的に問い直す動きも活発である。たとえば，従来の人権理論は，各個人のさまざまな社会的属性（性別や人種，階級など）を捨象し，各個人をすべて抽象的な「人」として捉えてきた。これは，人権保障を個人の社会的属性に関わりなくすべての人に普遍的に及ぼすためであったが，フェミニズム法学や批判的人種理論は，個人の属性を見ない「普遍的」な権利保障が，性差別や人種差別などの構造的差別をかえって維持・再生産する場合もあることを指摘する。すなわち，社会の差別的構造のゆえに，社会的・経済的に有利な立場にある人びと（たとえば，アメリカ社会では男性や白人）と不利な立場に置かれている人びと（女性やアフリカ系）がいるところでは，一律に同等の自由や給付を保障しても，実質的な平等は達成されず，差別構造が温存されることになる。それゆえ，差別構造の是正のためには，個人の社会的属性（女性やアフリカ系であること）に配慮した権利保障や措置（たとえば，アファーマティヴ・アクション）こそが求められる。フェミニズム法学や批判的人種理論はこのような理由から，従来の人権理論にみられる，社会的属性を捨象した抽象的な人間像と，一律的・形式的な「普遍性」の強調に再考を迫り，社会的属性などによって異なる，一人ひとりのニーズに即した権利保障を主張する。

また，従来の人権理論に対しては，コミュニタリアニズム（共同体主義）からも批判が加えられている。それによると，従来の人権理論は，個人を完全に自由で自律した主体として捉えているが（Ⅲを参照），こうした人間像は，共同体への帰属が個人の人格を形作っていることを捉え損なっており，個人が共同体に対して負っている責務（連帯の責務等）を適切に位置づけることができない。ま

た，従来の人権理論は，上記の人間像に立って，個人が自己の生き方を自由に選択して追求することを人権として保障し，どのような生き方が善いのかという問題を自由に選択されるべき私事として位置づける。しかし，この結果，善き生をめぐる議論が公的討議から排除されてしまい，公的言説が貧困化して，他者に対する尊重も生まれにくくなってしまう。たとえば，現在のアメリカでは，同性愛に関する問題は，私的な事柄に関する自己決定権の問題として論じられており，同性愛が善き生にとって有する道徳的価値について十分に論じられていない。この結果，同性愛を道徳的に否定する見解が不問に付されたままになり，同性愛に対する尊重や肯定的評価が生まれにくくなっている（マイケル・サンデル〔金原恭子＝小林正弥・監訳〕『民主政の不満(上)』〔勁草書房，2010年〕）。このようにコミュニタリアニズムは，従来のリベラルな人権理論が連帯や他者の尊重の可能性を阻んでいるとして，人間像の再構築や，公的討議における善き生をめぐる議論の復権の必要性を主張する。

さらに，従来の人権理論に対しては，東アジアの理論家から，欧米文化に偏しているとの批判も加えられている。それによると，従来の人権理論は，個人主義的な人間像に立って個人の自律を強調し，自由権を中核的権利として位置づけているが，このような人間像や価値観は近代欧米文化に根差したものであり，東アジアの文化的伝統と大きな距離がある。このため，従来の人権理論は，この地域における人権概念の受容や人権の実効的保障をかえって難しくしており，各地域の文化的文脈を反映した人権理論や人権制度の構築が求められる，という。そして，このような見方によれば，人権には文化横断的で普遍的な要素と，それぞれの文化によって異なる要素があるとされる（施光恒「人権は文化超越的価値か」井上達夫・編『人権論の再構築』〔法律文化社，2010年〕）。近年では，実際に各地域の文化的

文脈を反映した人権概念の構築も試みられており、たとえば、施光恒と唐津理恵は、社会心理学や文化人類学等の成果を参照しながら、日本文化に根差した人権概念を提示する。それによると、日本文化においては、他者の多様な視点を内面化して自己を見つめ直していくことを通して、善き生は実現すると考えられている。そのような善き生の追求を可能にするためには、自己のみならず他者にも一定の資源が保障される必要があり、ここから人権理念が導かれうる。そして、このようにして導かれた人権概念は、自己と他者を分離する従来の欧米の人権理論とは異なり、他者との関係性を基礎にしたものといえる。また、それは、親密なコミュニティで生育される権利など、従来の欧米の人権理論では含められていなかった、新たな権利を求めるものでもある、という (Teruhisa Se & Rie Karatsu, 'A Conception of Human Rights Based on Japanese Culture: Promoting Cross-cultural Debates')。こうした試みは、従来の人権理論とは異なる人間像や価値観を提示することにより、人権理論を彫琢していくことに寄与するであろう。

3　おわりに

このように現代では、人権概念をこれまで支えてきた主流理論に対して多方面からの問い直しが行われており、人権概念の根拠・基礎づけをめぐってもさまざまな立場が存在している。その意味で、人権に関する理論は発展の途上にあるといえよう。

もっとも、人権概念を支える理論が必ずしも完成されたものではないとしても、この概念そのものの持つ意義は、安易に否定されるべきではないように思われる。人権概念の意義は、過去にそれの存在しないところでいかなる事態が生じてきたかということに思いを致せば、理解されるであろう。なによりもこの概念は、人類の筆舌

Ⅳ● 現代人権思想

に尽くしがたい悲惨な経験に対する反省の中から生み出されたものである。この事実が，人権概念の重みをなによりも指し示しているように思われる。

Q

◇ 中世的な権利概念と現代の人権思想との間には，いかなる異同が認められるだろうか。

◇ 「人間生来の権利」という考え方は，いかなる政治的・社会的背景のもと成立し，制度化したのだろうか。

◇ 近代自然権思想は，「人間生来の権利」の存在について，いかなる説明を行ったのだろうか。また，その説明にはいかなる批判がありうるだろうか。その批判は説得的だろうか。

◇ 現代において，人権の存在はいかに説明されているだろうか。そして，それは成功しているだろうか。

◇ 従来主流の人権理論（リベラルな人権理論）にはいかなる批判がありうるだろうか。また，その批判は説得的だろうか。

参考文献

①阿部照哉ほか『基本的人権の歴史』（有斐閣，1979年）

　人権思想の展開に関する入門書。日本も含めた各国における展開を平易に説明している。

②樋口陽一『一語の辞典——人権』（三省堂，1996年）

　人権思想の基礎知識と，人権の制度化に関わる諸問題を解説した入門書。

③大石眞＝石川健治・編『憲法の争点』（有斐閣，2008年）

　「12．リバタリアニズムと憲法学」「13．フェミニズムと憲法学」「14．人権と多文化主義」「15．コミュニタリアニズムと憲法学」において，現代の主要な法思想・政治思想が従来の人権理論にいかなる問題提起

第 9 章　人権の観念

を行っているか，解説している。

④佐藤幸治『現代国家と人権』（有斐閣，2008年）

　本章のⅣでは，人権の根拠や人権の内容にとって，人間をいかに捉えるかという問題（人間像の問題）が重要な意義を有していることを指摘した。本書第 1 章「Ⅰ．法における新しい人間像」は，この問題について精緻な分析を加えている。

⑤『人権論の再定位』全 5 巻（法律文化社，2011年）

　人権をめぐる現代の理論的諸課題について，包括的に検討した学術書。現代人権理論について，より深い理解を得たい方のために。

⑥ジョン・ダン（加藤節・訳）『ジョン・ロック——信仰・哲学・政治』（岩波書店，1987年）

　ロックの生涯と思想に関する定評ある解説書。

コラム●人権宣言

　人権とは、人が人であることにより保障されるべき権利のことである（詳しくは、第9章「人権の観念」参照）。人権宣言は、その内容を高らかに明示した宣言である。

　まずは、1689年に成文化されたイギリスの権利章典が挙げられるだろう。イギリスは成文憲法典を持たぬ国であるが、この宣言は、実質的に憲法を構成する法律の一つとなっている。正式名称は「臣民の権利および自由を宣言し、王位の継承を定める法律」である。それゆえ、人一般の権利としてではなく、臣民の権利として、また、祖先と同様に古来の自由と権利を擁護する形で成文化されている。それゆえ、「人権」宣言とは言い難い側面がある。

　次に、アメリカでは、ヴァージニア州において、ヴァージニア権利章典が採択された。その中心部分はジョージ・メイソンによって起草され、1776年6月12日のヴァージニア会議で全会一致で採択されたものであり、全部で16か条から成る。ジョン・ロックの思想（第17章「財産権」参照）に深く影響されたといわれる本権利章典の1条においては、「すべて人は生まれながらにして等しく自由かつ独立しており、一定の生まれながらの権利を有している」と規定され、人が人たるゆえに保障される人権の性格がここでは明瞭に宣言されている。

　その後、アメリカでは、州が集まって「合衆国（United States）」が形成されるわけだが、その基礎になった合衆国憲法典には、制定時には権利章典は定められず、その後に「修正」という形で追加されることになった。したがって、合衆国憲法典における「権利章典」は、「修正何条」という形で表現されるのである。その基本的精神は、ヴァージニア権利章典と同じであるが、しかし、「憲法中に特定の権利を列挙した事実をもって、人民の保有する他の権利を否認し、または軽視したものと解釈することはできない」とした修正9条が重要であろう。憲法は権力から人びとの自由を守るものである。憲法典に書かれてい

ない，ただそれだけの理由で，ある権利が保障されていないと考えるのは，政府が恣意的な権力行使をする糸口を与えてしまうだろう。本条は，そのような憲法の精神を述べている。

フランスでは，「人および市民の権利宣言」（しばしばフランス人権宣言と呼ばれている）が1789年8月26日に憲法制定国民議会によって採択された。憲法制定国民議会とは，フランス革命の直前に，第三身分たる平民が中心となって形成された議会である。現在の第五共和制憲法の中にも，この宣言は組み入れられている。本宣言の中には，結社の自由は登場しない（第15章「結社の自由」参照）。イギリス政府が抑圧の主体として念頭に置かれていたアメリカの場合と異なり，フランスにおいては，人びとの自由を抑圧した主体としては，身分制的結合たる中間団体も重要であった。

憲法学者樋口陽一は，この中間団体を解体するべく，結社の自由が定められなかったのだと述べている。そのうえで，個人の自由が実現されている場として中間団体を捉え，権力の多元性を認めたアメリカと，中間団体を否定し，国家へと権力を集中したフランスという，二つの近代国家モデルが存在すると述べるのである（第15章「結社の自由」参照）。

＊条文の訳は，高木八尺ほか・編『人権宣言集』（岩波書店，1957年）参照。

第10章　自　由

憲法の歴史は、自由を求める歴史であったといっても過言ではない。「自由」はフランス革命において「平等」「友愛」とともにスローガンとして掲げられ、日本国憲法においても、信教の自由（20条）、表現の自由（21条）、職業選択の自由（22条）等、多くの自由が保障されている。個人の自由を確保することは憲法の最も重要な役割である。

しかし、一歩進んで「自由とは何か」と深く勉強していくと、さまざまな見解があることがわかる。たとえば、「自由」の名のもとに行われるわがままで勝手な振る舞いに対して「自由の意味を履き違えている」という批判はよく聞かれるものである。他方、「自由」の名のもとに専制が正当化されてきた歴史もある。ディストピア（逆ユートピア）小説家ジョージ・オーウェル（George Orwell, 1903-1950）の描く次のような正当化論によって、為政者が「真の自由」を実現すると称して自由を抑圧するのである。すなわち、「私があなたの真の願望を表明する。あなたは、自分が何を望んでいるか自分で知っていると思っているかもしれないが、私、総統、われわれ、共産党中央委員会は、あなたが自分で知っているよりもあなたのことをよく知っており、あなたが自分の『真の』必要を認識するならば、あなたの欲するものをあたえよう」。ナチスの強制収容所に掲げられたスローガンが「労働は人間を自由にする（ARBEIT MACHT FREI）」であったことも想起されるべきであろう。

第10章 自 由

"ARBEIT MACHT FREI" の文字が入ったダッハウ強制収容所の門扉（写真は2014年）

「自由の理念ほど不明確で，多義的で，誤解を受けやすく，それ故に現に誤解にさらされている理念はほかにない」とは哲学者ヘーゲル（Georg Wilhelm Friedrich Hegel, 1770-1831）の指摘である（『エンチュクロペディー』§482）。そのヘーゲル自身が全体主義の根源であると非難されることもある（カール・ポパー『開かれた社会とその敵』）ように，自由をめぐる議論は錯綜している。

本章では，ジョン・スチュアート・ミルの『自由論』を手がかりに，自由に関する問題の一端を憲法的に検討することとする。

● ● ●

ミル『自由論』(1859年) 第1章

「この論稿の目的は，用いられる手段が法的な刑罰という形での物理的な力であるか，世論の精神的な強制であるかにかかわらず，強制や統制の方法で社会が個人に関係する際にそのあり方を絶対的に規定しうる一つの極めて単純な原理を主張することである。その原理とは，人類がその成員の誰かの行動の自由に，個人的であれ集団的であれ，干渉することが正当な根拠をもつとされる唯一の目的は，自己防衛であるということである。文明社会において，その成員に対して本人の意思に反する権力の行使が正当とされうる唯一の目的は，他者への危害を防止することであるということである。本人にとって善いというのは，その善さが物質的なものであれ精神的なも

のであれ,十分な正当化根拠とはならない。……いかなる人の行為でも,その人が社会に対して責任を負わなければならないのは,他人に関係する部分だけである。本人にしか関係しない部分においては,その人の独立は当然に絶対的である。自分自身に対して,即ち,自分の身体と精神に対しては,個人が主権者である。」

<small>櫻井・訳。斉藤悦則・訳『同』(光文社古典新訳文庫,2012年)第1章29〜30頁も参照。</small>

「自由の名に値するのは,他人の幸福を奪おうとせず,幸福を得ようとする他人の努力を妨害しようとしない限り,自分自身の幸福を自分自身の方法で追求する自由だけである。」

<small>櫻井・訳。斉藤・訳では36頁。</small>

ジョン・スチュアート・ミル
(John Stuart Mill, 1806-1873)

　哲学者・経済学者ジェイムズ・ミル(James Mill, 1773-1836)の長男として生まれ,父親の厳しい教育を受けて育つ。

　「最大多数の最大幸福」を掲げるジェレミー・ベンサム(Jeremy Bentham, 1748-1832.第20章「参政権」参照)の功利主義の影響を受けつつも,それを修正し,「太った豚より痩せたソクラテスたれ」と要約される見解(『功利主義』第2章)に特徴的なように,ベンサムの量的功利主義に対して質的功利主義を説いた。19世紀を代表する自由主義思想家である。

　著書として,『自由論』(1859年),『代議制統治論』(1861年),『功利主義』(1863年)などがある。『ミル自伝』(1873年)が,20代頃の精神的危機やハリエット・テイラー(Harriet Taylor, 1807-1858)との関係なども含め,波乱に満ちた生涯を詳細に語っている。

第10章　自　由

I ●ミルの自由論

『自由論』は,「社会が個人に対して正当に行使しうる権力の性質と限界」について考察したものであり,自由論の古典として有名である。日本でも,すでに明治5（1872）年に中村正直（敬宇）によって『自由之理』として翻訳・刊行されている。

ミルの自由論は,自由を制限する唯一の正当な根拠を他者危害の防止に求めた点において重要な意義を有する。この考え方は,「危害原理」「他者危害原理」などと呼ばれ,現代においても大きな影響力を持っている。長い歴史の中で,異教の神を崇拝するという理由で迫害されたり,道徳を破壊する同性愛行為や異　常（アブノーマル）な性行為（旧約聖書『創世記』に登場する堕落した都市ソドムに由来してソドミーと呼ばれる）に対して刑罰が科されたりしていたことを考えると,「危害原理」のもつ意義が決して小さくないことがわかるであろう。また,ミルの自由論は民主政論や表現の自由論にとっても重要な示唆を与えるものである（第4章「民主政」をも参照）。

自由概念の問題としてみた場合,自由を「他者による干渉の欠如」として理解する見解は,現代のわれわれにも素直に納得のいくものである。バンジャマン・コンスタン（Benjamin Constant, 1767-1830. 第1章「立憲主義」参照）は,「集団的権力への能動的かつ恒常的な参加」を特徴とする「古代人の自由」と対比して「近代人の自由」を「私的独立の平穏な享受」を特徴とするものとして位置づけた（「近代人の自由と比較された古代人の自由について」）。古代において,奴隷とは異なる自由人の本質は,公の事柄に参加し,共通善について公の場で討論することに求められていた（第12章「プライバシー」をも参照）。近代以降,「他者による干渉の欠如」としての自由概念

が広く説かれるようになっていった（その含意については，第1章「立憲主義」を参照）。たとえば，トマス・ホッブズ（Thomas Hobbes, 1588-1679）は自由を「外的障害の欠如」（『リヴァイアサン』第14章・第21章）と捉えていた。法学の世界では，「自由とは，他者を害しないすべてのことをなしうることにある」と掲げるフランス人権宣言（1789年）4条が有名である。

II ● 二つの自由概念

アイザイア・バーリン（Isaiah Berlin, 1909-1997）は「二つの自由概念」（1958年）という講演で，他者による干渉の欠如としての「消極的自由」と自己支配としての「積極的自由」を区別した（バーリン〔小川晃一ほか・訳〕『自由論』〔みすず書房，新装版，2000年〕295～390頁）。バーリンの区別に依拠しつつ，自由をめぐる議論状況について眺めてみることとする。

「他者による干渉の欠如」として理解された消極的自由概念に対しては，さまざまな疑問や批判が提起されてきた。代表的には，このような自由概念は放縦や恣意（わがままで勝手な振る舞い）へと転化しかねない，という批判である。もちろん，消極的自由を主張する論者にあっても，放縦や恣意を正面から肯定し，称賛するような見解を説いているわけではない。ミルの主眼も個性の発展や人格の陶冶，それらを通じた人類・社会の進歩といった点に置かれていた。しかし，「他者による干渉の欠如」として理解された自由概念においては，他人に干渉されずに行いうる行為の質，すなわち，何を選択し，どのような行為を行うか，は問題とされていない。放縦や恣意への転化に対する歯止めは，消極的自由概念それ自体からは出てこないのである。

第10章 自 由

　他人に迷惑をかけない限り何をしても許される自由とは，放縦や恣意と何が違うのか。フランス革命を批判した「保守主義の父」エドマンド・バーク（Edmund Burke, 1729-1797）は「智恵も美徳も欠いた自由とは何であろうか。それは考えられるすべての害悪の中で最悪のものである。というのも，それは指導も抑制もない愚行，悪徳，狂気だからである」（『フランス革命の省察』）と批判していた。ミルの『自由論』に対しても，人妻であったハリエット・テイラー（『自由論』においてミルが実質的な共著者として冒頭で謝辞を捧げている）との長年の不倫関係を正当化するための弁明の書だとして非難する見解も存在するところである。

　それだけでなく，このような自由は，本人が自由だと思っているだけで，実は欲望や情念の奴隷になっているのではないのか。また，そのようなものがそもそも尊重に値するのか。

　以上のような問題点の指摘されうる消極的自由概念に対して，自由を「自己支配」として理解する積極的自由概念も有力に説かれている。他人の指示に従うのではなく，自分のことは自分で決める「自律」としての自由である。バーリンによれば「《積極的》自由の観念は，『誰が主人であるか』という問いに答えるものであって，『どれだけの領域で私は主人であるか』に答えることを意図した《消極的》自由の観念とは異なる」ものとされている（小川ほか・訳「序文」66頁）。こうした積極的自由概念は，個人レベルで自律・自己決定として捉えられる場合，消極的自由と接近する。しかし，欲望や情念の奴隷に堕することなく道徳的に尊重に値する自由を主張するのであれば，単なる自己決定ではなく理性的な自己決定，理性的自我による感性的自我の支配として捉えられることとなる。そうすれば，「より高次な本性」である「真の」自我による「低次な」「偽の」自我の支配へと転化しかねない。ここに「真の自由」の実

現と称して自由を抑圧するカラクリが生まれる。これは個人レベルでも問題であるが、より大きな問題となるのは集団レベルで考えられた場合である。

消極的自由によれば、自由と民主主義との間に必然的な関連性はない。権力が民主化されているか否かにかかわらず、そうした権力「からの自由（freedom from）」を主張するのが消極的自由だからである。その点を不満として、個人レベルにとどまらず、集団レベルで「自治」として自由を理解する積極的自由概念も有力に主張される。コンスタンが「古代人の自由」と称したように、政治参加に自由の本質を見る見解も古くから存在するものである。近代ではジャン＝ジャック・ルソー（Jean-Jacques Rousseau, 1712-1778）に代表される。ルソーが「イギリス人は自らを自由だと思っているが、それは大間違いだ。彼らが自由なのは、議員を選挙する間だけのことで、議員が選ばれるや否やイギリス人は奴隷となり、無に帰してしまう」（『社会契約論』第3編第15章）と述べた際の自由概念である。そして、まさしくこうした自由概念は、「一般意志」を僭称する者、「真の自由」を実現すると称する者による専制へと転化しかねない。「経験的な自我を正しい模範へ押し込めることは、圧政ではなく解放である」（小川ほか・訳347〜348頁）という論理に基づき、「真の自由」の実現に名を借りた自由の抑圧へと道を開くのである。ルソーのいう「自由であるように強制される」（『社会契約論』第1編第7章）というパラドクスである。

バーリンは、歴史的に積極的自由概念が「魔術的な変換」（小川ほか・訳324頁）によって専制に転化してきたことを指摘して、積極的自由の方が消極的自由より歪曲・悪用されることが多かったという理由で、ミルやコンスタンに賛成して消極的自由を擁護しているのである（アイザイア・バーリン、ラミン・ジャハンベグロー〔河合秀

和・訳〕『ある思想史家の回想』〔みすず書房，1993年〕67頁）。「歴史的に見て，インチキ積極的自由の方がインチキ消極的自由よりも大きな損害をもたらした」（同68頁）。

Ⅲ●パターナリズム（paternalism）

　パターナリズムは，父権的干渉主義，温情的干渉主義などと訳されるように，父親が子供の保護のために介入・干渉するというのがその原型である。父親が子供に対して設ける門限を考えるとわかりやすいだろう。ミルの自由論の意義は，自由の制限に対する正当化根拠を他者危害の防止に求めたことにあるが，その際に強く主張されたのはパターナリズムの拒否である。すなわち，ミルは「本人のためになる」といった理由は，説得する理由にはなりえても強制する理由にはなりえないと主張して，パターナリズムに基づく自由の制限を否定したのである。

　従来の憲法学では，「自由権から社会権へ」「自由国家から社会国家へ」といった図式に従って，国家の後見的な介入（配慮・保護）による自由の実質的保障を要請する社会権こそが重要な権利（「20世紀的な基本的人権」）であると説かれたこともあり，パターナリズムの問題はあまり重要視されてこなかった。しかしその後，自己決定権に関する議論が進展をみせるに伴って，パターナリズムの問題についても憲法学で重要な問題として議論されるようになってきた。ここでは大きく二つの問題を指摘しうる。

　第一に，未成年者の問題がある。成熟した判断能力をもつ者が，結果として生じうるリスクを承知のうえで行う行為であるからこそ，他人から見て愚かな行動や誤った行動であったとしても尊重すべきだということになる。したがって，ミルも危害原理を「諸々の能力

III ● パターナリズム (paternalism)

が成熟した人にだけ適用することを意図している」とし,「いまだ他人の世話を受ける必要のある状態にある人々は,外部からの危害から保護されなければならないのと同様に,彼ら自身の行為からも保護されなければならない」(『自由論』第1章,斉藤・訳31頁)と述べている。典型例として,行為能力制度を挙げることができる。未成年者(民法4条により満20歳〔2018年の民法改正により2022年4月からは満18歳〕未満の者)は,法定代理人(通例は両親)の同意なしには法律行為(契約,たとえばバイクを買うという売買契約を念頭に置くとよい)をすることができない(民法5条1項)。大人であれば当然に認められる契約の自由が制限されているのである。しかし,それは判断能力の未成熟な未成年者が思慮を欠いて結んでしまった不本意な契約に拘束されることから未成年者を保護するためである。したがって,法定代理人の同意を得ずに結んだ契約は取り消すことができる(同条2項)。未成年者を保護するために,その自由が制限されているのである。2018年の民法改正で実現された成年年齢の18歳への引下げは,保護の縮小を意味すると同時に自由の拡大をも意味するということを理解してほしい。

　未成年者の飲酒や喫煙の禁止(未成年者飲酒禁止法,未成年者喫煙禁止法)についても,パターナリズムの観点から説明されうる。これらの法律においては,心身の未成熟な未成年者を保護することが目的であるから,未成年者に対してではなく大人(保護者や酒・タバコの販売者等)に対して刑罰が科されることとなっている。それに対して,公職選挙法(137条の2第1項)は,年齢満18歳未満の者(2015年の改正により選挙権年齢の引下げに合わせて20歳から引き下げられた)に対して選挙運動を禁止するとともに,違反した本人に対して刑罰を科すことが予定されている(239条1項1号)。18歳未満の者の保護を目的とする規制だとするなら,保護すべき18歳未満の者に刑罰

を科すのは不合理ではないか。このような選挙運動の禁止は，どのような理由によって正当化されうるのであろうか。

　第二に，パターナリズム自体の問題がある。「本人のため」であることを理由としてパターナリズムに基づく自由の制限を肯定することは，その人を判断能力ある一人前の人間として承認していないことを意味する。ミルは「最終的な判断を下すのはその人自身である。助言や警告に反して過ちを犯すこともあるかもしれないが，そうした過ちよりも，他人がその人にとって善いと考えるものをその人に強制することを許すことの方が，はるかに大きな害悪をもたらす」(『自由論』第4章，斉藤・訳187頁) と述べている。また，「自律」を人間の尊厳の根拠と考えるカント (『人倫の形而上学の基礎づけ』第2章) は，パターナリズムに基づく支配を「考えられうる最大の専制」と位置づけている (「理論と実践」第2章)。

　では，成人に対してパターナリズムに基づく自由の制限は一切認められないのか。たとえば，シートベルトの装着を義務づけることや年金の納付を強制することは，パターナリズムの観点を抜きに正当化可能であろうか。

Ⅳ● 社会的専制

　権力がいかに民主化されようとも国家権力による自由の抑圧がなくなるわけではなく，国家権力に対して個人の自由を擁護することが近代自由主義の主要なテーマであった。民主主義は最終的に多数決であり，多数決に抗してでも護られるべき個人の権利・自由を問題にする憲法学にとっても，「多数者の専制」の問題は重要である。さらにミルは社会的専制の問題にも注意を促している。

Ⅳ 社会的専制

ミル『自由論』(1859年) 第1章

「社会が正しい命令ではなく誤った命令を発し、あるいは社会がそもそも干渉すべきでない事項について命令を発するならば、社会的専制は、さまざまな種類の政治的抑圧よりも恐ろしいものとなる。というのも、厳しい刑罰によって支えられているわけでは必ずしもないけれども、生活の細部にまで遥かに深く浸透し、魂そのものを奴隷化してしまうので、逃れる方法はより少ないからである。それ故、為政者の専制からの保護だけでは不十分であり、支配的な意見や感情の専制からの保護も必要である。」

櫻井・訳。斉藤・訳では19～20頁。

われわれの自由は国家権力から守られるだけでは十分ではなく、社会からも保護されなければならないのではないか。特に集団主義的傾向が強いとされる日本において、ミルの洞察が積極的に評価されることもしばしばある。

もっとも、憲法は国家権力を統制するものであり、憲法によって保障される権利は国家に対して主張しうるものであるという憲法論・基本権論のもとで、このような問題をどのように位置づけ、どのように対応すべきなのか、という問題は、「基本権の私人間効力」として現在最も議論されている論点の一つである。

三菱樹脂事件／最高裁判所大法廷昭和48年12月12日判決

「憲法の右各規定〔14条・19条〕は、同法第三章のその他の自由権的基本権の保障規定と同じく、国または公共団体の統治行動に対して個人の基本的な自由と平等を保障する目的に出たもので、もっぱら国または公共団体と個人との関係を規律するものであり、私人相互の関係を直接規律することを予定するものではない。……これらの規定の定める個人の自由や平等は、国や公共団体の統治行動に対

する関係においてこそ，侵されることのない権利として保障されるべき性質のものであるけれども，私人間の関係においては，各人の有する自由と平等の権利自体が具体的場合に相互に矛盾，対立する可能性があり，このような場合におけるその対立の調整は，近代自由社会においては，原則として私的自治に委ねられ，ただ，一方の他方に対する侵害の態様，程度が社会的に許容しうる一定の限界を超える場合にのみ，法がこれに介入しその間の調整をはかるという建前がとられているのであって，この点において国または公共団体と個人との関係の場合とはおのずから別個の観点からの考慮を必要とし，後者についての憲法上の基本権保障規定をそのまま私人相互間の関係についても適用ないしは類推適用すべきものとすることは，決して当をえた解釈ということはできないのである。」

V●危害原理

　ミルの『自由論』は，自由を制限する根拠と限界を探求したものであり，憲法学的にも重要な示唆を与えるものである（日本国憲法13条の解釈において，自由の質を問題とする人格的利益説と対置された一般的行為自由説の意義は，まさしく自由を制限する根拠と限界を探求することにこそあると考えられる）。そして，この問いに対してミルの与えた解答が「危害原理」であった。それは，①他者への危害を防止するためには自由が制限されうること，②自由の制限が正当化される根拠を他者への危害の防止に限定すべきこと，を意味する。

　①の観点からは，「他者危害の防止」というだけでは解決しない問題がある。たとえば人工中絶の問題を挙げることができる。妊娠した女性にとって胎児は「他者」なのか。逆に言えば，産むか産まないかは女性の「私事」なのか。胎児の生命を保護することが，女

性の決定権を制限する理由となりうるとして、両者をどのように調整すべきか。女性の決定権をプライバシーの権利として承認して州の中絶禁止法を違憲と判断したアメリカ連邦最高裁判所の判例（ロー対ウェイド判決，1973年）が存在する一方で，胎児の生命を保護する義務に違反するとして一定の人工中絶を不可罰とした刑法改正を違憲と判断したドイツ連邦憲法裁判所の判例（第一次堕胎判決，1975年）もある。両者の調整のあり方は，もはや危害原理からは導くことはできない。

②の観点からは、自由の制限が正当化される根拠は他者への危害の防止に限られるか否かが問題となる。憲法学では、基本権を制約する原理としての「公共の福祉」（憲法12条・13条）とは何を意味するのか、という問題につながってくる。

戦後憲法学の通説の基礎を築いた宮沢俊義は、ベンサムに依拠しつつ、「すべての個人に優先する『全体』の利益ないし価値というものは存しない」と述べ、個々人を超越する公益として「公共の福祉」を捉えることを拒否した。そのうえで、ある人の基本的人権を制約できるのは別の人の基本的人権のみであり、公共の福祉とは、そのような人権相互の矛盾・衝突を調整する「実質的公平の原理」にほかならないと主張した（『憲法Ⅱ〔新版〕』〔有斐閣，1971年〕）。

このような見解からは、街の美観を維持するために広告や建築が規制されることはどのように位置づけられるのであろうか。また、賭博の禁止，麻薬の禁止といったいわゆる「被害者なき犯罪」を処罰することはどのように正当化されるのであろうか。

第10章　自　由

Q

◇　ミルの『自由論』は，どのような書物であり，どのような見解を説いたのだろうか。
◇　他者による干渉の欠如として自由を理解する見解の意義と問題点は何だろうか。
◇　パターナリズムとは何で，パターナリズムにはどのような問題があるだろうか。
◇　自由について考える場合，国家権力による自由の侵害だけを考えていれば十分だといえるだろうか。
◇　ミルの自由論と危害原理は憲法学にとってどのような問題を提起するだろうか。
◇　危害原理の意義と限界について検討してみよう。

参考文献

①井上達夫『自由論』(岩波書店，2008年)

　自由論の検討から自由を支える秩序（国家・共同体・市場）の検討まで「自由」に関する問題を論じたもの。

②大屋雄裕『自由とは何か』(ちくま新書，2007年)

　自由をめぐる現代的問題について扱うもの。

③山田卓生『私事と自己決定』(日本評論社，1987年)

　ミルに依拠しつつ，私的事項についての個人の自己決定に関する法的問題について論じたもの。

④石川健治「自分のことは自分で決める」樋口陽一・編『ホーンブック憲法〔改訂版〕』(北樹出版，2000年) 第3章

　「自分のことは自分で決める」ということをめぐる憲法問題について，歴史的・理論的に広く深く検討したもの。

第11章　平　等

●　●　●

　次のようなニュースが，毎年のように報じられている。

「世界経済フォーラム（WEF，本部・ジュネーヴ）は28日，各国の男女格差（ジェンダーギャップ）の少なさを指数化し，ランキングで示した報告書の2014年版を発表した。世界142カ国のうち日本は104位。前年から一つ順位を上げたものの依然として低水準で，主要7カ国（G7）中最下位だった。……ランキングは『職場への進出』『教育』『健康度合い』『政治への参加』の4分野で男女格差の少なさを指数化し，その平均点で総合順位を決める。各分野ごとに，2〜5の要素を調べる仕組みだ。日本は『政治への参加』が129位，『職場への進出』が102位だったことが足を引っ張った。政治参加の得点は100点満点でわずか5.8点だった。要素別にみると，『議会における女性比率』が137カ国中126位で，主要20カ国・地域（G20）で最低だ。WEFによると女性議員のデータは14年1月時点という。政治参加は，女性国会議員の割合▽女性閣僚の割合▽過去50年間の女性大統領や首相の数，の3点で評価されるが，日本は国会議員の女性比率で，衆院が8.1％，参院も16.1％にとどまる。国会議員を多く出す官僚組織や地方議会に女性が少なく，世襲議員もほとんど男性だからだ。……また，日本は『議員，政府高官，企業幹部の女性比率』で112位だった。報告書は『日本は，上場企業の取締役に占める女性の比率が（調査対象国のなかで）最低』と指摘した。」（朝日新聞2014年10月28日朝刊）

第11章 平　等

「男女平等」という理念は誰も否定しないだろうが，社会において実際に男女が果たしている役割が同じにならないのはなぜだろうか。また法に何ができるのだろうか。女性の権利の歴史について振り返った後に，最近の女性の社会進出をめぐる問題について考えてみよう。

● ● ●

ミル『女性の解放』（1869年）

「経験と一般の能力とが同じであれば，女性は通常男性よりも眼前の事物をより多く了解するのであって，この現実にたいする感受性こそ，理論ではなく実際にたいする能力のよってたつ主要な特質なのである。……女性はむやみに抽象をこととしない。女性の心は物事を集団的にみるよりも個別的にとり扱う習慣的な傾向をもっている。また女性は（これに密接に関連して），人々の現在の感情にたいしてより活発な興味を感じるから，実際に事をおこなう場合，それによって人々がどのような影響をうけるかということを何よりもまず最初に問題とせずにはいられない。この二つのことのために，女性は，個別の姿を見失うような考え方を信じないし，物事を，あたかも一つの想像上の存在のために，すなわち生きた人間の感情の中へとけこんでこないたんなる精神の創造物のために存在しているかのように取扱う考え方に一切信をおかない。女性の思想は，このようにして，思索的な男性の思想に現実性をあたえるのに役立つ……。もし思想の……深さの問題となれば，私は，現在でさえ女性は男性にくらべて劣るものであるかどうかを疑わざるをえない。」

「……つぎに，利口な女性のもう一つの長所とされている点，すなわち理解のすばやさということについて考察しよう。このことは，実際家にとってはすぐれて適当な資格であるといえないであろうか。……永続性のない一時的なもの……をとり扱う人々にとっては，思考の速さということが思考力それ自体についで重要な資格となる。

……女性と，女性によく似ている男性とが明白にすぐれている点はここにある。」

「実践の目的のためには，仕事の難易にかかわらず，注意が甲から乙へと迅速に移って，この二者のあいだにおける知能の活発な流れを停止させないという能力は，きわめて価値の多い力である。そして女性こそこの力をあきらかにもっている，それは，悪口の種となるところの移り気という徳のおかげである。女性がこの力をもっているのはその生まれつきであろうと思われるが，またそれは訓練と教育とのたまものでもあることは疑えない。というのは，女性の職務のほとんど全部が，小さなしかし数多い瑣事の処理にあるからである。女性の心は，その一つ一つについては，一分と考えていないで，順々に次に移ってゆかなければならない，もし長い時間をかけて考えなければならないようなことが起れば，そのためには，半端な時間をあつめて時間をかせぐよりほかに方法がない。大抵の男性ならば，思考しないことの口実にするような事情や時間のもとで，何とか思考する女性の能力は，まことにしばしば注目されたところである。」　大内兵衛＝大内節子・訳『同』（岩波文庫，1957年）124〜127頁，133頁

I ● 欧米における女性の権利の歴史

1789年のフランス人権宣言（人および市民の権利宣言）は，自然権思想に基づき，「人は，自由，かつ，権利において平等なものとして生まれ，存在する」（1条）と宣言し，「すべての市民は，みずから，またはその代表者によって，その〔＝一般意志の〕形成に参与する権利をもつ」（6条），「所有は，神聖かつ不可侵の権利であり，何人も，……それを奪われない」（17条）と定めていた。現在のわたしたちがこれを読むと，「人」「すべての市民」「何人も」には当然に女性も含まれると考えるだろう。しかし，当時の人びと（特に

第11章 平 等

男性)の意識はそうではなかった。同年の選挙法では，選挙人は，財産などの条件を充たした男性のみとされ，その後も男子制限選挙制が続いた。財産権についても，1804年のナポレオン民法典では，妻は夫の同意がなければ裁判への出頭や財産譲渡，債務負担行為を行うことができず，また夫婦の共有財産の管理権を否定されるなど，女性の従属的な地位が規定されていた。「人」と訳されるフランス語の homme という単語には，辞書を引くと「男性」という意味もあり，実際には，「人 (homme) = 男性」というのが実態であったのである。このことを見抜き，批判して，オランプ・ド・グージュ (Olympe de Gouges, 1748-1793) は，「女性および女性市民の権利宣言」を著した。これは，次のように，女性が権利主体に含まれることを明記し，また女性が男性と同等の権利をもつことを強調するものである。

オランプ・ド・グージュ「女性および女性市民の権利宣言」(1791年)

1条 女性は，自由なものとして生まれ，かつ，権利において男性と平等なものとして存在する。……

6条 法律は，一般意志の表明でなければならない。すべての女性市民と男性市民は，みずから，またはその代表者によって，その形成に参与する権利を持つ。……

17条 財産は，結婚していると否とにかかわらず，両性に属する。財産は，そのいずれにとっても，不可侵かつ神聖な権利である。……

訳は後掲参考文献②による。

イギリスやアメリカにおいても，当時の女性の法的地位の状況はフランスと同様であった。女性には選挙権が認められず，結婚した

女性は法律上無能力者とされ夫に従属するものとされていた。女性には,専門職など閉ざされていた職業が多く,大学への進学も認められていなかった。

このうち,比較的早い時期から女性に参政権を求める動きが始まったのはイギリスである。1840年代から運動が高まり,地方税納税者である未婚女性に,1853年には教区で,1869年には地方自治体で選挙権が認められた(既婚女性に地方選挙権が認められたのは1894年)。国政レベルの参政権についても,1867年の第二次選挙法改正の際に当時国会議員であったジョン・スチュアート・ミル(John Stuart Mill, 1806-1873)がこれを主張したことが知られる。当時のミルの考えは,先にも引用した,1869年に出版された『女性の解放』に記されている。女性は,現実に対する感受性にすぐれ,物事を個別・具体的に,また人びとの感情に対する影響に着目してみる傾向があること,短時間で次から次へと物事を処理するのに優れていることなどを挙げて,女性を政治などに参加させるべきだと説いた。しかし,国政レベルの参政権が女性に認められたのは遅く,1918年に30歳以上に限って認められ,21歳以上の男女に同等に参政権が認められたのは1928年のことであった。また,妻の財産権については1870年以降に徐々に認められるようになり,民法上の両性の地位が完全に平等となったのは1935年のことである。

フランスでも,19世紀を通じて,女性新聞や女性雑誌などによって女性の諸権利が要求されたが,女性に大学入学が認められたのは19世紀末,別居中の妻の法的能力が認められたのが1893年,治安判事のもとに出廷する権利が認められたのが1904年,ナポレオン民法典の「夫権」が廃止されるのは1938年,そして女性参政権が実現したのは,1945年のことであった。アメリカでも,1869年にワイオミングで女性参政権が実現し,周辺のユタ,コロラドでも順次女性参

政権が実現したが,他の州に拡大したのは1910年代になってからで,「合衆国市民の投票権は,合衆国および州によって,性別を理由として拒否または制限されてはならない」と規定する合衆国憲法修正19条が発効したのは1920年であった。

Ⅱ●日本における女性の権利の歴史

日本でも,歴史を遠く遡れば,卑弥呼の存在や,10代8人の女性天皇の登場が知られ,女性が政治から排除されていたわけではなかったようである。しかし,鎌倉時代以降,封建制が確立するに伴い,共通の祖先を戴くある程度まとまった親族の集団をひとつの「家」として,その集団の長(「家長」。江戸時代には「当主」と呼ばれる)に集団を支配,統制する権力をみとめる「イエ制度」が定着した。女性は,身分によって違いはあるが,結婚するまでは父と家長の統制に服し,結婚後は夫と家長の統制に服するものとされた。

明治時代になり,当初は,欧米の人権思想に影響を受けた「天賦人権論」が展開される中で,植木枝盛(1857-1892)や福沢諭吉(1835-1901)などによって男女平等論が主張された。しかし,明治憲法には法の下の平等を定める規定が置かれず,参政権は——大正デモクラシーによって財産要件が撤廃され普通選挙が実現した後も——男性のみにしか認められなかった。また,集会及政社法(1890年),それを引き継いだ治安警察法(1900年)によって,女性は政治上の結社に加入することが禁止されていた。家族関係においても,旧民法(1890年)では戸主制がとられ,戸主が家族の居所を定め家族の婚姻等に同意を与えることとされており,その戸主も,家督相続では男子が優先し,男子がおらず女性が戸主となった場合(女戸主)でも,女戸主が入夫婚姻をしたときは入夫が戸主となるなど,

男性が戸主となることが原則とされていた。そして,「妻は婚姻に因りて夫の家に入る」,さらに「夫は妻の財産を管理す」とされて妻の財産管理権が制限されていたのであった。

日本国憲法は,14条1項で「すべて国民は,法の下に平等であって,人種,信条,性別,社会的身分又は門地により,政治的,経済的又は社会的関係において,差別されない」(傍点引用者)と定め,性別による差別を禁止するとともに,24条1項で「婚姻は,両性の合意のみに基いて成立し,夫婦が同等の権利を有することを基本として,相互の協力により,維持されなければならない」,同条2項で「配偶者の選択,財産権,相続,住居の選定,離婚並びに婚姻及び家族に関するその他の事項に関しては,法律は,個人の尊厳と両性の本質的平等に立脚して,制定されなければならない」と定め,家族関係による両性の平等を保障した。

そして,参政権については日本国憲法の施行を待たず,1945年の衆議院議員選挙法改正により,選挙権を20歳,被選挙権を25歳に引き下げるとともに,女性にも男性と等しくこれらの権利が認められた。翌年実施された衆議院議員総選挙では,39名の女性議員が誕生した。民法においても,前述の規定はすべて削除され,婚姻,家族生活の関係において男女は同権とされた。

とはいえ,およそすべての規定で男女が同等に扱われることとなったわけではない。女性の社会進出との関係で雇用関係に着目すると,1947年に制定された労働基準法は,女性に時間外労働・休日労働,深夜業,坑内労働を行わせることを禁止していた。その理由は,女性の保護であった。「保護」というと,女性を大事にするので良いことだと思う人もいるかもしれない。しかし,その結果,男性と同じ条件のもとで時間外労働・休日労働,深夜業,坑内労働を行うことを希望する女性もそれが叶わないことになる。「女性の保

第11章　平　等

護」は，女性の社会進出を妨げる理由となっていたのである。

　また，実際の企業における待遇についても，かつては男女の違いが露骨にみられた。昭和40年代ごろまでは，就業規則によって女性だけの結婚退職制や男女別定年制を設ける企業があった。さすがにこれらは裁判所によって無効とされた（住友セメント結婚退職制事件〔東京地方裁判所昭和41年12月20日判決〕，日産自動車事件〔最高裁判所昭和56年3月24日判決〕など）。給与についても，男女で給与体系を別建てにすることや，夫のみに家族手当などの手当を支給することが違法だとする裁判例が登場するようになる（秋田相互銀行事件〔秋田地方裁判所昭和50年4月10日判決〕，岩手銀行事件〔仙台高等裁判所平成4年1月10日判決〕）。もっとも，給与については，長らく平均して女性は男性の50〜60％であった。これは，年功序列の賃金制度と，女性は結婚退職したり，子どもが大きくなった後に復職したりするため就労期間が短いことが一因だとされる。しかし，同じ学歴，勤務年数でも女性の給与は男性の70〜80％であったとする資料もある。労働基準法では「使用者は，労働者が女性であることを理由として，賃金について，男性と差別的取扱いをしてはならない」（4条）と定められていたが，職種や仕事の性質の違いを理由として——実際には仕事の内容に違いがない場合でも——男女で基本給や手当に差をつける運用が根強く存在していたことがうかがわれる。そもそも，募集，採用の時点から女性を男性と同一の職種，勤務条件では雇わないことが一般的であり，それは禁止されていなかった。企業には，憲法22条1項で保障される営業の自由や，憲法29条で保障される財産権を根拠として，広く経済活動の自由が認められる以上，どのような者を雇うか，どのような条件で雇うかについても，法律によって制限されない限り自由に決めることが許されていたからである。当時の法律には，募集・採用の時点で男女を平等に取り扱うべきだ

という定めはなかったのである。

Ⅲ●男女雇用機会均等法とポジティヴ・アクション

1 男女雇用機会均等法の制定

しかし，1985年に男女雇用機会均等法（現在の正式名称は「雇用の分野における男女の均等な機会及び待遇の確保等に関する法律」）が制定され，募集・採用，配置・昇進について女性にも男性と等しく取り扱うべきことが定められて以来，徐々に変化がみられる。

1986年の雇用機会均等法施行の前後から，コース別人事制度が広まった。これは，全国転勤がありさまざまな職種が割り振られ昇進もある「総合職」と，勤務地，職種，昇進が限定される「一般職」といったコースに分けて募集・採用を行うものである。そして，将来の幹部候補生である総合職に女性が採用され始めるようになった。もっとも，一見すればコースは男女平等に開かれているものの，実態としては，男性が総合職に，女性が一般職に，という傾向が当初は特に強くみられた。また，募集・採用，配置・昇進に関する均等取扱いの要請は，当初は努力規定であった。

しかし，1997年の改正（1999年から施行）で，募集・採用，配置・昇進に関する女性差別は禁止事項とされた。これにより男女別のコース制は違法であることが明らかとなった。

さらに，2006年の改正で，間接差別が禁止されることとなった。間接差別とは，たとえば，身長，体重，体力を募集・採用の条件にすることのように，一見すると性別に関係しないが，実際には女性を排除する結果となり，さらにその条件を設けることに合理的な理由がないようなものをいう。また，それまでは男女雇用機会均等法は女性のみを保護の対象とする女性差別禁止法であったものから，

男性，女性双方を保護する性差別禁止法となった。これにより，たとえば，かつての「スチュワーデス」のように航空会社の専門の客室乗務員として女性のみを対象に募集・採用することは違法となり，男女に均等に門戸が開かれることとなったのである。

　労働基準法も，1997年の改正によって，女性の時間外労働，休日労働，深夜業を禁止する規定が削除された。坑内労働の禁止についても，かつての炭鉱のような人手で採掘を行う現場ならばともかく，今日のトンネル工事のように機械を用いる現場で，建築や土木を学んだ女性が働けないというのはおかしいということで，禁止の対象を，人力により行われる掘削の業務など女性に有害な業務に限定することとされた。現在の労働基準法では，産後 8 週間および（本人が請求した場合）出産の 6 週間前（双子以上の場合には14週間前）の労働の原則禁止をはじめ，妊産婦——妊娠中の女性または産後 1 年未満の女性をいう——に限定した各種の保護，制限規定だけが置かれている。これらは，以前のような一般的な「女性の保護」ではなく，妊娠・出産という生物学的に女性に特有な行為に着目した，「妊産婦の保護」を理由としたものである（妊娠・出産を理由とする不利益処分は男女雇用機会均等法 9 条 3 項で禁止されている。しかし，実際には，妊娠を理由とする嫌がらせである「マタニティ・ハラスメント（マタハラ）」の存在が問題となっている。最高裁は，最近，妊娠による所属部署の変更を通じて管理職から降格させることは本人の自由意思に基づく承諾や特段の事情が認められない限り違法であることを認めた〔最高裁判所平成26年10月23日判決〕)。

　このように，現在は，雇用関係において，妊産婦の保護のための若干の制限を除き，法律による制限はなくなり，また企業に対しても募集・採用，配置・昇進について性別による差別が明確に禁止されている。これによって，たしかに女性の社会進出は進んできてい

る。しかし，現状はなお十分なものではない。

2 ポジティヴ・アクション

そこで，さらに進んで，ポジティヴ・アクションと呼ばれる方法をとることが考えられる。これは，法律の言葉でいえば，「〔男女が，社会の対等な構成員として，自らの意思によって社会のあらゆる分野における活動に参画する機会について〕男女間の格差を改善するため必要な範囲内において，男女のいずれか一方に対し，当該機会を積極的に提供すること」（男女共同参画社会基本法2条2号）である。政府は，「社会のあらゆる分野において，2020年までに，指導的地位に女性が占める割合が，少なくとも30％程度になるよう期待する」――ここでいう「指導的地位」には，国会や地方議会の議員，会社等で課長相当職以上の者，専門的・技術的職業が含まれる――という目標を定めて（2003年6月20日男女共同参画推進本部決定），これを達成するために，政府はポジティヴ・アクションを推進している。

もっとも，ポジティヴ・アクションといっても，具体的な方法はさまざまである。一つは，男性が多かった職域への女性の配属を積極的に進めたり，女性管理職を増やすための研修を行ったりといった環境整備である。最近よく聞かれるワーク・ライフ・バランスの促進――それ自体は男女双方が利用可能な仕組みの整備である――もこの延長で考えることができる。たとえば，育児・介護休業法（正式名称は「育児休業，介護休業等育児又は家族介護を行う労働者の福祉に関する法律」）では，子どもが1歳になるまで育児休業を取得することを認め（休業期間中は休業前の50％の所得が保障される），3歳になるまでは労働時間の短縮を認める。この育児休業や労働時間の短縮は，女性が育児をするために申請するだけでなく，男性が申請して育児を行うことで，育児を理由として女性が仕事を辞めなくてもよ

第11章　平　等

くなることを狙っている。

　また，このような環境整備だけではなお不十分であるとして，企業などに，女性の参画拡大に関する一定目標と達成までの期間の目安を示してその実現に努力することを促す手法（ゴール・アンド・タイムテーブル方式）もある。たとえば，女性管理職の割合を○○年までに××％にする，男性の育児休業取得率を△△年までに□□％にする，といった目標を企業自らに宣言させることで，人事や勤務形態，職場のあり方の改革を促していく方法である。最近，女性管理職比率の目標を掲げる企業が増えてきているのは，この政策に協力しているからである（2015年に成立した「女性の職業生活における活躍の推進に関する法律」は，2016年4月1日までに，達成目標，取組内容，実施時期等を定める行動計画の策定を，従業員数300人超の事業主には義務づけ，従業員数300人以下の事業主には努力義務としたうえで，事業主の申請に基づく厚生労働大臣による優良等の基準適合の認定および厚生労働大臣の認定の商品等への表示の制度を設けることで企業に女性登用を促す仕組みを含んでおり，ゴール・アンド・タイムテーブル方式を法制化しようとするものである）。

　さらに，一番強い方法として，「クオータ制」と呼ばれる方法がある。これは，指導的地位の一定の数や割合を，直ちに，そして強制的に女性に割り当てるものである。現在の日本には，「クオータ制」を企業などに義務づける法律はない。しかし，政党に対しては，第3次男女共同参画基本計画（2010年12月17日）で，国会議員の候補者についてこの制度を導入することを要請することとされており，実際，社会民主党は，党則で「本党は，女性及び社会的に弱い立場の人たちの政治参画を推進するため，各級議員の候補者，全国大会代議員，全国代表者会議代表者及び役員に女性及び社会的に弱い立場の人たちの一定比率を保証するように努めなければならない」と

して，努力規定ではあるがクオータ制をとることを明記している。

しかし，日本における国会議員に占める女性の比率は，はじめの新聞記事でみたように，外国と比較しても相当に低い。そこで，この「クオータ制」を法律で義務づけるべきではないかとの主張もある。たとえば，韓国では，国会議員や地方議会議員の選挙で比例代表候補の50％以上を女性として，女性候補者を奇数順位に置くことを法律で義務づけており，フランスでも，同様の規定がある。このような規定を法律で設けて政党に強制するべきではないかというものである。

3　ポジティヴ・アクションに対する反対論

ポジティヴ・アクションという方法に対しては，次のような反対論がある。

第一に，ポジティヴ・アクションは女性を優遇するものなので，逆差別になるのではないか，という批判である。男女雇用機会均等法は，「〔性別を理由とする差別の禁止などを定めた条文は，〕事業主が，雇用の分野における男女の均等な機会及び待遇の確保の支障となっている事情を改善することを目的として女性労働者に関して行う措置を講ずることを妨げるものではない」として（8条），ポジティヴ・アクションを認めている。女性に研修を受けさせる程度であれば，それにより直ちに男性がチャンスを奪われることにはならないので，逆差別との批判は当たらないだろう。いわんや，育児休業のように男女が完全にひとしく扱われる制度はまったく問題がない。

第二に，「専業主婦になるのも個人の生き方なのだから，政府が女性の社会進出を促進するのは価値観の押し付けであって，自己決定権の侵害である」という主張がある。しかし，ポジティヴ・アクションは，ビジネスや政治の社会で活躍したいという女性の選択を

支援するものではあるが、専業主婦になりたいという女性の選択肢を奪うものでは決してない。もっとも、近年検討されている、税法上の配偶者控除（妻のパートなどでの給与所得が年間103万円未満の場合、夫の所得税が減額される仕組み）の縮小・廃止は、専業主婦の家庭に増税となる結果、経済的に苦しくなり働きに出ることを強いられる女性が出てくる可能性も高い。

最後に、これらの反対論の背後にあるのは、「夫は外で働き、妻は家庭を守るべきである」という考え方である。内閣府が2012年10月に行った「男女共同参画社会に関する調査」では、「夫は外で働き、妻は家庭を守るべきであるか」という問いに対して、「賛成」とする者の割合が51.6％を占め、2009年に行った前回調査での41.3％より大きく上昇している。この「賛成」が増えた理由は明らかではないが、なぜこのような性別役割分担論が存在するのだろうか。さらに突き詰めると、次のような理由が考えられる。ひとつは、女性だけが妊娠・出産をするという生物学的な特徴の延長で、「女性こそが子育てをも行うもの」、さらには「家庭を守るもの」であるとする発想である。また、「女性には羞恥心、奥ゆかしさがある」「女性は興奮しやすい」といった性格や、「男性の方が体力がある」といった一般的な身体能力の違いを強調する発想もあるかもしれない。冒頭に引用した、女性の解放を説いたジョン・スチュアート・ミルの議論も、男女で一般的な性格が違うことを前提にするものであった。

◇ ポジティヴ・アクションとは何か、目的や具体的な内容について整理してみよう。また、ポジティヴ・アクションに対する反対論に

はどのようなものが考えられるか説明してみよう。そのうえで，ポジティヴ・アクションに対するあなた自身の考えをまとめてみよう。
◇　男女で取扱いを分ける際に，妊娠・出産という生物学的な特徴以外の何かを理由に挙げることは適切だろうか。また，体力や性格の違いを個人の問題としてではなく，男女の違いに一般化して論じることは適切だろうか。

参考文献
①辻村みよ子『ポジティヴ・アクション』（岩波新書，2011年）
　世界各国での取り組みと日本における現状，選択肢について，この分野の第一人者が紹介，問題提起を行っている。
②オリヴィエ・ブラン（辻村みよ子・訳）『女の人権宣言——フランス革命とオランプ・ドゥ・グージュの生涯』（岩波書店，1995年）
　オランプ・ド・グージュの伝記である。彼女が著した「女性および女性市民の権利宣言」とフランス人権宣言の条文対照表も資料として付されている。
③中里見博「フェミニズムと憲法学」大石眞＝石川健治・編『憲法の争点』（有斐閣，2008年）36〜37頁
　女性の権利の憲法における論じ方について，法の下の平等以外の論点も含めて概括的に紹介されている。
④山田省三「四半世紀を迎えた男女雇用機会均等法」日本労働研究雑誌615号（2011年）4〜11頁
　男女雇用機会均等法の歴史と内容，課題について，コンパクトな説明がなされている。
⑤阿部照哉＝野中俊彦『平等の権利』（法律文化社，1984年）
　やや古いが，法の下の平等に関する憲法における伝統的，基本的な考え方がまとめられている。

第12章　プライバシー

● ● ●

　すべてをさらけ出してしまいたいというごく一部の自己顕示欲のきわめて強い人物を除いて，自己の病歴，学生時代の成績や生活指導の記録，駐車違反や速度制限違反などの道路交通法違反の履歴，過去の交際歴，DVDのレンタル履歴など，誰にでも人に知られたくない，あるいは特定の人にしか知られたくない事柄はある。そうした事柄はプライバシーと呼ばれ，そして，現在，みだりに暴露されたりしないように，守るべき大切な価値があるものと考えられている。

　しかし，プライバシーがなぜ重要であるのかとあらためて問われると，答えに詰まる者は意外に多い。ただ，このことは不思議なことではない。プライバシーの重要性が自明とされる社会の中で生きるわれわれは，自己が生きる前提を反省することは難しいからだ。自明な前提を探求するために有用な手がかりを与えてくれるのは，古典である。古典においては，その著者はわれわれとは異なる前提の中で執筆するゆえに，われわれが生きる時代を相対化してくれる。

　また，プライバシー権が唱えられてからの歴史は浅く，プライバシーははっきりとした輪郭を持つ言葉とはいい難い。アメリカ合衆国憲法でもフランス人権宣言でも，日本国憲法典でも，「プライバシー」という言葉は登場しないし，また，日本の判例も，「プライバシー」という表現は用いるが，「プライバシー権」という表現には慎重である。プライバシーを類型化していくことも有用であるが，

I●プライバシーの生成

まずは,プライバシー権がどのような問題状況で登場してきたのかを知ることが肝要である。そこで,古典的テクストの文字面を追っていくだけではなく,それが書かれた問題状況にも注意を払っていこう。

本章では,プライバシーがなぜ重要であるのかを古典的テクストに透けて見える時代背景を読み解きながら考察していこう。

●●●

I●プライバシーの生成──「一人で放っておいてもらう権利」

サミュエル・ウォーレン（Samuel Dennis Warren, →
1852-1910）
製紙工場を営む裕福な父親の子として生まれ,ボストンで弁護士をし,大きな工場も経営していた。

←ルイス・ブランダイス（Louis Brandeis, 1856-1941）
革新主義者のリーダーの一人であった。時代状況に応じて法解釈をすべきという考えの持ち主。

イエロー・ジャーナリズムへの風刺画→
安っぽい感情に訴えるモノ,犯罪,有名人のスキャンダルなどという文字が腹に書かれた悪魔たちがうじゃうじゃと出て来ている様子。

195

第12章　プライバシー

1　プライバシー権の誕生── 一人で放っておいてもらう権利

　歴史上はじめて明確な形をもってプライバシーの権利を主唱したとされる論文は，サミュエル・ウォーレンとルイス・ブランダイスが1890年にハーバード・ロー・レビュー誌上に公表した論文「プライバシーへの権利」である。

　この論文において，彼らは，「一人で放っておいてもらう権利（the right to be let alone）」というクーリー判事の教科書『不法行為法』の言葉を借りて，プライバシー権を定義している。「一人で放っておいてもらう」とはどのようなことなのだろうか。

　論文の冒頭で，彼らは次のように述べている。「個人は人格上かつ財産上完全に保護されるべきであるというのは，コモン・ローと同じくらい歴史ある原則である。しかし，その保護がまさにどのような性質を有し，どの程度保障されるべきかについては，時折新しく規定していかなければならないことも確かである」。

　そのうえで，プライバシー権を定式化していく過程で，ウォーレンらが強調しているのは，「財産（property）」の対象が，手に触れることが可能なモノ（身体も含む）から触れることができないモノ（名誉，評価，商業秘密）にまで拡張しているということである。文明が発達するにつれて，身体に基礎を置いた痛みや快楽などの利益に対してのみならず，「思想，情緒，感情に対して〔も〕法的承認が求められてきた」と説く。プライバシー権もこのような発展の延長に位置づけられるのである。彼らもプライバシー権の保障が時代の要請だと考えているのである。それゆえ，彼らのプライバシー概念を特定するためには，彼らが論文を書いた時代背景，また，彼らが置かれていた状況を考える必要がある。

I ● プライバシーの生成

2　プライバシー権は近代憲法典に規定されていない

彼らが論文を公表したのは1890年である。1890年は，18世紀末の合衆国憲法典やフランス人権宣言よりもおよそ100年を経た時代である。18世紀末には，「一人で放っておいてもらう権利」としてのプライバシーの重要性は，あまり認識されていなかった。

日本では，日本国憲法（1946年公布，1947年施行）の制定の後の，20世紀の後半に裁判例の中でその重要性がようやく認識され始めたのである。

近代憲法の多くが制定された18世紀末において個人の私生活を保障することは，まずもって，身体や財産，言い換えれば，有形のモノの保障が中心として考えられていた（合衆国憲法修正4条の令状主義の規定も，当初，そのような方向で解釈されていた）。プライバシーのような無形のモノの保障はあまり想定されていなかった。

3　プライバシー概念の誕生の背景──写真ゴシップ誌の誕生

これに対して，19世紀末の時代状況は，18世紀末と大きく変わってしまっていたのである。ゴシップ記事で人びとを扇情するイエロー・ジャーナリズムの誕生である。ジョゼフ・ピュリッツァーが1883年に「ニューヨークの世界（New York World）」誌を買収し，それを娯楽の読み物にしようとしたのである。誌面には，犯罪事件を扇情的に描写し，写真やイラストを多く掲載した。今の日本でいえば，写真週刊誌や芸能スポーツ新聞である。カメラ技術の革新がイエロー・ジャーナリズムを誕生させたのである。このような状況を念頭において，ウォーレンらは次のように評している。

ウォーレン，ブランダイス「プライバシーへの権利」（1890年）

「即時に撮影できる写真と新聞業が，私生活や家庭生活の，神聖な

第12章　プライバシー

領域を侵食してきた」　　　　　　　　　　　　　　　　　　　松尾・訳

＊ここで「即時に撮影できる」というのは，露光時間が短くてすむということである。カメラは，外の景色を写し取るものだが，そこでは，光をフィルムに焼き付けるというプロセスを経る。大昔のカメラは，外の景色がフィルムに焼き付くまでに時間がかかり，1枚の写真の撮影も1時間以上かかっていた。

　特にウォーレンは裕福な一族の一員であり，社会活動に熱心であったため，ウォーレン自身もゴシップの対象にされた。そのようなイエロー・ジャーナリズムに抗する形で，ウォーレンらは，「一人で放っておいてもらう権利」を定式化したのである。

4　通信技術の発達とブランダイス判事の反対意見

　ただ，これでは，有名人がゴシップの対象にならないということであって，プライバシーの利益は一般の人には関係がないように思えるかもしれない。また，侵害の主体もゴシップ誌などが念頭にあって，政府ではない（憲法の人権規定は，基本的に政府が侵害主体の場合に適用される）。身体や財産の侵害を経由することなく，一般の人びとの私生活に対して政府が積極的に介入していく背景には，電話という通信技術の登場があった。

　電話は，19世紀末に発明され，急速に普及した。つまり，恋人との会話，商業取引のやり取りなど，一般には知られたくないコミュニケーションの多くも，電話回線を通じて，つまり，オンライン上で，営まれるようになったわけである。犯罪につながるコミュニケーションも電話を通じて行われることとなり，そのため，政府は，犯罪捜査手法の一つとして通信の傍受（盗聴）をするようになったのだ。憲法上，政府が捜査のため私人の権利を侵害する場合には，司法手続を経た令状が必要となる。ところで，合衆国憲法修正4条では，「不合理な捜索および押収に対し，身体，家屋，書類および

Ⅰ●プライバシーの生成

所有物の安全を保障されるという人民の権利は、これを侵してはならない」と規定されている。そこで、「身体、家屋、書類、所有物」の中に、他人との会話というプライバシーが含まれるのか問題となったのである。

1928年のオルムステッド判決（Olmstead v. United States）は、まさにそのことが問題になった事件である。捜査機関が令状なく電話での会話を盗聴したのである。タフト連邦最高裁長官（William Howard Taft, 1857-1930）が執筆した法廷意見では、修正4条の保護の対象となる通信は封をした手紙であり、封をした手紙と電話での会話は異なるとして、電話での会話は修正4条の保護の対象ではないという判断が示された。

これに対して、当時、最高裁判事になっていたブランダイスは、タフト長官の法廷意見に抗して反対意見を執筆した。ブランダイスは、まず、過去の判例を引用しつつ、憲法や立法は既存の害悪を匡正するために制定されたのであるが、しかし、それらの文言が既存の害悪に限定して解釈される必要はなく、時代の状況に応じて拡大して解釈される必要があると説く。

そのうえで「合衆国憲法典の起草者は、幸福追求を十全に行うための条件を保障した。彼らは、人間の精神的な性質、感情、知性の重要性を認めていた。痛み、快楽、生活の満足は、物質的な事柄に属すべきのみだとわかっていた。彼らはアメリカの人びとの信念、思想、感情、感覚を守ろうとしていた。彼らは、政府に抗するものとして、一人で放っておいてもらう権利、すなわち、最も包括的な権利で、最も文明化した人びとによって最も価値あるモノとされる権利を付与したのである」。ここから、いまや（1920年代当時）政府が私的領域を侵害する手段は、より繊細で強力なものとなっているとして、電話での会話も修正4条の保護の対象とするべきとしたの

である。

このように1928年当時では、ブランダイスの意見は少数側であったが、1967年のカッツ対合衆国判決（Katz v. United States）では、法廷意見の側が、修正4条による保護は、触ることのできる有体のモノに限定する必要はなく、会話内容なども含まれると判断した。つまり、ブランダイスの少数意見側が、後の時代の多数意見になったのである。ブランダイスが当時から正しかったという論評を下すことも十分可能だが、やはり20世紀中ごろまでに、電話が広く普及し、現代人の生活空間の一部に溶け込んでいたことも大きいであろう。

Ⅱ●古代ギリシアからプライバシーを考え直す

ハンナ・アーレント
(Hannah Arendt, 1906-1975)

　ドイツ出身のアメリカ合衆国の哲学者、思想家。ギリシアやラテンの古典について造詣が深く、現代の問題を考察する際にも、そのような古典を参照しつつ、過去の時代との対話を大事にした。政治思想、社会思想についての著作が多く、法思想について詳細に書かれた著作はない。そのため、（法律学としての）憲法学を学ぶうえで直接有益な叙述にあふれているとは言い難いが、ただ、（政治学としての）憲法学を学ぶうえで有益な叙述が多いといえよう。

Fred Stein Archive/gettyimages

II ● 古代ギリシアからプライバシーを考え直す

1 プライバシーの価値が低い時代？——古代ギリシア

さて，プライバシーの生成について説明してきた。しかし，本当にプライバシーは必要なのか。その問題を深めるために，ハンナ・アーレントの古代ギリシア論を参照してみよう。ところで，古代ギリシアの話をするのに，ギリシアの哲学者からではなく，アーレントの著作から引用をすることに違和を感じる者もいるかもしれない。しかし，ここで探求したいのは，あくまでプライバシーという現代的な利益の意義なのである。古代ギリシアの議論を参照しながら現代人の条件を考えるアーレントの議論こそが有用なのである。

> **アーレント『人間の条件』（1958年）第2章第8節以下**
> 「〔古代ギリシアのポリスにおいて〕完全に私的な生活を送るということは，なによりもまず，真に人間的な生活に不可欠な物が『奪われている』deprived ということを意味する。すなわち，他人によって見られ聞かれることから生じるリアリティを奪われていること，物の共通世界の介在によって他人と結びつき分離されていることから生じる他人との『客観的』関係を奪われていること，さらに，生命そのものよりも永続的なものを達成する可能性を奪われていること，などを意味する。私生活に欠けているのは他人である。逆に，他人の眼から見る限り，私生活者は眼に見えず，したがって存在しないかのようである。私生活者がなすことはすべて，他人にとっては，意味も重要性もない。そして，私生活者に重大なことも，他人には関心がない。」　志水速雄・訳『同』（ちくま学芸文庫，1994年）87〜88頁
> ＊第6節でも同趣旨の文章があり，private life と privacy は互換的に用いられている。

先ほどはプライバシーの重要性が高まった時代の話をしたが，ここでは，プライバシーが価値あるものとみなされなかった時代の話をしよう。

第12章　プライバシー

　プライバシーの語源である privatus の意味は,「真に人間的な生活」が欠けていることであり,「真に人間的な生活」とは,「他人によって見られ聞かれることから生じるリアリティ」のある生活のことである。古代ギリシアにおいては，他者との関係において自己を表現することこそが何よりも価値あることであり，公的な活動であった。具体的にいえば，演劇や政治について，公共の広場で人と語らい，自分がどのような人間であるのかを相互に伝え合うことこそが価値あるものとされてきた。つまり，一人で放っておいてもらうこととは逆のことが，古代ギリシアでは価値あるものとされたのである。いうなれば，他者との関係から切断して引きこもる私的活動は，古代ギリシアでは，政治の喧騒から離れた魂の安らかさを求めることを説いたデモクリトス（Democritus, 前460頃-前370頃）のような一部の例外を除いて，あまり評価されていなかったのである（ただ，デモクリトス自身は，きわめて快活な人であったといわれ，引きこもりのイメージとは程遠い）。

2　古代人の生活と現代人の生活
　　――プライバシーが必要とされる社会生活の条件

　さて，ここで古代ギリシアの思想を持ち出したのは，古代ギリシア人の生き方を賞揚するためではない。古典的テクストを読む意義は，現代にはない，あるいは，現代では失われてしまった考え方を成立させた条件を考え直すことにある。アーレントも，現代において，プライバシーの言葉から人間性の欠如という否定的な意味合いは失われてしまっていると指摘している。そこで，古代ギリシア人の生活と現代人の生活を比較して，プライバシーがかけがえのないものとなった現代の社会的条件を考えてみよう。さきほどプライバシーが重要になった背景に，カメラや電話などの技術発展があると

指摘した。そのような技術的条件の違いも重要である。古代ギリシアには、現代のようにプライバシー侵害を助長する技術は発達していなかった。

　社会の仕組みにおいても大きく異なる。まず前提として、ここでアーレントが描く古代ギリシア人は、たとえば、ギリシアのアテネに住むすべての人びとのことではない。女性や子ども、そして、奴隷などは除かれた、ギリシアの「市民」の生き方である。彼らは、農業などは戦争で獲得した奴隷に、家事は妻に任せていたのであり、することといえば、演劇（ギリシア悲劇）を観てその評価につき他人と語らいあうこと、ポリスの内政につきどのように進めていくべきかの政治談義をし、輪番で行政の仕事をすること、他のポリスなどと戦争になれば軍人として戦うことであった。つまり、ポリスの事柄、公的な事柄で活動することが、「市民」の主たる任務であり、己の人格を示す場であった。また、ポリスの人口は、多くて数万人であって、ポリスは現代のように数百万人が凝集する都市ではないし、電車や自動車などの交通手段もなく、仕事のためにほかのポリスに移住するということは現代ほど多くはない。1万人から3万人ぐらいの、学生数が多い大学に匹敵する人びとが同じ場所で生まれてから死ぬまで生活していたのである。

　このような古代ギリシアの「市民」の生き方と現代人のそれが大きく異なることは明らかだろう。多くの現代人は、（人格の発展のためではなく）生活の糧を稼ぐために労働に勤しみ、子育てをするのに日常生活の多くの時間を費やす。数年に一度の選挙の際に投票という形で政治参加をする程度で、まして軍人として戦争に参加することは稀である。それゆえ、公共の事柄へと関心を持つきっかけと余裕はきわめて少ない。また、多くの現代人は、小学校、中学校、高校、大学、会社と経ていくにつれて、何千・何万・何十万という

知らない人と顔をあわせ，その間に転居していき，一か所に定住し続けることは稀である。それゆえ，このような現代人にとって，公共の場で「他人によって見られ聞かれることから生じるリアリティ」とは心の不安定さをもたらすものでしかなく，むしろ親密な場所における親密な家族，恋人，友人との情緒的な関係こそが心の平穏をもたらすといえよう。

さて，ウォーレンとブランダイスは，プライバシーの重要性を説く過程で，文明化の中で「思想，情緒，感情に対する法的承認が求められてきた」と指摘していた。ここで思想と情緒と感情が並べられていることが重要である。彼らは，知性の側面に位置づけられる思想のみならず，感性の側面に位置づけられる情緒や感情も（人間の尊厳あるいは親密性のいずれに位置づけるかはおくとして）人間性の積極的な一面と捉えていたのである。

Ⅲ● 情報コントロール権

ハクスリー『すばらしい新世界』（1932年）

「快適さなんて欲しくない。欲しいのは神です。詩です。本物の危険です。自由です。美徳です。そして罪悪です」。

「要するにきみは」とムスタファ・モンドは言った。

「ああ，それでけっこう」ジョンは挑むように言った。「僕は不幸になる権利を要求しているんです」……〔中略〕……

ムスタファ・モンドは肩をすくめた。「まあ，ご自由に」

黒原敏行・訳『同』（光文社古典新訳文庫，2013年）346頁

3 優しき政府と便利さを求める人びとの時代のプライバシー
── 情報コントロール権

さて、ここまでの叙述は、一人で放っておいてもらう権利としてのプライバシーに焦点を当ててきた。いうなれば、政府が介入しないことこそがよいという消極的側面に焦点を当ててきた。

しかし、現在の状況を考えれば、そのような消極的側面のみに焦点を当てるのは不十分である。まず、現在の政府は、個人が自律していくために、個人の活動を積極的に支援している。教育制度、社会保障制度などの側面で、政府は、学業成績、生活指導の記録、病歴などの個人の情報を記録し、収集し、記録している。次に、情報技術が大きく発展し、いまや個人の私生活の少なからぬ部分は、インターネットを経由する形で営まれ、また、（インターネットを経由しなくとも）データベースに記録されている。グーグル、フェイスブック、ヤフーなどの事業者は、インターネットでの個々人の活動を記録し、分析し、検索履歴などから抽出した個人のニーズに対応した情報を提供している。そもそもインターネットにアクセスするだけで、誰がどこからアクセスしているのかは、基本的には、特定できてしまう（2ちゃんねるという掲示板サイトを匿名掲示板という人がいるが、ほとんどは特定可能である）。また、クレジット・カード会社はもちろん、コンビニエンス・ストアもポイントカードを経由する形で各個人の購買活動についての情報を収集している。さらには、ツイッターやフェイスブックなどを通じて、自分の個人情報を自ら進んで発信している。いまや現代人は、普通に生活しているだけでも自ら進んで政府や企業に自分の情報の多くを提供し続けている状況だといえよう。

このような状況では、放っておいてもらうのではなく、すでに政府や企業に渡してしまった自らの情報をいかにしてコントロールす

るのかが課題となるだろう。もちろん，すべての情報をコントロールできるわけではないし，また，コントロールすることが必ずしも望ましいわけでもない。友達にたまたま自分の恥ずかしい過去を知られてしまったとき，その友達の記憶を改変することはできないし，仮に技術的に可能になったとしても人の脳内に介入することが望ましいわけではない。しかし，政府に蓄積された情報は改変するように求めることが考えられる。ここにおいて，プライバシーの概念は，一人で放っておいてもらう権利から情報コントロール権へとその内容を変化させる。

4 自由 vs. 幸福，自由 vs. 安全——未来社会のプライバシーの行方

ただ，もっと根源的な問題は，人びとは流通している自分の情報を自分でコントロールすることをどこまで望むのだろうかという問題である。政府や企業がある個人にサービスを提供しようとする際，サービス提供者が当該個人の情報を詳細に知れば知るほど，当該個人に対するサービスの品質は向上するかもしれない。しかし他方で，このことと引き替えに情報の濫用される可能性も増大する。サービスの質の向上か，濫用の危険か，この問題は幸福か自由かという問題に行きつく。また，別様に問題を捉えることも可能である。たとえば，政府が多くの人びとの情報を管理できればできるほど，防犯に役立つかもしれない。安全に資するというわけだ。しかし同様に，濫用の危険がある。そして，ここでは，安全か自由かという問題に行きつく。自由と引き替えに幸福と安全を手にするべきなのか。

さて，ここから先の問題は，さまざまな技術や科学的知見がどのように進展していくのかという問題と密接に関連する。ならば，こうした問題は，そのような進展を待ってから考察した方がよいのかもしれない。しかし，一度普及してしまった技術やその利用方法は，

「やっぱり駄目だ」といってその後で元に戻すことは非常に困難なこともある。現在のわれわれがこうした問題を今まさに考察し，来るべき未来社会を構想し，作っていく必要があるのである。そのために，未来社会を描いたSFの古典を繙くことが有益だろう。

本節冒頭で引用したハクスリー（Aldous Leonard Huxley, 1894-1963）の小説こそが，そのようなSFの古典の一つである。人間は工場生産され，一種の洗脳により深層心理レベルで従順になるように条件づけ教育が施され，フリーセックスが奨励され，快楽薬が配給された世界である。人びとは，管理されていることに疑問すら抱かない（抱くことができない？）管理社会が舞台となっている。ジョンは，「僕は不幸になる権利を要求しているんです」と述べ，幸福や安全ではなく自由を選択する。このジョンの選択が魅力的なものであるのかを判断するためには，小説を読んでいただくしかないだろう。ほかの，情報技術や監視技術が進展した未来社会を描いたディストピア作品としては，ジョージ・オーウェル『一九八四年』（1949年）がある。映画としてもウォシャウスキー姉弟監督作品『マトリックス』，押井守監督作品『アヴァロン』などがあり，この映画も対照的な作品である。未来社会を構想する想像力を鍛え上げるための古典として，これらの作品に接してみることも重要である。

Q

◇ 歴史の教科書で読み直して古代ギリシア人の生活を振り返ってみよう。彼らの生活にプライバシー権というものが必要であったのか。特に現代の生活と比較しながら考えてみよう。そのうえで，あらためて現代人にとってプライバシーとはどのような意味があるのかを考察してみよう。

第12章　プライバシー

　また，憲法の教科書をひもといて，プライバシーの叙述のところを読む際には，プライバシーとは何か，判例がどのようにいっているのかという点のみならず，執筆者が時代状況をどのように認識しているのかにも注意して読んでみよう。さらに，本書の第1章「立憲主義」も併せて読んでいただきたい。

◇　情報技術の発展により政府が一望監視装置（パノプティコン）を通じて各個人を監視する社会というディストピアがもたらされるという叙述は多い。しかし，多くの者が撮影や録音機能がついた携帯電話（スマートフォン）を持ち，写真などをネットに即座にアップロードすることが可能になった。つまり，政府のみならず，われわれ一人ひとりも監視の主体となりうる。このような状況を一望監視装置のイメージで捉えることは適切か。情報権力に関して，政府という主体が重要だろうか。われわれ一人ひとりの濫用の危険も重要になった。公権力をもっぱら統制することに重きを置いてきた憲法学はどのように考えるべきだろうか（参考文献①も参照）。

◇　すでにわれわれのプライベートな情報の多くは（自らの半分の同意のもとに）ウェブ上に流出してしまっている。プライバシーを守るといっても意味がないのではないか。その場合にプライバシーはどのように考えるべきなのか。プライバシーは，多元的な局面で人格を自分で統合するためのコントロールとして把握されるのか，あるいは，多元的な局面でそれぞれのペルソナ（人格という意味があるが，仮面というニュアンスがある）を使い分けるものとして把握されるのか。人格の再統合として理解するのか，使い分けとして理解するのかについての争いを考えてみよう（参考文献①，とりわけ注13も参照）。

参考文献
（各種教科書類で「プライバシー」のところを読むことは当然推奨されるとして）
①棟居快行「公共空間とプライバシー」西原博史・編『岩波講座憲法

2——人権論の新展開』（岩波書店，2007年）193頁以下．

②山本龍彦「番号制度の憲法問題——住基ネット判決から考える」法学教室397号（2013年）49頁以下

　文献①は，公共空間へとどんどん流出してしまう個人情報の問題を考察しつつ，しかしながら，憲法学が前提とする国家観・自由観の変容が迫られていることを説き明かしていく論文であり，また文献②は，①が提示した問題を考えつつ，裁判所がどこまで審査（チェック）できるのかを考察したものである．

③大屋雄裕『自由か，さもなくば幸福か？——二一世紀の〈あり得べき社会〉を問う』（筑摩選書，2014年）

　情報技術の進展が現在の社会秩序の状況をどのように変えていくのかを論じた一冊であり，一般向けとして書かれていて専門知識がなくとも読める一冊である．

④宮川剛『「こころ」は遺伝子でどこまで決まるのか——パーソナルゲノム時代の脳科学』（NHK出版新書，2011年）

　これからの時代，遺伝子から得られる情報についてのプライバシーの重要性が問われていくだろう．本書は，現時点の科学で遺伝子でどこまでわかるのかを説明した著作で，遺伝子情報の問題を倫理的・法的に考察する必要性も説かれている．

第13章　政教分離

●●●

　どのような宗教を信じるかは、われわれの生活の中で、最も私的な営みである。その信仰の自由、宗教活動の自由を各人に等しく保障するための制度として、わが国で採用されているのが政教分離原則である。

　「国家の非宗教性ないし宗教的中立性」とも表されるこの原則であるが、しかしわれわれの生活の中で、国や自治体が、宗教的な事柄や宗教的な団体とまったくの無縁を貫くことは、実はそれほど容易ではない。たとえば、文化財である寺社、寺院や仏像の維持保全のため特定の宗教団体には補助金が支出されているし、宗教系の私立学校には、他の私立学校と同じように私学助成金が支出されている。また、刑務所等で宗教的色彩を帯びた教誨活動が行われることもある。仮に、これらすべてを憲法違反とみなして関わり合いをやめてしまえば、すべてが丸く収まるのだろうか。関わり合いをやめることによって、かえって宗教を理由にした差別や信教の自由の著しい制約が生まれることはないだろうか。

　このように、われわれが社会生活を送る中で、文字通りの政教分離を要請することはなかなかの難事であるということができよう。ではそもそもなぜ、政教分離という制度は存在しているのだろうか。本章では、政教分離原則が生まれるにいたった歴史を振り返りつつ、その理由について考えてみたい。

●●●

ヴァージニア信教自由法（ジェファソン起草，1786年）

「全能の神は，人の心を，自由なものとして，創り給うた。

現世の刑罰または負担もしくは無能力規定によって，人の心に影響を与えようとする試みは，すべて，偽善と卑劣とを生む傾向をもち，われらの宗教の聖なる創始者の計画からの逸脱である。創始者は，人の身体と心との『主』でありながら，われらの宗教を宣布するに際しては，人の身体や心に対する強制という方法を特に避けられたのである。

……

一個の人間に対し，信じない見解の宣布のために金銭の供出を強制することは，〔そのこと自体〕罪深きことであり，暴政である。

……

市民が特定の宗教を信奉するとか信奉しないとかを理由として，その市民から，責任ある有給の官公職に就く〔法的〕能力を剥奪し，その市民を公共の信頼に値しないものと指定するようなことは，その市民が同胞市民と等しく自然権として享受する特権及び便益を，その市民より不当に奪うものである。

……

何人に対しても，宗教的礼拝に参列し，宗教的特定場所を訪れ，または聖職者に経済的支援を与えることを，強制してはならない。何人に対しても，その宗教上の見解または信仰を理由に，強制，制限，妨害を加え，または，身体もしくは財産に関して負担を課し，その他一切の困苦を与えてはならない。すべての人は，宗教についての各自の見解を表明し，これを弁護支持する自由を有する。ゆえに，宗教についての各自の見解を理由としては，各自の市民的及び法的資格・能力に，減少増大その他何等の変更をも生じさせてはならない。

……この法律において主張・保護されている権利は，人類の自然権であり，ゆえに，もし，今後，この法律を廃止し，もしくは，こ

第13章　政教分離

の適用を制限しようとする〔新たな〕立法が，可決されるようなことがあれば，かかる立法は，自然権に対する侵害であろう」

> アメリカ学会・訳編『原典アメリカ史第 2 巻』（岩波書店，1951年）272〜276頁〔松本重治・訳〕。なお，本書の性質上，一部口語体に改めている。

I ● 政教分離への道のり

1　政治と宗教

わが国は，憲法20条1項後段・3項および89条において，政教分離原則を定めている。20条1項後段で「いかなる宗教団体も，国から特権を受け，又は政治上の権力を行使してはならない」と規定し，同条3項で国による宗教教育その他宗教的活動を禁止している。さらに89条で「公金その他の公の財産は，宗教上の組織若しくは団体の使用，便益若しくは維持のため……これを支出し，又はその利用に供してはならない」と定め，政教分離原則を財政面から徹底している。

このような憲法条項をもつ日本の国民にとって，政教分離はごく当たり前の制度であるように感じられるかもしれない。しかし，後述するように（Ⅱ1），いま現在，政教分離原則を採用している国家は一部に限られているし，また世界史的にみても，それは決して当たり前の制度ではなかった。この節ではまず，その歴史に目を向け，政教分離原則が生まれるにいたった道程をいくつかの文書や法を通してみていくことにしたい。

そもそも近代以前のヨーロッパにおいて，政治と宗教，世俗権力と教会権力は，密接な結びつきを有していた。たとえば，ルネサンス期に生きたニッコロ・マキャベリ（Niccolò Machiavelli, 1469-1527）の主著の一つ『ディスコルシ』の中では，古代ローマにおいて宗教

がいかなる形で統治のために用いられていたかが、以下のように描き出されている。「宗教が優れた法律制度をローマにもたらす下地となった」(永井・訳82頁)と語るマキャベリのその文章からは、統治する者にとって、国内の秩序を整わせるために被治者の信仰心を利用することがいかに魅力的であったかをうかがい知ることができる。

マキャベリ『ディスコルシ』(1517年)

「人民がきわめて凶暴なのを見てとったヌマ〔引用者注:王政ローマ初代王ロムルスの後継者〕は、平和的な手だてで、彼らを従順な市民の姿に引き戻そうとして、ここに宗教に注目した。彼は宗教を、文化を備えた社会を維持していくためには必要不可欠と考え、宗教を基礎として国家を築いたのであった。こうして、数世紀経つうちにこの国の神に対する尊敬は、他のどこにも見られないほどのものになった。このことが背景にあったため、ローマの元老院や有力者が試みた、どの企てもやすやすと事が運ぶようになったのである。……ローマの歴史をよくよく吟味するなら、軍隊を指揮したり、平民を元気づけたり、善人を支持したり、悪人を恥じいらせたりするのに、どれほど宗教の力が役に立っていたかがわかるであろう。」

永井三明・訳『ディスコルシ──「ローマ史」論』(ちくま学芸文庫、2011年)78〜80頁

歴史が伝える統治と宗教の関わりあいは、このようなものばかりではない。同時に歴史は、世俗権力と教会権力の協調関係が、聖職者の倫理的な堕落を生んだり、異なる信仰をもつ者に対する抑圧や迫害、さらには、戦争をも招来させることをわれわれに伝えてきた。その最たるものが、16世紀中頃から17世紀にかけてヨーロッパの各地で起こった宗教戦争である。フランスにおけるユグノー戦争

(1562-1598)、オランダ独立戦争（1568-1609）、ドイツを中心とした三十年戦争（1618-1648）など、いずれもカトリックとプロテスタントの対立に端を発する争いであったが、それに政治抗争が絡み合ったことで悲劇はより一層拡大し、多くの血の犠牲を払うことになったといわれている。

2　宗教的寛容

こうした長きにわたる争いは人びとを疲弊させ、17世紀に入ると、宗教的不寛容を倦む者たちによって宗教的寛容が説かれるようになっていく。たとえば、ミルトン（John Milton, 1608-1674）は、『アレオパジティカ』の中で次のように語っている。

> **ミルトン『アレオパジティカ』(1644年)**
> 「私は些細な分離を悉く是認するわけ〔ではない〕……。しかしもしすべての人が同一の心になるわけにゆかないなら、（誰がそんなことを期待するものか、）すべてのものが強制されるよりも寧ろ多数のものが寛容されることの方が、疑いもなくより健全で、より慎重で、よりキリスト教的である。」
>
> 石田憲次ほか・訳『言論の自由』（岩波文庫、1953年）67～68頁

18世紀啓蒙思想に多大な影響を及ぼしたジョン・ロック（John Locke, 1632-1704. 第17章「財産権」参照）もまた、『寛容についての書簡』の中で、キリスト教世界において宗教上の理由で生じたあらゆる紛争の原因は、「意見の相違（これは避けられないものです）ではなく、（当然許されてよかったはずの）相異なる意見の人々に寛容が拒否されたことにある」（生松・訳〔後掲〕397頁）と分析し、以下のように語っている。

I ● 政教分離への道のり

ロック『寛容についての書簡』(1689年)

「宗教の問題に関して他と意見の異なる人々に寛容であることは，イエス・キリストの福音と人類の真正なる理性とにまことによくかなったことであります……。……国王への忠誠や服従という口実で，あるいは神への細心・誠実な礼拝という口実で，自分や他人を欺くことがないようにするためには，私はなによりも政治の問題と宗教の問題とを区別し，その両者の間に，正しい境界線を設けることが必要であると思うのです。これをしなければ，一方で人間の魂のことに関心を持つ人々と，他方で国家に関心を抱いている人々，少なくともそういうふうに言っている人々相互の間に，絶えず起こってくる争いに決着をつけることはできないでしょう。」

生松敬三・訳『世界の名著32――ロック，ヒューム』(中央公論新社，1980年) 353頁

ここでロックは，宗教自体を不合理なものとみなし，宗派間での争いを実に不毛なこととして捉えている。同時にロックは，世俗権力が特定の信仰を強制し，宗教上の不一致を克服しようとすることもまた，不合理なことであるという。そもそも，心から信奉するのでなければ，信仰は信仰ではなく，信仰心は拷問や刑罰を科すことによって生じるものではない。ロックの理解によると，統治者の任務は，あくまで「国家の無事安全と各個人の身体と財産の安全を守る」(生松・訳384頁)ことにあった。すなわち，統治者はもっぱら人間相互の関係を規律することを任務とし，神と人との関係に関わることには干渉しえないのであった。

それゆえ，まず個人は，信仰と礼拝について完全なる自由をもち，その自由を統治者の命令なしに，あるいはそれに反してでも行使することができるとされた。

次に，宗教的集会のような宗教上の外面的な行為についても，当

然に寛容の対象に含まれるとされたが、外部との関わりあいを生じることから、国家や他人の生命・財産を傷つける恐れがないわけではないため、およそ統治者の権限が及ばないとすることは適切ではないとされた。ただし、この場合も「為政者は、公共の福祉という口実のもとに、権威を濫用して教会の抑圧をすることのないよう、つねに十分な注意を払うべき」(生松・訳379頁) ものとされ、その権限に対しては、慎重に限定が付されていた。

このようにして、ロックは「強制しない」という統治者の義務について論じていくのであるが、しかし、彼の寛容論には看過しがたい限界があった。それは、神の存在を否定する人びと、つまり無神論者について、宗教的寛容を受ける権利が否定されているということである。その理由について、ロックは「無神論によってあらゆる宗教を掘りくずし破壊する者は、寛容の特権を要求する基礎となる宗教というものを引き合いに出してくることができない」(生松・訳391頁) と説明している。

ちなみに、この『寛容についての書簡』が出版された年、イギリスでは信教の自由を認めた最初の法律である寛容法 (Toleration Act) が制定されている。ただし、これはプロテスタントであってもイギリス国教会を信奉しない者に科される、信仰を理由とした刑罰を免除することを定めた法律であって、ロックの展開した寛容論よりも自由の範囲が限定されていたことには注意を要しよう。

3 政教分離

ロックの説いた寛容論は、宗教的弾圧から逃れたイギリスの清教徒たちが1620年にメイフラワー号で上陸したアメリカへと継承され、更なる展開をみせることになる。まず、人権宣言の先駆をなすとされる1776年のヴァージニア権利宣言16条において、「……すべて人

は良心の命ずるところにしたがって,自由に宗教を信仰する平等の権利を有する。お互いに,他に対してはキリスト教的忍耐,愛情および慈悲をはたすことはすべての人の義務である」(高木八尺ほか・編『人権宣言集』〔岩波文庫,1957年〕112頁〔斎藤真・訳〕)と,信教の自由が宣言される。これは,ヴァージニアひいてはアメリカの信教の自由の礎石を築いたとされる宣言文である。ただしここには,その15年後に合衆国憲法に規定された宗教に関する条項(修正1条)に比して,欠けている点が一つあった。それは,わが国でいう政教分離に当たるところの教会と国家の分離(separation of church and state),すなわち国教樹立(establishment of religion)の禁止である。

アメリカが,合衆国憲法の中で,宗教活動の自由と同時にこの国教樹立の禁止を謳うにいたるまでには,ヴァージニア権利宣言以降,重要な文書が二つ存在する。それが本章冒頭に掲げた1786年のヴァージニア信教自由法と,それに先立つ1785年の「宗教課税に反対する請願と抗議」である。

前者は,アメリカで最初に政教分離原則を制度上規定したジェファソン(Thomas Jefferson, 1743-1826)起草の法律である。ジェファソンは,同法の中で,世俗権力および教会権力が過去に信仰の押しつけを行ってきたことを糾弾し,教会と国家の徹底した分離を説くことになる。両者の分離とは,すなわち信じない宗教を強制されないこと,信じない宗教への金銭の供出を強制されないこと,信仰を理由に市民としての権利を減じられないこと,信仰を理由に公職への就任を拒否されないことである。さらに,ジェファソンは同法で保護される権利を「自然権」とみなし,この法律を今後,廃止または制限する新たな立法が可決されるようなことがあればそれは「自然権」の侵害となる,と将来の立法に対する警告を発している。自然法思想や啓蒙主義の影響色濃いこの法律によって,ヴァージニ

ア権利宣言にはなかった教会と国家の分離が明らかにされ，信教の自由のより十全な保障が確保されることになったのである。

後者は，ヴァージニア信教自由法の成立に際してはジェファソンに協力し，のちに合衆国憲法の国教樹立禁止条項の制定にも寄与したジェイムズ・マディソン（James Madison, 1751-1836. 第15章「結社の自由」参照）の筆になる文書である。この文書は，当時ヴァージニア州で論争となっていたキリスト教の指導者を財政的に支援するための手当支給法案に対して，反対の意を表するため執筆された抗議書である。この中で，マディソンは，信条に反する宗教的行為の強制は人の良心に反するため許されないことや，多様な宗派の共存は国家が宗教への干渉を差し控えることによってこそ生じることなどを確認したうえで，「何かひとつの国教を支えるために，ほんの3ペンスを寄付することも市民には強制しえない」と，宗教への財政的援助の禁止を訴えている。

マディソンはいう。人がみな生まれながらに自由かつ独立しているとするならば，みな平等な条件のもとで社会に参加しているとみなされなければならない。とりわけ，人はみな「良心の命じるところに従い，自由に宗教活動を行う平等な権利」をもっている。その平等の原則に反するため，国教の樹立は禁じられなければならない。国教を樹立するとは，その信条のゆえに特別の負担を課したりその信条のゆえに特別の免除を付与して，市民の間に序列を生み出すことを意味するからである。

このようにして，アメリカでは国家と教会の間に「壁」を設ける議論の素地が作り上げられ，1791年，他の諸国に先駆け，憲法において国教樹立の禁止が謳われることとなったのである。

Ⅱ●国家と宗教のさまざまなあり方

1　国家と宗教の関係の基本類型

　宗教に対して国家がいかなる態度をとるかは，国によって一様ではない。先に述べたように，信教の自由を憲法で保障する国家が，必ずしも政教分離原則を採用しているとは限らず，歴史や文化の影響などを受けつつ，その国独自の宗教との関係が生じることになる。以下では，代表的な三つの形態について概観したい。

　イギリスでは，ヘンリー8世の離婚問題を機に，イギリスの教会をローマ教皇から解放する宗教改革が断行され，1534年の国王至上法により国王のイギリス国教会の首長たる地位が明確にされた。その後，メアリ1世の治世においてカトリックの復活が試みられるも，1558年に即位したエリザベス1世が再び国王至上法を成立させ，今日のイギリス国教会の基礎が築かれることになる。国教制であっても，国教以外の宗教を信じる者には宗教的寛容をもって臨むため，個人の信教の自由は確保されている。

　ドイツは，ドイツ連邦共和国基本法4条で信教の自由を保障している。イギリスのような国教会は存在せず，国家と教会の関係は政教条約によって規律されている。すなわち，各々が固有の領域を有する一方で，管轄が重なり合う領域では条約に従い，双方合意のもと対処している。一定の宗教団体には，公法上の社団としての地位が保持され，これらの宗教団体には，課税権（ドイツ連邦共和国基本法140条）や，公立学校における正規の授業科目として宗教団体の教義に沿った宗教教育を行うことが認められている（ドイツ連邦共和国基本法7条）。

　フランスは，アメリカと同様，政教分離型に属している。ただし，

フランスもカトリック教会に特権的地位を付与し，国教制を採用していた時期がある。転換の一つの契機は，フランス革命であった。このとき，政治に対するカトリック教会の影響を一掃することが試みられ，1789年，人権宣言10条において宗教上の意見表明の自由が謳われるにいたる。しかし，その後ただちに分離型へと移行したわけではなく，1905年，政教分離法が制定され，そこにおいてはじめて，礼拝の自由，宗教を公認することの禁止，宗教に対する公金支出の禁止などが明示される。さらに，1946年憲法において「非宗教性（ライシテ）」の原則が憲法原理として確立され，1958年憲法もそれを共和国の基本理念として掲げるにいたっている。

2　わが国における政教分離原則

最後に，わが国の場合はどうであろうか。戦前より，日本政府は神社神道を他の宗教と区別し，特別の待遇を与えてきた。そのため，信教の自由を保障する明治憲法28条の規定にもかかわらず，その自由の保障は十分なものではなかった。さらに，皇室の宗教としての神社神道は事実上の国教とされ，戦時にあっては軍国主義の浸透に利用されたことから，戦後，1945年12月15日，GHQは日本政府に対して，国家と神社神道の分離を命じる指令を発することになる。「国家神道，神社神道に対する政府の保証，支援，保全，監督並に弘布の廃止に関する件」，いわゆる神道指令である。また翌年1月1日，天皇の人間宣言が出され，これにより天皇崇拝と結びついた国家神道体制は終わりを告げることになる。そして同年，日本国憲法において信教の自由が保障されると同時に，政教分離原則に基づく諸規定が掲げられるにいたったのである。

先に示したように，わが国では，国は宗教的活動を行うことを禁じられ，また宗教団体を財政的に援助することも許されていない。

仮に，個人に対する信仰の強制を伴わなくとも国が特定の宗教と関わり合いをもつこと自体，禁じられているのである。そこで生じるのが，本章の冒頭でふれたような問題である。一定の宗教行事または宗教的なるものは，伝統や習俗，慣習その他さまざまな形でわれわれの社会生活のあらゆる場面に浸透している。そうした宗教との境界線が曖昧な場面において，政教分離原則は一体どのような形で効力を発揮するのであろうか。

　最高裁は次のような考え方を基本としている。

　わが国には，さまざまな宗教が多元的，重層的に並存している。それゆえにこそ「国家の非宗教性ないし宗教的中立性」の確保が目指されるのであり，制度としての政教分離規定が必要とされる。しかし，他面において「現実の国家制度として，国家と宗教との完全な分離を実現することは，実際上不可能」に近く，「政教分離原則を完全に貫こうとすれば，かえって社会生活の各方面に不合理な事態を生ずることを免れない」。そこで「国家が宗教とのかかわり合いをもつことを全く許さない」とするのではなく，「宗教とのかかわり合いをもたらす行為の目的及び効果にかんがみ，そのかかわり合いが右の諸条件〔わが国の社会的・文化的諸条件〕に照らし相当とされる限度を超えるもの」に限って許されないこととしている（津地鎮祭事件〔最高裁判所大法廷昭和52年7月13日判決〕）。

　本章の冒頭において，いくつか国家と宗教が関わり合う具体例を列挙してみたが，政教分離原則違反を疑われる行為としてわれわれがニュースなどで目にする機会が多いのは，内閣総理大臣の靖国神社参拝であろう。このことに向けられる関心の多くは政治的なものであるが，それでも政教分離原則違反を監視する観点から，参拝に公用車を利用したか，神道形式での参拝か，内閣総理大臣名での記帳があったか，献花は公費によっているかなど，その一挙一動が詳

細に報じられ注目を集めてきた。

現職首相の靖国神社参拝は，統治のために被治者の宗教的意識を利用しようとした行為，すなわち宗教の政治的利用に当たるといえるのだろうか。そこには，国家と特定宗教のつながりが生じているだろうか。あるいは，実際上のつながりはなくともつながっているというメッセージを伝えることになるだろうか。国民の多数が，その行為に特に宗教的意味合いを感じなければ，憲法上の問題は生じないのだろうか。それとも，神道以外の宗教を信仰し，首相の行為を問題視する人たちに対する宗教的不寛容とみなされるべきなのだろうか。色々な立場から考えてみてほしいが，ひとつの考え方として，最後にジョン・スチュアート・ミル（John Stuart Mill, 1806-1873. 第10章「自由」参照）の『自由論』にある次の一節を紹介しておきたい。

> ### ミル『自由論』（1859年）第１章
> 「人間はほんとうに大事に思うものについては寛容になれないのが自然だから，信教の自由はじっさいには，ほとんどどこでも実現しなかった。……きわめて寛容な国でも，宗教家はほとんど全員，表面では寛容の義務を認めながら，内心では留保をつけている。……多数者の感情がいぜんとして純粋で激しいところでは，少数は多数に従うべしという要求はほとんど弱まることがないのである。」
>
> 斉藤悦則・訳『同』（光文社古典新訳文庫，2012年）26～27頁

Ⅱ●国家と宗教のさまざまなあり方

> **トマス・ジェファソン**
> **(Thomas Jefferson, 1743-1826)**
>
> 　1743年，ヴァージニアに生まれる。1776年，アメリカ独立宣言を起草。独立宣言採択後は故郷に戻り，地方議員を務めたのちヴァージニア邦知事（在1779-1781）となる。1785年から4年間，フランス駐在アメリカ大使を務め，帰国後は初代大統領ワシントンのもとで初代国務長官，また第2代大統領アダムズのもとで副大統領を歴任し，1801年，第3代大統領（在1801-1809）に就任する。晩年には，故郷で教育改革に携わり，1819年にヴァージニア大学初代学長に就任，同大学が開校した翌年に83歳の生涯を閉じる。ジェファソンの希望により，彼の墓碑銘には次の3つの業績が刻まれている。「アメリカ独立宣言の起草者，ヴァージニア信教自由法案の起草者，そしてヴァージニア大学の父」。

Q

◇　アメリカの歴代大統領は，大統領就任式において聖書に手をおいて宣誓を行ったり，またアメリカが厳しい状況に置かれた際には，聖書に出てくる言葉を用いて国民に語りかけたりしている（たとえば，南北戦争期のリンカーンの演説や，近年では9・11の同時爆破テロ後のブッシュ大統領の演説など）。社会学者ベラー（Robert Bellah）は，これを「市民宗教」――一人ひとりが異なる宗教宗派を信仰しつつもアメリカ国民として共有できる，普遍的で超越的な宗教的実体――という概念によって説明している。ベラーの著作（たとえば，ロバート・ベラーほか〔島薗進＝中村圭志・訳〕『心の習慣』〔みすず書房，1991年〕第9章）を端緒として，一体これがどういうもので，政教分

離原則とはどのような関係に立つのか調べてみてほしい。

参考文献

①種谷春洋『近代寛容思想と信教自由の成立』（成文堂，1986年）

　ロックの寛容論について，「寛容書簡」に先立つ「寛容論稿」と併せ詳細に考察するとともに，ヴァージニア権利宣言やヴァージニア信教自由法へのロック寛容論の影響について描出する。

②マーサ・ヌスバウム（河野哲也・監訳）『良心の自由』（慶応義塾大学出版会，2011年）

　法哲学者ヌスバウムが，宗教上の自由とその平等を保障するアメリカの伝統について，アメリカ建国期から現代にいたるまでの文書や判例を分析し，その伝統をリベラルの観点から擁護する。

③大石眞『憲法と宗教制度』（有斐閣，1996年）

　政教分離を採用するもう一つの主要国フランスのライシテについての考察のほか，わが国における国家と宗教の憲法問題が検討されている。

④ジュリスト臨時増刊「緊急特集 靖国神社公式参拝」（1985年）

　少々前のものになるが，内閣総理大臣の靖国神社公式参拝に関する詳細な資料や関係年表のほか，多方面の専門家の意見や論説が掲載されているため，検討の素材としてほしい。

第14章 表現の自由

●●●

　近年都市部において，排外主義的な主張を掲げる市民団体が，差別的な言辞を連呼するデモを展開して，社会問題になっている。それらの団体は，定住外国人の居住する地域において，「追放しろ」「差別しろ」「殺せ」などの言辞を発しながら行進しており（朝日新聞大阪本社版2013年4月6日朝刊31面），2015年には事態を憂慮した国会議員が，人種や民族等を理由とする「不当な差別的言動」の禁止を盛り込んだ，「人種差別撤廃施策推進法案」を国会に提出した（同法案の関連条文については，次頁参照）。

　一般に，人種・民族・国籍・宗教・性別・性的指向などの一定の属性を持つ集団に対する，憎悪・排斥・差別・侮辱などを内容とする表現のことを，「ヘイト・スピーチ（hate speech）」と呼ぶが，現代の立憲民主政諸国は，こうした表現に規制を加えるべきか長く苦悩してきた。というのも，それらの諸国では，差別の克服や少数者の保護は重要な課題とされているが，表現の自由もまた憲法上の重要な権利として保障されているからである。実際に，各国の対応は割れており，ヨーロッパではヘイト・スピーチに何らかの規制を設けている国も少なくないが，アメリカでは連邦最高裁判所がこうした規制を認めることに消極的である。日本に関していえば，2015年現在，ヘイト・スピーチを禁止する法律はない（上記法案は，2015年の国会では，最終的に継続審議とされた）。日本も締約国である人種差別撤廃条約は，4条において，人種差別の煽動などを法律で禁止するよう

に締約国に求めているが、日本は表現の自由とのかねあいから、同条項に留保を付してきた。

　読者の中には、表現の自由を重視する立場に対して、次のような疑問を抱く人も少なくないであろう——表現の自由が大切であるとしても、なぜヘイト・スピーチまで保護されなければならないのか、と。規制を導入すべきではないと考えた読者も、今一度立ち止まってこの疑問について考えてみてほしい。そして、この疑問に取り組むことは、表現の自由はそもそもなぜ保障されるのかという、原理的な問いに向き合うことでもある。本章では、表現の自由の歴史を遡りながら、いかなる考え方がこの自由を支えてきたのか、みていくことにしよう。そのうえで、そうした考え方に対して、ヘイト・スピーチをめぐる論争がいかなる問題を提起しているか、考えてみよう。

参考：人種等を理由とする差別の撤廃のための施策の推進に関する法律案
（定義）
第2条①　この法律において「人種等を理由とする差別」とは、次条の規定に違反する行為をいう。
②　この法律において「人種等」とは、人種、皮膚の色、世系又は民族的若しくは種族的出身をいう。
（人種等を理由とする差別の禁止等の基本原則）
第3条　何人も、次に掲げる行為その他人種等を理由とする不当な差別的行為により、他人の権利利益を侵害してはならない。
1　特定の者に対し、その者の人種等を理由とする不当な差別的取扱いをすること。
2　特定の者について、その者の人種等を理由とする侮辱、嫌がらせその他の不当な差別的言動をすること。
②　何人も、人種等の共通の属性を有する不特定の者について、それらの者に著しく不安若しくは迷惑を覚えさせる目的又はそれらの者に対する当該属性を理由とする不当な差別的取扱いをすることを助長し若しくは誘発する目的で、公然と、当該属性を理由とする不当な差別的言動をしてはならない。　　＊なお、本条には罰則はない（引用者注）。

●●●

ホームズ「エイブラムズ対合衆国事件反対意見」(1919年)

「意見の表明に対する迫害は、私には全くもって自然なことのように思われる。〔なぜなら、〕人というものは、自己の〔考えの〕前提や自己の権力に何らの疑いも抱くことなく、ある結果を心から望んでいる場合、必ずや自己の望みを法の形で表明し、あらゆる反対意見を一掃しようとするからである。……しかし、多くの相争う信条が時の流れの中で覆されてきたということに思いを致せば、人は、自己の行為のまさに基礎にあるものを信じる以上に、次のことを信じるに至るであろう――追い求めている究極的な善には、思想の自由な交換によってよりよく到達しうるということ、すなわち、真理か否かの最良のテストは、当該思想が〔言論〕市場の競争の中で受け入れられる力を有しているか否かであるということ、そして、真理こそが人の望みを安全に実現しうるただ一つの基盤であるということ、である。いずれにせよ、これがわれわれの憲法の理論である。人生というものが皆一つの実験であるように、これもまた一つの実験なのである。……その実験がわれわれのシステムの一部である限り、たとえわれわれが嫌悪している意見や死をはらんでいるように思われる意見であるとしても、その表明を抑制しようとすることには絶えず慎重でなければならない――もっとも、そうした意見が、適法かつ差し迫った法目的を直ちに阻害するおそれがあまりに切迫して存在するため、それらを直ちに抑制することが国を救うために必要である場合は除く。……時の流れに邪悪な主張の是正を委ねてしまうと、直ちに危険が発生するような緊急時に限り、『連邦議会は言論の自由を縮減する……法律を制定してはならない』という〔合衆国憲法修正1条の〕広範な命令に例外を設けることが許されるのである。」

見平・訳

第14章　表現の自由

Ⅰ●表現の自由をめぐる闘争

　現代の立憲民主政諸国の憲法は、いずれも表現の自由を、国家による抑圧から保護されるべき基本的な権利として保障している。特に、「地球上でどこよりも素直にものが言える社会」（アンソニー・ルイス『敵対する思想の自由』）といわれるアメリカ合衆国では、表現の自由は他の諸権利と比べて「優越的地位」にあるとされており、とりわけ手厚い保障に値すると考えられている。日本においても、憲法学界では、アメリカの影響を受けて同様の考え方がとられてきた。

　しかし、表現の自由が重視されるようになったのは、それほど昔のことではない。近代になって表現の自由が権利章典に記されるようになってからも、その現実の保障は限定されていたし、アメリカにおいて表現の自由が上記のような地位を占めるに至ったのも、20世紀半ばに入ってからのことである。

　それでは、表現の自由はいかにして現在の地位を占めるに至ったのであろうか。その歴史を振り返ると、それは、政治勢力間の力関係の変化と、表現に関する理論・思想の発展の双方が絡み合う形で展開してきたことがわかる。本節では、まず表現の自由に至る歴史を概観することとし、次節（Ⅱ）において表現の自由の展開を支えてきた理論・思想をみることにしよう。

1　近代以前

　支配層はいにしえより、自らに不都合な思想や情報が伝播して自らの支配が危うくなることを懸念して、そうした思想や情報の表明に対して、さまざまな抑圧を加えてきた。すでに紀元前5世紀のギ

リシアでは、出版の禁止や著者の処罰が行われていたという。また、紀元前3世紀には、秦の始皇帝が儒学書を焼き払うという、大規模な表現弾圧を行っている（焚書）。その後も各地で、支配層や多数派に不都合・不人気な政治的表現や宗教的表現、学問的表現などが、繰り返し弾圧の対象になってきた。

表現媒体として紙が広く利用されるようになり、さらに15世紀半ばに活版印刷技術が発明されると、思想や情報が伝達される範囲は一挙に拡大した。マルティン・ルター（Martin Luther, 1483-1546）の教会批判が直ちに印刷されてヨーロッパ各地に広がり、宗教改革、さらには宗教戦争・農民戦争にまでつながっていったことからも明らかなように、この新たな表現技術の登場が政治的・宗教的支配層に対して持つ意味は甚大であった。このため、支配層はこれに対処すべく、彼らに批判的な文書を煽動・誹謗・不敬であるとして厳しく処罰するとともに、そうした文書の流通を事前に阻止するため、出版の許可制度（検閲制度）を整備していった。

2　市民革命後

こうした状況に変化をもたらしたのが、近代市民革命である。革命では、当時の抑圧的統治体制の打倒が目指され、そうした体制を支えてきた表現統制も厳しく批判されるようになった。たとえば、17世紀のイギリス革命では、ジョン・ミルトン（John Milton, 1608-1674）が『アレオパジティカ――許可なくして出版する自由をイングランド議会に対して訴える演説』（1644年）を発表し、真理に到達するためには検閲のない自由な出版が保障されなければならないこと、誤った言論でさえも一定の意義を有することを説いて、検閲制度を批判した。言論・出版の自由が語られるようになり、その根拠が理論的に示されるようになったことの意義は大きい。

第14章　表現の自由

　もっとも，表現の自由をめぐる歩みは漸進的なものであった。というのも，表現の抑圧を批判した革命勢力も，自ら支配権力を掌中に収めるようになると，支配を維持するために表現統制をたやすく手放すことはできなかったからである。たとえば，イギリスでは検閲制度はいったん廃止されたもののすぐに復活した（ミルトンの前掲書は，これを批判したものである）。そして，17世紀末に最終的に検閲制度が廃止された後も，政府は文書煽動罪などの適用を通して，批判的言論を引き続き統制していった。言論の自由という概念は成立したものの，政府はその内容を，長く検閲の禁止という限定的な意味で捉えてきたのである。文書煽動罪による統制の緩和は，社会内の勢力変化がさらに進むまで待たなければならなかった。

　アメリカにおいても，植民地総督による言論抑圧の記憶から，独立後には合衆国憲法修正1条において表現の自由が規定されたが，新国家において党派対立が発生すると，煽動法が制定されて批判的言論の弾圧が発生した。政権交代後に煽動法は失効したものの，その後も表現の自由は為政者の間ではもっぱら検閲の禁止として限定的に捉えられる傾向にあった。そして，19世紀末から20世紀前期にかけて，労働運動のほか，反戦主義者・無政府主義者・社会主義者・共産主義者等の少数派による表現活動に対して繰り返し抑圧が加えられた。アメリカにおいて広範な表現の自由の保障が確立するのは，労働者や黒人を支持層とするため，彼らの表現活動（労働運動・公民権運動）に好意的なニュー・ディール政治連合が支配的政治勢力になるとともに，国民の間に第一次大戦期や冷戦期に上記少数派に弾圧を行ったことへの反省が広がり，さらに表現の自由に関する理論の発展もみられた，20世紀半ばになってからのことであった。

Ⅱ●表現の自由の保障根拠

　権利の生成・発展にあたっては，一般に，権利の主張を支えることのできる理論と政治的・社会的環境の双方が求められるが，表現の自由の歴史もその例外ではない。Ⅰでは表現の自由の展開とその政治的・社会的文脈について素描したが，本節では表現の自由の展開を支えた理論・思想についてみることにしよう。

1　真理への到達——「思想の自由市場」論

　表現の自由を支えてきた最も古典的な理論が，いわゆる「思想の自由市場」論である。それによると，真理というものは，言論市場の中で諸思想が自由に競い合っていく中で発見されるものであるから，そのような言論市場における思想の自由な競争を確保するために，表現の自由が保障されなければならないという。

　このような議論の源流として引き合いに出されるのが，検閲批判の書である，先に紹介したミルトンの『アレオパジティカ』である。ミルトンは，「真理と虚偽を組み打ちさせよ」と述べて，誤っていると思われるような書物であっても権力はその公表を妨げるべきではなく，開かれた言論空間で見解同士を闘わせるべきであると主張した。というのも，彼によれば，たとえ誤った見解が提示されても，自由な議論が行われれば，最終的には真理が勝利するはずであるからである（「自由にして公然と開かれた対決場で，真理が負けた例がありましょうか」）。くわえて，真理に到達するためには，誤った見解にも向き合うことが有益であるからである。「悪い書物は，思慮分別のある読者には，良いことが多く分かり，論破し，前もって警戒し，例証するのに役立ちます。……すべての考え，然り，誤っているも

のさえ知り，読み，対照することにより，最も真なるものにはやく到達できる……」(ミルトン〔原田純・訳〕『言論・出版の自由』〔岩波文庫，2008年〕27頁，73頁)。誤っているものも含めてさまざまな見解に向き合う中で，われわれの思想は磨かれ，真理によりはやく近付くことができるというのである。誤謬をあらかじめ排除するとして検閲することは，これを妨げるうえ，検閲者の偏見や先入見，恣意により，真理が誤謬として封じられてしまいかねない。それゆえ，われわれが真理に到達するためには，「自由な著述と自由な言論」が保障されなければならないという(ただし，ミルトンの「寛容」は，「絶対に不敬で邪悪なもの」とされたカトリック等には及ばず，限定的であった)。

このような言論の自由と真理への到達を結びつける論法を押し進めて，「思想の自由市場」論の形成に役割を果たしたとされるのが，本章冒頭において引用した，オリバー・ウェンデル・ホームズ・ジュニア・アメリカ連邦最高裁判所裁判官 (Oliver Wendell Holmes, Jr., 1841-1935) によるエイブラムズ対合衆国事件判決反対意見である。この事件では，ウィルソン大統領によるロシアへの出兵を批判し，ロシア革命を守るために軍需産業の労働者にゼネラル・ストライキを呼びかける文書を配布した者が，下級審によってスパイ防止法違反で有罪とされた。反戦主義や共産主義に対する，政府・世論からの風当たりの強い時期であり，連邦最高裁判所の多数意見は有罪を支持した。

しかし，ホームズは反対意見を執筆し，その最後の段落で，表現の自由に対する自らの基本的な認識を示した。それが，本章冒頭の引用部分である。そこでは，「思想の自由な交換」が「市場の競争」を通して行われる中で，われわれは最もよく真理に近づくことができると述べられている。そして，表現に対する国家の規制が許され

るのは，市場競争による淘汰を待っていては間に合わない，明白で切迫した危険が当該表現によって生じる場合に限られるという。このようなホームズの認識は，その後のアメリカの法学界に大きな影響を与えることとなり，今日では，このホームズ反対意見は，表現の自由に関する現代アメリカの基本的思考を表すものとして位置づけられている。

　ホームズ反対意見の一つの重要な前提は，人間はそもそも誤りを犯しうる存在であるとの認識である。「多くの相争う信条が時の流れの中で覆されてきた」と指摘されているように，現在正しいとされる支配的な思想であっても，明日には誤りとして支持を失っているかもしれないことは，歴史が教えるところである。われわれが誤りから逃れて真理に近づこうとするのであれば，絶えず異なる見解に向き合い，自己の見解，支配的な見解を不断に問い直していかなければならない。それゆえ，法規制を使って異なる見解を禁圧することは，こうした営みを妨げることであって許されない。異なる見解にはあくまで言論によって対峙すべきであり（これを一般に「対抗言論の原則」という），そうした競い合いの中でこそ，はじめてわれわれは真理に近づくことができるというのである。

　ホームズ反対意見のもう一つの重要な特徴は，市場のメタファーである。「思想の自由市場」論は，国家による介入を排した完全に自由な市場における競争こそが，国家や社会に最大の利益をもたらすとの当時の経済の自由市場論を，市場に見立てた言論空間に類推している。エイブラムズ事件が審理された1919年当時，アメリカ連邦最高裁判所は経済の自由市場論に依拠して，契約の自由をはじめとする経済的自由を，国家による介入から手厚く保障していた。それゆえ，経済の自由市場論とのアナロジーには，表現の自由を，経済的自由と同じくらい手厚い保障を受ける権利に引き上げようとい

う狙いがあったとみられる（阪口正二郎「合衆国表現の自由理論の現在」）。言論空間を市場に見立てることにより，国家介入を排しようとしたのである。

　もっとも，現代の経済の自由市場論は，当時とは異なり，自由で公正な経済市場を維持するためには，一定の国家介入の必要な場合があることを認めている。たとえば，経済的強者による市場の寡占化や，情報等における製造者と消費者の間の非対等な関係などは，自由で公正な競争を歪めるものとして，独占禁止法や消費者保護法等による規制の対象になっている。言論空間においても，マス・メディアによる空間の寡占化，少数の政治的・社会的・経済的権力の保持者による空間への特権的なアクセスなどがみられるが，現代のアメリカ連邦最高裁判所および憲法学界は，自由で公正な競争を確保するために国家が言論空間に介入することを承認することには消極的である。

2　自己統治

　民主政が打ち立てられた諸国においては，真理への到達という点とは別に，民主政の維持という点から，表現の自由を擁護する声も挙がるようになった。特にそうした声は，人民主権を世界に先駆けて確立したアメリカにおいて，いち早くみられた——もっとも，前記のように政治的環境が整わず，そうした主張が表現の自由の現実の保障に必ずしも十分な影響を及ぼすには至らなかったが。だが，繰り返し主張される中で，こうした立論は次第に力を持つようになった。

　それによると，民主政国家では国民は主権者として政治的意思決定に当たるが，適切な決定を下していくためには，幅広い情報や見解に接して熟慮し討議していくことが不可欠である。特に，政府の

活動を適切に評価して決定を下していくためには,政府に不都合な情報や批判的な見解にも触れることができなければならない。情報や見解の表明ないし受け取りが制限されている社会——国民が政治的意思決定に不可欠な素材を奪われている社会——では,国民の判断も不十分な偏ったものにならざるをえないし,そのような歪んだ判断を強いられている国民は,そもそも統治の主体,主権者ともいえないであろう。民主政のもとでは,政府に対する批判的な言論も含め,表現活動の自由が保障されなければならない,という。

たとえば,20世紀前期アメリカにおいて,表現の自由の主唱者として,民主政の観点からの表現の自由の擁護論に大きな影響を及ぼしたアレクサンダー・マイクルジョン(Alexander Meiklejohn, 1872-1964)は,主著『自由な言論とその自己統治との関係』において,次のように主張する。

マイクルジョン『自由な言論とその自己統治との関係』(1948年)

「問題に対して決定を下さなければならない市民が,その問題に関係する情報,意見,疑問,疑念,批判について知る機会を否定されたら,その分だけ,下される結論も公益にとって無分別でバランスのよくないものになるであろう。コミュニティの思考過程におけるそのような損傷こそ,〔表現の自由を定めた〕修正1条が禁止しようとするものである。表現の自由の原理は,自己統治を実施する上での必要性から生じているのである。それは,抽象的な自然法や理性法なのではなく,公共的な問題は国民の政治参加によって決定されるべきであるという,アメリカの基本的合意からの論理的帰結である。」

見平・訳。原書26〜27頁。

このような見方に従えば,民主政は表現の自由があってこそ成立しうるものであり,その意味で,表現の自由は特別な意義を有する

といえる。そのため，こうした見方は，表現の自由にはとりわけ手厚い保障が及ぶべきであるとの主張（表現の自由は優越的地位にあるとの主張）に結びつきやすい。実際に，ホームズ反対意見と同じ時期に，別の論者（ヘンリー・ショーフィールド）は，経済的自由が私益に関わる一方で，政治的表現の自由は上記の意味で公益に関わるものであるから，政治的表現の自由は経済的自由よりも手厚く保障されるべきであるとの主張を展開した（阪口正二郎「第一次大戦前の合衆国における表現の自由と憲法学」）。マイクルジョン自身，政治的表現の自由は「絶対的」な保障を受けると主張している。ただ，他方で，表現の自由の根拠をこのように民主政の維持に求めると，これに関わらない非政治的表現（たとえば，政治的含意を伴わない文学作品や芸術作品）にも表現の自由の保障が及ぶのかどうかが問題になる。

3　個人の自己実現・自律

ここまでに見た議論は，いずれも表現の自由が保障されるべき理由を，その社会的意義——真理の発見や自己統治に資するという点——に見出すものであった。これに対し，表現の自由が個人の自律や自己実現に対してもつ意義から，表現の自由を擁護する見解も示されるようになった。それによると，個人が自己の潜在能力を開花させ，人格を発展させていくためには，多様な情報や見解に触れるとともに，その中で思考し形成した自己の考えを自由に表明して他者とコミュニケーションを図ることができなければならない。また，そもそも国家が特定の思想や見解を誤っているとして，その表明を禁じることは，当該表現の受け手がその内容の是非について自律的な判断を行う能力を否定することにほかならないから，その意味でも，個人の自律性に対する尊重は表現の自由を帰結する，とされる。

表現の自由について包括的な考察を加えた書としてわが国においても著名なトーマス・I・エマーソン（Thomas I. Emerson, 1907-1991）『修正第1条の一般理論に向けて』も，表現の自由の意義として，まずもって個人の自己実現を挙げている。

エマーソン『修正第1条の一般理論に向けて』（1966年）

「表現の自由の権利は，何よりもまず，純粋に個人としての立場における個人の権利として正当化される。それは，人間固有の目的は彼の人格および人間としての可能性を実現することである，という一般に承認された西欧思想の前提から出てくる。」

「すべての人は——彼自身の人格の発達において——彼自身の信念や意見を形づくる権利を有しているということになる。そしてまた，彼はそれらの信念や意見を述べる権利を有しているということにもなる。そうでなければ，〔信念や意見をもっても〕ほとんど意味がない。なぜなら，表現は，思想の発達や知的探求や自己確認の不可欠な部分であるからである。人間としての彼の可能性を実現する力は，この点に始まるのであり，人間の全本性が妨げられるべきでないとするならば，それ〔可能性を実現する力〕は少なくともこの点までは及ばなければならない。それゆえ，信念や意見や表現の抑圧は，人間の尊厳に対する侮辱であり，人間の本質的な性質の否定である。」

小林直樹＝横田耕一・訳『表現の自由』（東京大学出版会，1972年）2～3頁

このような見方においては，政治に関わらない表現——たとえば，文学的・芸術的表現——についても，その自由は保障されなければならない，とされる。ただ，個人の自己実現や自律にとって重要な意義を有するのは，表現の自由に限られるわけではない。経済的自由の典型とされる職業の自由も，個人の自己実現や自律にとって大

きな意味を有しているといえよう。個人の自己実現や自律という点から、ただちに表現の自由の「優越的地位」が導かれるわけではない。

4　表現の自由の脆さ

Ⅰでは表現の自由の歴史を簡単に振り返ったが、それをみると、表現の自由がきわめて脆いものであることが明らかになる。すなわち、政府の支配層は権力の維持を欲して自己に批判的な言論を、多数派は自己にとって不快な言論を、法規制を使って禁圧する誘惑に駆られやすい。また、表現に対する規制が存在すると、人びとは制裁をおそれて、必要以上に表現を自制する傾向にある（これを「萎縮効果」という）。このため、アメリカでは、第一次大戦期や冷戦期のような共産主義者・社会主義者・反戦主義者などへの弾圧の時代と、興奮状態が冷めた後のそれに対する反省とが繰り返され、歴史的経験として蓄積されていく中で、表現に対する規制は容易には認められるべきではなく、表現の自由はとりわけ手厚く保護されなければならないという認識が生じた。今日のアメリカにおいて、表現の自由に対する手厚い保障が主張される背景には、表現の自由に特別な意義や価値があるという認識のみならず、歴史的経験をふまえ、表現の自由がこわれやすいものであるという認識がある。

Ⅲ●ヘイト・スピーチの規制

表現の自由を支える考え方をみてきたところで、次に、本章の導入部分で触れたヘイト・スピーチの問題を考えることにしよう。

Ⅱで扱った諸理論によれば、表現の自由は最大限に尊重されなければならず、言論には言論で対抗するのが原則とされる。しかし、

その一方で,人間の根源的平等という価値を重視する現代立憲主義において,差別のない社会を実現することも重要な課題である。このため,現代の立憲主義諸国は,ヘイト・スピーチ規制の導入をめぐって苦悩しており,国によって対応も分かれてきた。以下では,ヘイト・スピーチに対する規制の積極論と消極論を,順にみていくことにしよう。

1　ヘイト・スピーチ規制の積極論

　ヘイト・スピーチ規制の積極論は,主として以下の諸点を,その理由に挙げる。第一に,ヘイト・スピーチは,その標的とされた集団の構成員（犠牲者）に深刻な精神的・身体的害悪をもたらすという点である。たとえば,人種差別的ヘイト・スピーチは,犠牲者の自尊感情や安心感に壊滅的な影響を与え,「屈辱,孤独,そして自己嫌悪の感情」をもたらす（マリ・J・マツダほか『傷つける言葉』）。それは,「顔面に平手打ち」を食らわせるようなものであり,犠牲者は「深い恐怖,頻脈,呼吸困難,悪夢,心的外傷後ストレス障害,過度の緊張,精神疾患,自殺」等のさまざまな精神的・身体的被害を受けることが指摘されている（前掲書）。

　第二に,ヘイト・スピーチは,既存の差別構造を強化・再生産するという点である。ヘイト・スピーチは多数者集団に対する不信を犠牲者の間で生み,その結果,多数者集団の構成員の側も犠牲者との間に距離を感じるようになる。こうしてヘイト・スピーチは,両者間の社会的関係の構築を阻害する。さらに,心理学の知見によれば,ヘイト・スピーチは繰り返し発せられることによって,そのようなスピーチを拒否している人びとの知覚や対人関係にも影響を及ぼすという（前掲書）。こうしてヘイト・スピーチは,多数者集団と標的とされた少数者集団の間に存在する抑圧的な力関係,社会の差

別的構造を，強化・再生産する機能を果たすことになる。

　第三に，ヘイト・スピーチの領域においては，通常の対抗言論の原則や思想の自由市場の考え方が機能しないとされる。規制積極論によると，ヘイト・スピーチは，前記のように犠牲者に精神的・身体的被害を与えるため，犠牲者が公的空間に出て反論するのを阻害する。また，反論するとさらなるヘイト・スピーチや差別的暴力にさらされるおそれがあることも，犠牲者を沈黙に追い込む。このように，ヘイト・スピーチには犠牲者の口を噤ませ，対抗言論を不可能にする効果がある（沈黙効果）。さらに，差別的な社会構造のもとでは，標的とされた集団の構成員に対して歪んだ理解が構築されており，彼らの言説の価値や権威が切り下げられているため，仮に反論しても，彼らの言説は多数者集団の構成員の言説のように真剣に受け止められにくい。そして，このような思想の自由市場の歪みを，ヘイト・スピーチは前記のように，さらに強化・再生産する。

　第四に，ヘイト・スピーチは表現の自由を支える諸価値に寄与しないとされる。前記のように，ヘイト・スピーチは，その沈黙効果や犠牲者の言論の価値の切り下げによって，対抗言論の原則や思想の自由市場を機能不全に陥れ，その結果，真理への到達や民主的討議を妨げる。また，ヘイト・スピーチが表現者の自己成長・自己実現を促すとは考えにくいし，仮にこの点を措くとしても，ヘイト・スピーチは犠牲者の自律や自己実現を前記のように侵害する。

　以上のように，規制積極論は，ヘイト・スピーチはさまざまな害悪をもたらす一方で，そのマイナスを埋め合わせるようなプラスの価値がなく，通常の対抗言論の原則も妥当しないことを指摘する。そして，特に犠牲者に対する精神的・身体的害悪は，ヘイト・スピーチ規制を正当化しうる強力な事由になると主張する。

　また，規制積極論は，上記第三の点に照らして，ヘイト・スピー

チ規制は表現の抑圧ではなく，むしろ思想の自由市場の歪みを矯正し，犠牲者の表現の自由を確保するためのものであると主張する。経済市場における歪みを矯正するために，国家の規制が求められるのと同様に，言論市場における歪みを矯正するために，国家の規制が必要であるとされるのである。これまで表現の自由は，国家による規制を排除するという「国家からの自由」として捉えられてきたが，ここでは，差別されている人びとの表現の自由や公平な言論市場を国家による規制によって実現しようという「国家による自由」の考え方がみられる。その意味で，規制積極論は，これまでの表現の自由の考え方に再考と転換を迫るものといえよう。

2　ヘイト・スピーチ規制の消極論

これに対して，ヘイト・スピーチ規制の消極論は，主として以下の諸点をその理由に挙げる。第一に，政府が規制を濫用するおそれが存在する点である。一般に表現の自由の保障は価値のない言論にも及ぶとされるが，それは，そうした言論に対して規制が認められると，その規制が政府によって濫用され，本来保護されるべき表現まで取締りを受けるおそれがあるからである。特に，支配集団が法執行機関を担っていることから，ヘイト・スピーチ規制がマイノリティの言論を抑圧するために用いられる危険性も存在しており，規制はマイノリティにとって諸刃の剣であるとされる。

第二に，規制が市民に広範な萎縮効果を及ぼすおそれがある点である。特に，何がヘイト・スピーチに当たるかを事前に明確に定義することが難しく，規制されるヘイト・スピーチと保護されるべき政治的表現との区別が曖昧になりやすいため，政府による規制の濫用の危険性が大きいのみならず，市民が必要以上に表現を控えるおそれがあるとされる。

第三に、ヘイト・スピーチの領域においても、対抗言論や思想の自由市場は機能しうるとされる。それによると、ヘイト・スピーチの沈黙効果により、犠牲者が反論できない場合でも、多数者集団の中からヘイト・スピーチを批判する言論が現れると考えられる。多数者集団も一様ではなく、皆が差別主義者であるとは限らないため、ヘイト・スピーチに対しては、多数者集団の構成員による対抗言論も期待できる。そして、実際に、ヘイト・スピーチ規制を支持する声が少数者集団・多数者集団に跨る形で存在しており、規制導入の是非が議論されていることは、対抗言論や思想の自由市場、民主的討議が機能していることを例証している、とされる。

第四に、ヘイト・スピーチは表現の自由を支える諸価値にまったく寄与しないとはいえない、とされる。たとえば、ヘイト・スピーチは社会の中に差別思想が存在していること、差別主義者が活動していることを明らかにするが、これは、差別の原因やとるべき政策を議論することを促すという点で、民主的討議に（消極的に）寄与しているとみることも可能である。

第五に、差別の克服や平等の実現のためにとりうる手段は、ヘイト・スピーチ規制以外にも存在していることが指摘される。これらの目的のためには、不平等取扱いの規制や教育等の方法が存在することから、第一・第二のような問題を伴う表現規制は行われるべきではない、とされる。特に、差別の克服という点からみれば、ヘイト・スピーチ規制によって社会に存在する差別思想が隠蔽されてしまうことの方が問題であるとされる。

3 まとめ

以上のように、ヘイト・スピーチ規制をめぐっては積極論と消極論が対立しているが、現在の憲法学では、この問題を考えるにあた

り，特に次の点に留意すべきことが指摘されている。一つは，表現の自由や差別をめぐる日本の現状を精確に認識する必要があるという点である。積極論と消極論の対立の背景には，この点に関する認識の相違も影響を与えている。ヘイト・スピーチ規制の導入の是非を議論するにあたっては，日本における差別の実態，ヘイト・スピーチの被害状況，表現規制の運用実態を把握するとともに，ヘイト・スピーチ規制の効果等について日本の文脈に照らしながら考えることが必要であろう。

　もう一つは，この問題が表現の自由に関する原理的な問いを提起しているという点である。規制の積極論・消極論の議論が示すように，この問題は表現の自由が保障される根拠を私たちに鋭く問うものである。また，それは表現の自由の保障について，あくまで「国家からの自由」として捉えるか，それとも「国家による自由」という局面も認めるかという問いを投げかけるものである。読者も，この問題を通して，表現の自由の保障のあり方について，ぜひ考えてみてほしい。

Q

◇ 表現に対する規制は，歴史的にいかなる機能を果たしてきたのだろうか。

◇ 表現の自由は，なぜ保障されるのだろうか。特に，表現の自由は，憲法上の諸権利の中でも「優越的地位」にあるといわれるが，それはなぜだろうか。

◇ 表現の自由の保障は，いかなる表現にも及ぶのだろうか。また，表現の内容によって，保障の強度は変わりうるのだろうか。

◇ 言論市場と経済市場とでは，違いがあるだろうか。特に，おのお

第14章　表現の自由

の国家による介入が必要な場合があるかどうか，あるとすればいかなる場合か，考えてみよう。
◇　日本においてヘイト・スピーチに対する規制を導入することの是非について考えてみよう。

参考文献

①大石眞＝石川健治・編『憲法の争点』（有斐閣，2008年）

「50．表現の自由の保障根拠」〔浜田純一執筆〕，「56．差別的表現」〔木下智史執筆〕が，本章のテーマについて，より専門的な観点から解説を加えている。

②内野正幸「時の問題　ヘイトスピーチ」法学教室403号（2014年）60頁

ヘイト・スピーチ規制について早くから憲法学的考察を行ってきた著者が，この問題をわかりやすく解説している。同じ著者による，『差別的表現』（有斐閣，1990年）も参照。

③アンソニー・ルイス（池田年穂＝籾岡宏成・訳）『敵対する思想の自由——アメリカ最高裁判事と修正第1条の物語』（慶應義塾大学出版会，2012年）

アメリカの表現の自由の歴史的展開を活写した書。ヘイト・スピーチに対するアメリカの対応についても，詳述している。

④エリック・バレント（比較言論法研究会・訳）『言論の自由』（雄松堂出版，2010年）

表現の自由に関するさまざまなテーマについて包括的な考察を行った専門書。ヘイト・スピーチも含めた，表現の自由に関わる主要各国の対応についても比較検討している。

第15章　結社の自由

● ● ●

　われわれにとって，結社という行為はいかなる意味を持っているだろうか。一つには，丸山眞男（1914-1996）が「個人が各種の複数的な集団に同時に属し，したがって個人の忠誠が多様に分割されているような社会」（丸山眞男『忠誠と反逆』〔ちくま学芸文庫，1998年〕97頁）における複合的なアイデンティティのあり方に関心を寄せたように，団体に属することは個々人のアイデンティティの形成に少なからぬ関わりをもっている。自己を形成するうえで，その属する団体から何らかの影響を受けていると感じたことはないだろうか。

　また一つには，福沢諭吉（1835-1901）が「日本の人は仲間を結て事を行ふに当り，其人々持前の智力に比して不似合なる拙を尽す者なり」（『文明論之概略』〔岩波文庫，1962年〕100頁）といったように，連携して事をなせば，一人の力ではなしえなかった事柄をも実現することが可能になる。その例としてしばしば挙げられるのが，政治参加である。制度化された政治への国民の参加は，結社の力を借りて行われることが少なくない。たとえば，アメリカでは，利益団体や圧力団体が団体の要求を集約し，それを議員に伝えることで自分たちの要求を政治過程にのせ実現させるなどしている。全米ライフル協会（NRA）による銃規制強化法案阻止のためのロビー活動や，アメリカ最大の人権擁護団体であるアメリカ自由人権協会（ACLU）の活動などがその例である。同国における民主主義の進展は，社会に存在するこのような団体のはたらきによって支えられてきたと

第15章　結社の自由

いっても過言ではない。

わが国では，憲法21条1項において言論，出版および集会と並び，法律の留保のない結社の自由が保障されている。これには，結社する自由と結社しない自由，結社を脱退する自由さらには結成された団体自体の活動の自由が含まれている。はたして民主主義国家において，団体とはいかなる役割を果たし，その自由を保障することにはどのような意義があるのか。歴史を紐解きつつ考えてみたい。

なお，同時に第6章「政党」の章もご参照いただきたい。

● ● ●

ハミルトン，ジェイ，マディソン『ザ・フェデラリスト』（1788年）
第10篇

①「およそ人間の理性が誤りうるものであり，人間がその理性を自由に行使しうるものである限り，相異なった意見が生ずるのは当然であろう。人間の理性とその自愛心との間につながりがある限り，その意見と感情とは互いに影響し合う。意見には感情がつきまといやすいものである。人間の才能が多種多様なものであるところから財産権が生じるのであるが，それと同様，人間の才能が多様であることにこそまた人間の利害関係が同一たりえない基本的な原因がある。そして，こうした人間の多様な才能を保護することこそ，何よりも政府の目的なのである。財産を獲得する多種多様な才能のどれをも等しく保護する結果，その程度と種類とを異にするさまざまの財産の所有がただちに生ずる。これらの事情が個々の財産所有者の感情や見解に影響を及ぼすのであるが，その結果として，社会はさまざまの利益群と党派とに分裂することになる。」

斎藤眞＝中野勝郎・訳『同』（岩波文庫，1999年）54〜55頁

②「人民による政治の下で多数者が一つの派閥を構成するときには，派閥が，公共の善と他の市民の権利のいずれをも，自己の支配的な

感情や利益の犠牲とすることが可能になる。それゆえに、人民による政治の精神と形体とを保持しつつ、このような派閥の危険性から公共の善と私的な権利との安全をはかることが、われわれの探究すべき重要な課題となる。

……

　共和政国家という言葉で、私は代表という制度をもつ統治構造をさしているのであるが、このような共和国こそ一つの新しい展望を開き、われわれが探し求めていた匡正策を約束するものなのである。

……

　〔直接〕民主政国家と共和政国家との間の二大相違点は、第一に、共和政国家においては一般市民によって選出された少数の市民の手に政治が委ねられることであり、第二に、共和政国家がより多数の市民と、より広大な領域とを包含しうることである。」

斎藤＝中野・訳59〜61頁

Ⅰ●個人・団体・国家

1　アメリカにおける結社の自由の伝統

　人は、文化や芸術、学問、職業、宗教そして政治などさまざまな分野において、同じ主義主張や信念、利害を有する者同士で共通の目的を追求して他者と集う。こうした団体への所属は、すべてが自発的行為の結果であるとは限らない。自ら選びとって取り結ぶ関係もあれば、自らの意思とは関わりなく不可避的に組み込まれる関係もある。一定の職業を選択した結果、特定の団体への加入を義務づけられるという場合もある（たとえば、わが国では弁護士という職業を選択すれば弁護士会への加入を強制される〔弁護士法8条・9条等〕）。

　いずれにせよ、このように人が連携して事をなそうとすることは、冒頭に掲げた①の中で語られるように、人間の本性に由来し不可避

第15章　結社の自由

なこととされている。このことは、アレクシ・ド・トクヴィル（Alexis de Tocqueville, 1805-1859）の次の一節からも読みとることができる。

> **トクヴィル『アメリカのデモクラシー（第1巻）』（1835年）第2部第4章**
> 「単独で行動する自由に次いで人間にもっとも自然な自由は、仲間と力を合わせ共同で行動する自由である。だから私には、結社の自由は個人の自由とほとんど同じように、人間の本性から奪いえないように思われる。立法者がこの自由の破壊を望むとすれば、社会そのものを攻撃することにならざるをえまい。」
>
> 松本礼二・訳『同第1巻（下）』（岩波文庫, 2005年）45～46頁

1830年代のアメリカを見聞し、同国における民主主義の成立過程とそれを支える政治制度や社会を分析したトクヴィルは、アメリカ社会で特筆すべき事象の一つとして、結社という行為に注目した。当時のアメリカでは、人びとは自発的にさまざまな結社を結成し、さまざまな目的のためそれを利用していた。トクヴィルはそのことの意義について、貴族や諸侯など特権身分を擁する旧体制（アンシャン・レジーム）とアメリカのような新しい民主主義国家とを比較しつつ以下のように説き起こしている。

> 「貴族制の国民では、二次的な団体が権力の濫用を抑制する自然の結社を形成している。このような結社が存在しない国で、もし私人がこれに似た何かを人為的、一時的につくりえないとすれば、もはやいかなる種類の暴政に対しても防波堤は見当らず、大国の人民も一握りの叛徒、一人の人間によってやすやすと制圧されるであろう。」
>
> 松本・訳44頁

すなわち、旧体制下では君主と市民の間に貴族階級が存在し、彼

らが中間的存在として，君主に対抗する役割を担っていた。換言すれば，貴族や諸侯は君主を牽制するいわば緩衝材であった。ところが，アメリカはこうした存在をもたないため，同国では市民が公権力と直接に対峙する。トクヴィルは，この公権力と直接に対峙する市民を，たとえ政策に不満を抱こうとも一人ではその意見を表に出すこともできない，非常に無力な存在として捉えている。その上で，トクヴィルは，貴族や諸侯に代わる緩衝材を生みだすものとして，アメリカ人がたえず行う「結社」という行為に着目する。団体をつくり，他者とつながることを通じて，「自由に援け合う術」が学ばれ，もって公権力に対する不満を結集することができると考えたためである。

　さらに，トクヴィルは，「生きる上で必要不可欠でありふれた物事でさえ，人が単独でつくりだすのはますます難しくなる」なか，国家ではなく社会の中の団体が，それらを遂行する役割を果たすことを期待する。トクヴィルは，人間精神の発展はすべて人びとの「相互の働きかけ」によってのみ起こるという理解のもと，もし「政府がいたるところで結社に取って代わるとすれば，民主的人民の精神と知性も……危険にさらされるであろう」と警告を発している（松本・訳『同第 2 巻(上)』〔岩波文庫，2008年〕192頁）。

2　多数派の専制

　人間本性に由来し，かつ民主主義国家において不可欠なものとされる結社であったが，他方で，それは一定の「病弊」を孕むものとも指摘されてきた。その「病弊」とは，多数派を構成する団体が，少数派または個人の自由を抑圧するという問題であった（第 4 章「民主政」も参照）。本章冒頭に掲げた②のように論じるジェイムズ・マディソン（James Madison, 1751-1836）は，「強大な党派が容易に

結合して，脆弱な党派を圧倒しうるような政治形体の下にある社会で，弱いものが強いものの暴力に対してその身も安全でないような自然状態におけると同様に，むしろ無政府状態が支配しているといったほうが真実に近い」と表現している（斎藤＝中野・訳『ザ・フェデラリスト』第51篇243頁）。個人に対する抑圧は，唯一国家のみがなしうるわけではなく，社会で多数を占める団体もまた，公共善や個人の権利を脅かす存在として立ち現れうるというのである。

ただしマディソンは，かかる「病弊」を理由に結社する自由自体を否定することは「病弊」そのものよりも悪いと断じ，民主政治にとって不可欠なその自由を維持したうえで，その「病弊」を是正しようと考える。そこで考案されたのが，領域の拡大（連邦の形成）とそこにおける間接民主制の実施である。すなわち，領域を拡大すればそこに含まれる人口は増加し，党派や利益群は多様になる。小さな共和国（州）においては，多数派が容易に結託して少数派や個人の権利を侵害しうるのに対して，大きな共和国（連邦）では，利害が分散され人びとの結束が困難になる。仮に，そこで多数派が形成されたとしても，その権威は少なくとも小さな共和国におけるそれよりは弱くなるであろう。こうした理由から，マディソンは結社の自由を認めたうえで，結社することから生じるいわゆる多数派の専制は，適切な政治制度の構築によって防ぎうると考えたのである。

3 フランスにみる中間団体否認論

以上のようなアメリカ建国期の結社観に対して，市民革命期のフランスにはこれと対照的な結社観をみることができる。個人の自由を革命の理念として掲げる当時のフランスでは，国家と個人の間にある中間団体（教会やギルドなど封建的中間団体）は敵視される傾向にあった。そうした傾向を象徴するのが，1791年のル・シャプリエ

反結社法である。その1条で,「同じ身分・職業の市民たちのすべての種類の同業組合の廃止は,フランス憲法の根本的基礎の一つである」(「ル・シャプリエの報告」河野健二・編『資料 フランス革命』〔岩波書店,1989年〕256頁) と謳うこの法の真髄は,制定者であるル・シャプリエ (Isaac Le Chapelier, 1754-1795) の次の言葉に要約されている。「もはや,国家のなかに同業組合は存在しないのである。各人の個人的な利益と一般的な利益の外にはもはや何もない。市民に中間的利益を教え込んで,同業組合の精神によって市民を公の事物から分かつことは誰にも許されない」(河野・編258頁)。

中間団体否認論として用いられるこの引用部については,ジャン=ジャック・ルソー (Jean-Jacques Rousseau, 1712-1778. 第4章「民主政」参照) の影響が指摘されている。ルソーは,1762年の『社会契約論』において「一般意志が十分に表明されるためには,国家のうちに部分的社会が存在」(桑原=前川・訳〔後掲〕48頁) しないことこそ,肝要であると主張していた。ここで「一般意志」とは「つねに正しく,つねに公けの利益を目ざす」(桑原=前川・訳〔後掲〕46頁),不可分一体な共同体の意志を指す。これに対して,団体の各々の意志は団体の「特殊意志」と呼ばれ,この「特殊意志」をすべて合わせてもそれは「全体意志」にすぎず,共通の利益のみを目ざす「一般意志」とは明確に区別される。ここから,国家のうちに「部分的社会」をつくりあげる団体は,不可分一体な市民の総意(「一般意志」)の形成を妨げ,共同体の統一性を破壊するものとして位置づけられることになる(第4章「民主政」Ⅱ参照)。ルソーはこのことを以下のように述べている。

ルソー『社会契約論』(1762年) 第2篇第3章

「〔徒党,部分的団体の〕各々の意志は,その成員に関しては一般的で,国家に関しては特殊的なものになる。その場合には,もはや

人々と同じ数だけの投票者があるのではなくて、団体と同じ数だけの投票者があるにすぎないといえよう。……これらの団体の一つが、きわめて大きくなって、他のすべての団体を圧倒するようになると、その結果は、もはやさまざまのわずかな相違の総和ではなく、たった一つだけの相違があることになる。そうなれば、もはや一般意志は存在せず、また、優勢を占める意見は、特殊的な意見であるにすぎない。」

桑原武夫＝前川貞次郎・訳『同』（岩波文庫、1954年）47～48頁。中山元・訳『社会契約論／ジュネーヴ草稿』（光文社古典新訳文庫、2008年）65～66頁も参照。

II●結社観から説き起こす二つの近代国家モデル

このようにアメリカとフランス両国には、歴史上、対照的な結社の自由観が存在した時期があるのであるが、その対照的な捉え方から、近代の二つの代表的な国家モデルを説き起こそうとしたのが、樋口陽一（1934-）である。樋口は、フランスとアメリカを〈ルソー＝一般意思／トクヴィル＝多元主義モデル〉として対置し、前者を反結社的個人主義、後者を親結社的個人主義と特徴づける。このうち、樋口自身は、わが国における個人と団体、国家のあり様を考察するうえで、前者のフランス・モデルをこそ、示唆に富むモデルとして捉えている。身分制に基づく結合を解体することによって自由な個人を析出し、個人と国家の二極構造を作り出すところに、このモデルの要諦があるのであるが、権力を国家に一極集中させ、一般意思という概念を用いて国民を抽象的かつ均質的に捉える側面をもつモデルであることから、批判を受けることも少なくない。しかし、それでも樋口は「個人の解放をいったんつらぬくため」には、「諸個人の結社する自由すらもが意識的に否定された歴史的段階が

Ⅱ●結社観から説き起こす二つの近代国家モデル

あったのだ,という認識の重要性にセンシティヴ」(樋口陽一『近代国民国家の憲法構造』〔東京大学出版会,1994年〕184頁)であるべきであると主張する。すなわち,「かつての『家』,いまの企業社会のあり方……そういったものが個人の解放をがんじがらめに抑止している日本の現状」(樋口184頁)のもとでは,まずは団体の否定を通じて個人を析出し――「結社の自由」ではなく「結社からの自由」――一人ひとりの市民が社会の基本軸であるべきことを再確認することが不可欠であると説くのである。樋口は,そうしたプロセスこそ「解放された諸個人の間で自由にとりむすばれるはずの任意的・自発的結社を,『公共』の担い手としてつくり出すのに役立つことになる」と訴えている(樋口183頁)。

これに対して,そのような団体(のしがらみ)からの個人の解放というプロセスを強調せず,日本の社会に適合する結社の自由観をアメリカ的な多元主義のモデルから捉えようとする見方もある。この憲法観は,政治を「多元的な集団の交渉と取引のフォーラム」(松井茂記)として捉えるところに特徴がある。すなわち,市民は「集団」を形成し,「それぞれみずから公益と考える利益を実現するため政治に参加する」。そこには,主張されている利益が本当の公益か否かを測る客観的な基準は存在しない(松井茂記『日本国憲法〔第3版〕』〔有斐閣,2007年〕39頁)。ましてや,ルソーのいう一般意志のような唯一無二の公共善も存在しない。実際,われわれは結社することを通じて,純粋に公益を追求する場合もあれば,同時に自己利益を求める場合もあるであろう。こうした憲法観のもとでは,団体自体が政治過程を構成する不可欠のピースとなるため,国家はその責務として,市民が互いに連帯して政治参加したいと望むときに必要な結社を作りうるよう,団体の形成と活動に配慮することが求められることになる。

Ⅲ● 現代市民社会における団体

トクヴィルは、先にみた著作の中で自発的な団体結成の意欲と結社することにより生じる「相互性」とを評価し、市民生活に果たしている団体の役割に関心を寄せていたが、同様の議論は、今日の公共性の理論の中にも見出すことができる。たとえば、ユルゲン・ハーバーマス（Jürgen Habermas, 1929-）は、自由な意思に基づく結社を「公共性」の担い手として位置づけ、その具体的事例として「教会、文化的なサークル、学術団体……、独立したメディア、スポーツ団体、レクリエーション団体、弁論クラブ、市民フォーラム、市民運動……、さらには同業組合、政党、労働組合」（章末参考文献② xxxviii頁）などを挙げている。このような非国家的・非経済的な結合関係を、ハーバーマスは「市民社会」の制度的な核心をなすものとみなし、これら自発的結社による批判的な討議の過程そのものを積極的に評価している。

しかしその一方で、当のアメリカにおいて、団体の弱体化が指摘されるようにもなっている。アメリカにおけるコミュニティの崩壊について論じた『孤独なボウリング』（2000年）の中で、著者であるロバート・パットナム（Robert D. Putnam, 1941-）は、自発的な団体結成意欲とその活動力が、60年代をピークにして陰り始めたことを指摘している。政治参加、市民参加、宗教参加、職場でのつながりなど、社会における市民のさまざまな自発的な活動が衰退し、個人と個人のつながり、個人と市民社会のつながりが希薄化しているというのである。

ここでコミュニティの崩壊は、単なる団体結成意欲の喪失にとどまらない「社会的ネットワーク、およびそこから生じる互酬性と信頼

性の規範」の喪失として捉えられている。パットナムは,「互酬的な社会関係の密なネットワークに埋め込まれているとき」にこそ,「市民的美徳が最も強力な力を発揮する」(パットナム〔柴内康文・訳〕『孤独なボウリング――米国コミュニティの崩壊と再生』〔柏書房,2006年〕14頁) という理解のもと,アメリカにおける市民の社会参画への意欲の低下や,団体の求心力・社会的ネットワークの衰退の原因を探り,それらを再生していくための処方箋を提示しようと試みている。

この書がわが国でも関心をもって読まれたことは,そうした状況が決して単なる対岸の出来事にすぎないわけではないことを物語っていよう。市民社会における団体の意義の変化は,結社の自由観に新たな変化をもたらすのであろうか。

ジェイムズ・マディソン
(James Madison, 1751-1836)

1751年,ヴァージニアに生まれる。1786年,ヴァージニア邦議員としてヴァージニア信教自由法の成立に関わり,1787年,憲法制定会議において憲法起草に主要な役割を果たす。憲法草案批准のため,ハミルトン,ジェイとともにニューヨークの新聞に連載した憲法草案擁護の論説は,のちに『ザ・フェデラリスト』(1788年) と題する一冊の本にまとめられ,合衆国憲政史上重要な古典の一つとなっている。また1789年,第1回連邦議会では修正10か条,いわゆる権利章典の成立に尽力し,合衆国憲法成立にいたるまでのその功績から,「合衆国憲法の父」と称されている。1789年から1797年までヴァージニア州選出の連邦下院議員,1801年から1809年まで第3代大統領トマス・ジェファソンのもと国務長官を務めた後,1809年,第4代大統領 (在1809-1817) に就任している。

第15章 結社の自由

Q

◇ 中間団体否認論のような考え方があったことを念頭に,「結社からの自由」の意味とその意義について考えてみよう。

◇ 本文で紹介した樋口の結社の自由観は,ムラ社会的な日本の社会の特質をふまえたものとされている。しかし,現在の日本の社会に当てはまるのは,そうしたいわゆる消極的な結社観ばかりだろうか。たとえば今日,民間の企業やNPO法人などは,行政の機能を一部代替して福祉サービスを行ったり環境保護や震災復興に関わったりしている。そこからは,むしろ社会にとって有益な団体像が浮かび上がってはこないだろうか。本文のように対照的な結社の自由観があることをふまえて,わが国に適合的なモデルは何か考えてみよう。

参考文献

①ロバート・A・ダール（内山秀夫・訳）『民主主義理論の基礎』（未来社,1970年）

大規模な民主主義にとって不可欠な制度の一つとして,多元主義（結社多元主義）を掲げる多元主義論の論客ダールの民主主義観が示されている。

②ユルゲン・ハーバーマス（細谷貞雄＝山田正行・訳）『公共性の構造転換〔第2版〕』（未来社,1994年）

本書のとりわけ「1990年新版への序言」の中で,自発的結社とそれを中心に形づくられる自律的な公共圏の重要性が指摘されている。

③樋口陽一「『からの自由』をあらためて考える——1901年結社法（フランス）100周年の機会に」法律時報73巻10号（2001年）

短い論稿であるため,まずはこの論稿で筆者の自由観を知り,のちに本文中の文献へと読み進められることをお勧めする。

第16章　経済的自由

● ● ●

「経済」や「商業」には，悪いイメージが付与されることがしばしばある。たとえば，あるミュージシャンについて「商業主義に走った」と評価する場合には，「お金のために作曲をし，音楽を蔑ろにしている」という否定的なニュアンスを伴う。「お金がなければ生きていけない。しかし，人生の価値はお金ではない」という話はいろんな形でよく聞くものである。また，ものづくりを営む生産者は美化されることが多いのに対して，商品を右から左に流す商人のイメージは必ずしもよくない。インターネットでは，人気のコンサートのチケットや限定商品を高値で転売する人は，否定的なニュアンスを伴う「転売ヤー」と揶揄されることもある。しかし，彼らのおかげで，人気のチケットを手に入れるためにひたすら電話をする必要もなく，また，限定商品を手に入れるために，朝から長蛇の列に並ばずに済むのではないか。もちろん，その分のお金を支払う形ではあるが，お金よりも時間を大事にするという人のニーズには応えているのだろう。

本章で引用するフリードリヒ・ハイエク（Friedrich August Hayek, 1899-1992）の文章に登場する「通信や交通の設備をよりよく知っていることから利得を引き出す」人とは，まさに商人のことを指している（そのうえで，ハイエクは，彼らが「不正直のように見做される」ことを不当だとしている）。

商業に嫌悪感を抱いている人は，まさに金儲けであるところの商

業を肯定的に捉える思想こそが近代憲法の形成に大きな役割を果たしたということに驚くかもしれない（ここで商業とは，市場における取引のみならず，金融活動を含むものとして広く捉える）。もともと，近代憲法の基本思想が生成していく17世紀，18世紀は，「商業社会」が形成していった時代でもあった。商業が盛んになり，富を蓄積した商人たちが，政治に対して大きな力を持ち始めたのである。また，貴族たちも商売を始めていた。イギリスやフランスを中心として商業社会を肯定的に捉える思想——経済的リベラリズム（第1章「立憲主義」Ⅲ参照）——が発展していった。すなわち，この時期に政府は経済問題にあまり介入することなく，市場に委ねるのがよいという思想が発達していったのである。本章では，この思想に関わる古典的テクストを読解することを通じて，この思想の基礎と21世紀の憲法にとって有する意義を学習する。

● ● ●

ハイエク『個人主義と経済秩序』（1948年）

「合理的な経済秩序の問題に特有な性格をまさに確定するのは，利用しなければならない諸事情の知識が，集中された，あるいは統合された形態においてはけっして存在せず，ただ，不完全でしばしば互に矛盾する知識がすべての別々の個人によって所有され，分散された諸断片としてだけ存在するという事実である。……

　……少し考えればわかるように，一般的法則の知識という意味で科学的とは到底呼べない，非常に重要であるが，しかし，組織されない厖大な知識，すなわち時と場所のそれぞれ特殊的な情況についての知識の体系が存在することは間違いない。……完全に活用しきれていない機械とか，もっと有効に利用できそうな誰かの技術とか，供給が中断された期間中に頼ることのできる余剰ストックへの心得とかを勉強してうまく活用することは，よりよい代替的技術を知ることと同じくらい，社会的に有益なことである。通信や交通の設備

をよりよく知っていることから利得を引き出すことは,ときには,まるで不正直のように見做されるけれども,社会が通信や交通について最善の機会を利用することは,最新の科学的発見を使用するのと全く同じくらい重要なのである。……

　社会の経済問題は主として,時と場所の特殊事情における変化に急速に適応する問題であるということに,われわれが同意できるとするならば,最終的決定は,そのような事情をよく知っている人たちに,重要な変化と,それに応じるため直ちに入手できる資源を直接に知っている人たちに委ねられねばならないということになると思われる。」

　　田中真晴＝田中秀夫・訳『市場・知識・自由』(ミネルヴァ書房,1986年)
　　53～63頁を参考にして,松尾が訳し直した。

I●憲法典の規定と経済的リベラリズム

　まずは,日本国憲法における経済的自由の規定を確認しておこう。日本国憲法典において経済的自由に関わるのは,①居住・移転の自由(22条),②職業選択の自由(同条),③財産権の保障(29条)の三つであるとされる。これらは,たとえば,耕作を強制する形で農民を土地に縛り付け(居住・移転の自由の制約),農民はいくら農業以外の才能があってもほかの職業に従事することはできず(職業選択の自由の制約),領主の政治的支配の制約のもとでしか農民の土地管理を認めない(財産権の制約)という封建的な支配から脱するという近代憲法の精神を反映したものであった。憲法の教科書では,これらの三つの自由・権利についての解説がなされている。

　しかし,近代憲法の生成に一役買った経済的リベラリズムは,経済活動に対する政府のあり方一般についての思想であり,以上の三

第16章　経済的自由

つに限定されない広がりをもっている。広い意味で経済的自由を捉え，その古典的テクストを読んでいくことは，近代憲法の意味をより立体的に把握する手掛かりとなる。

　また，このような捉え方は，近代憲法を立体的に把握するにとどまらない意義を持っている。それは，現代における経済的リベラリズムの再生（後述Ⅳ2）と関係する。1970年代以降，経済政策・社会政策のために政府が大きく私的領域に介入する，いわゆる大きな政府については，財政赤字の問題，公共財を提供する政府の能力の限界の問題などが浮上し，大きな政府たる福祉国家は曲がり角にきた。そこで，公共サービスの提供において，市場の理屈を取り込もうとされている。一方では，政府内部に市場原理を取り入れ，サービスの向上と事業の効率化を図るべく，官民競争入札制度が推進されている（競争の導入による公共サービスの改革に関する法律）。この場合には，公共サービスを提供する最終責任は政府が負っている。他方で，政府が行っていた公共サービスを民間に委ねること，いわゆる民営化も推進された。たとえば，電信電話事業は民営化され，日本電信電話公社はNTTとなり，鉄道事業も民営化され，日本国有鉄道はJRとなった。このような規制緩和・規制改革の議論の中で，近代憲法を形成した経済的リベラリズムの意義が見直されつつある。ここにおいては，現代的な問題に取り組むために経済的リベラリズムという昔の知恵が再評価されているのである。

Ⅱ●商業活動の道徳性——近代憲法の経済的側面の思想的基礎①

1　ヨーロッパにおける商業嫌悪の伝統

　まずは，立憲主義，とりわけ権力分立論の形成において大きな役割を示したモンテスキューの議論をみてみよう。羅針盤が西欧へと

伝わり，また，頑丈な船が建造されるようになり，15世紀半ばからヨーロッパ人は，インドやアジア，そしてアメリカ大陸へと進出していき，植民地を拡大しつつ，交易を発展させていった。このような経緯を背景とし，経済問題が政治的にも重要になっていった。

しかしながら，ヨーロッパはキリスト教の支配が強く，教会は人を堕落させるものとして消費活動や商業活動に対して道徳的に批判を加えていた。また，フランスでは，貴族が商業活動のような「卑しい」事業に従事すれば，爵位や特権が停止される爵位停止法（loi de dérogeance）が存在していた。『社会契約論』で一般意志概念を提示し，憲法思想に大きな影響を与えたジャン＝ジャック・ルソー（Jean-Jacques Rousseau, 1712-1778）も，お金や贅沢が人間を堕落させるのだと説いた。

2　商業を肯定する思想の登場──モンテスキュー

このように，ヨーロッパには，伝統的に否定的な商業論が存在してきたが，商業が発展するにつれて，商業を肯定的に捉える思想も浮上する。近代立憲主義の基礎を形成した一人であるシャルル・ド・モンテスキュー（Charles-Louis de Montesquieu, 1689-1755. 第3章「権力分立」参照）も，全面的に肯定するのではないにせよ，商業の積極的な側面を強調していた。

モンテスキュー『法の精神』（1748年）第20篇第2章
「商業の精神は人間にある種の厳密な正義の感覚を創出する。」
野田良之ほか・訳『同(中)』（岩波文庫，1989年）202頁を参照しつつ，松尾が訳し直した。

商業は，もう一つの財の獲得手段である「略奪」と異なり，売り

第16章　経済的自由

手と買い手の交換によって成立するものである。交換が成立するためには、詐欺や脅迫ではない限り、公正さや信頼が前提となるだろう。モンテスキューの理屈を一部継承し、リベラリストであるコンスタン（Benjamin Constant, 1767-1830. 第1章「立憲主義」参照）も、商業というのは、（戦争に比べて）「他者の利益を自己の利益に値する分に一致させるようにする、より穏やかでより確実な手段である」とする。

また、商業が評価されるのは、そのような正義の感覚を醸成するからだけではない。

> 「商業の自然の効果は平和へと向かわせることである。一緒に商売をする二国民はたがいに相依り相助けるようになる。一方が買うことに利益をもてば、他方は売ることに利益をもつ。そしてすべての結合は相互の必要に基づいている。」
>
> 野田ほか・訳202頁を参照しつつ、松尾が訳し直した。

これは、現在の国際政治学の相互依存論を彷彿とさせる。相互依存論によれば、二国間で経済的取引が進めば、武力衝突をした場合、双方に多大な経済的損害を及ぼす。それゆえ、交易を盛んにした二国は戦争という手段を控えるという理屈である。

さらには、モンテスキューは、商業は時の権力者の妨害を受けながらも地上世界で広がっていき、支配者の抑圧の外側で人びとに安息をもたらすとしている（第21篇）。商業は、公権力とは独立にある私的領域を創出する。

モンテスキューの同時代人であり、友人のジャン＝フランソワ・ムロン（Jean-François Melon, 1675-1738）も、一つの国の内部で、征服の精神と商業の精神とは両立しないと述べて、商業の発展が専制

の抑制につながることを示唆している。モンテスキューの『法の精神』の主眼も，ただ，商業を礼賛するのではなくて，専制をいかにして抑制できるのかという点にあった。

　商業は個人の幸福のみならず平和な秩序をももたらし，さらには，専制への防波堤を作りだす。商業の精神論は，権力の恣意的な行使の抑制を目指す近代立憲主義と密接に関係している。

　もっとも，モンテスキューは，手放しで商業を礼賛したわけではない。とりわけ，彼は名誉を重視する貴族の精神をも擁護しており，他者の利益を犠牲にして自己の利益のみを追求することに関しては懐疑的な立場をとった。上述の議論をみてもわかるように，モンテスキューは，他者の利益に合致するように自己の利益を追求する商業を中心に論じていた。

Ⅲ ● 商業活動によって形成される秩序
―― 近代憲法の経済的側面の思想的基礎②

1　利己主義の社会性――バーナード・デ・マンデヴィル

　17世紀の，ほぼ同時代のイギリスの議論においては，自己の利益を追求していく人間のあり方さえも肯定していく思想が登場する。正面から人間の欲望を肯定する議論を提示したのが，オランダ生まれの，イギリスで医師を務めていたバーナード・デ・マンデヴィル（Bernard de Mandeville, 1670-1733）であった。マンデヴィルは，『蜂の寓話』という書物を執筆し，蜂は巣の中では己の利益のために活動しているが，しかし，否，それゆえにこそ，巣全体はきわめて健全に機能しているという話を描き，人間社会もこれと同様であり，人間を社会的な動物にしてくれるものは，善良さなどではなくて，人間の一番下劣で忌まわしい性質であり，それこそが，人間を幸福

な社会へと導いてくれるのだと説いたのである（マンデヴィル〔泉谷治・訳〕『蜂の寓話』〔法政大学出版局, 1985年〕）。虚栄心, 貪欲, 嫉妬心といった忌まわしい人間の心こそが, 流行を作りだし, ぜいたく（奢侈）を生み出し, 全体として商売を活性化し, その結果, 貧乏人にも仕事が与えられるようになるとし, 非難としての「奢侈」の言葉の使用はやめるべきだと説く。部分だけをみれば悪徳の行為であるが, しかし, それが集積すれば, 全体として幸福な社会がもたらされる, これがマンデヴィルの理屈であった。

2 神の見えざる手としての市場──アダム・スミス

この理屈を継承したのが, イギリスの経済学者アダム・スミス (Adam Smith, 1723-1790) の「見えざる手」論である（本書では,『国富論』を中心に解説するが, 彼の主著の一つである『道徳感情論』も繙くと, 以下の説明が一面的なところに気づくだろう）。

アダム・スミス『国富論』(1776年) 第4篇第2章
「一般的に, 人は, 公益を促進する意図もないし, どれほどそれを促進するのかも知らない。……自分自身の安全が念頭にある。利益を最大限にする形で産業を営むことによって, 彼は自分だけの利益が念頭にある。このような中で, 人は見えざる手によって導かれ, 全く意図していなかった目的を追求している。……自分自身の利益を追求することによって, 社会の利益を促進するのが通常であって, その利益は, 彼が意図的に社会の利益を追求する場合を実際上回るのである。」

松尾・訳。水田洋・監訳, 杉山忠平・訳『国富論2』(岩波文庫, 2000年) 303〜304頁を参照。加えて堂目卓生『アダム・スミス──「道徳感情論」と「国富論」の世界』(中公新書, 2008年) も参照。

ここでは、自己利益の追求がそのまま公益につながるという見解の萌芽がみられる。私益と公益を峻別し、後者の追求こそが政府の役割だとする見解は、政府の活動領域を広げ、私人の活動領域を狭める。たいていの場合、公益は私益に優ると位置づけられるからだ。これに対して、公益を私益の延長上に位置づけ、双方を峻別しない見解は、政府の活動領域を狭め、私人の活動領域を広げる。私人間の利益の衝突を調整すること（たとえば、犯罪の取締り、契約を遵守させること）ぐらいしか、政府の活動領域は残されていない。

　また同時に、自己利益の追求がそのまま公益につながるのは、価格システムのもとに交換が行われる市場が介在してのことである。それが「見えざる手」の正体である。見えざる手といえる市場に任せるのがよく、政府が下手に市場に介入すれば、市場のよさが消えてしまう。それゆえ、政府は市場のなすがままに任せるのがよいという「レッセ・フェール」の思想が広まったのである。

Ⅳ●分散した知識の利用

1　19世紀の資本主義の発展から生じた弊害と憲法の変容

　以上のように、近代憲法を形成した土壌では、商業こそが人びとに幸福、平和な秩序、専制権力の抑制をもたらし、その商業は、政府とは独立の、自律的な市場において営まれるべきという考えが台頭していった。しかし、19世紀に資本主義が発展していくと、国際的なレベルでは、欧米列強は、市場を拡大するために植民地支配に乗り出し、国内的なレベルでは、都市化が進み、下水など衛生面が悪化し、また、貧富の差も拡大した。さらに、20世紀に入ると世界恐慌が発生し、資本主義が発展した結果だと捉えられた。

　そこで政府は、人びとの公衆衛生を改善し、貧困対策を講じ、経

済の安定化のため公共事業に積極的に乗り出したのである（貧困対策については，第18章「生存権」参照）。政府がこのような活動をするためには，人びとの経済的自由，ひいては市場の動きを制限しても構わないと考えられた。1919年に成立したドイツのワイマール憲法が所有権には義務が伴うと規定したのは，その趣旨である（第17章「財産権」参照）。第二次世界大戦後のイギリスも，「ゆりかごから墓場まで」というスローガンのもと，福祉や失業に対して政府がさまざまな対策を講じ，電気・ガス・鉄道のようなインフラ産業については政府が経営した。

また，社会主義国も誕生し，社会主義国の憲法では，生産手段の私有を禁じ，政治的・経済的にも労働者が統治する。たとえば，キューバ憲法16条1項では，「国家は，経済・社会発展の単一計画に従い国民経済活動を組織，指導及び統制する。その計画の策定と実施にあたっては，経済の全分野及び社会生活の他の領域の勤労者が積極的かつ意識的に参加する」（吉田稔「キューバ共和国憲法──解説と全訳」比較法学47巻1号〔2013年〕231頁以下参照）と規定され，経済は政府が主導するという計画経済体制が採用されている。

2 新自由主義の登場

しかしながら，このような政策を講じるために，多くの自由な経済活動が制約され，また，そのために多額の政府支出が必要となり，さらに，多額の課税のため，働く者の意欲が低下する。計画経済体制を本旨とする社会主義諸国では，生産力が著しく低下し，国として崩壊するか，あるいは，自由な経済政策を導入することが求められた。

また，資本主義を修正し，社会保障にも力を入れた国でも，同様である。イギリスを例にとれば，1970年代には，多額の財政赤字が

生じ、財政再建が重要な政策課題となった。このような中、1979年に規制緩和、インフラ産業の民営化を公約に掲げ、マーガレット・サッチャー（Margaret Hilda Thatcher, 1925-2013）がイギリス史上はじめての女性首相となった。減税・規制緩和を唱えるロナルド・レーガン（Ronald Wilson Reagan. 1911-2004）が81年にアメリカ大統領に、民営化を推進する中曽根康弘（1918-）が82年に日本の首相に就任した。これらの流れは、「新自由主義」「新保守主義」と呼ばれる。この新自由主義に大きな影響を与えたのが、本章冒頭で引用したフリードリヒ・ハイエクの著作であり、サッチャー首相はハイエクの本を愛読書だとしていた。ここで冒頭の文章の意味を解説していこう。

3　ハイエク、フリードマン、「分散された知識の活用」という課題

　ハイエク自身は、サッチャー政権を支持する形で著述していたわけではない。彼が念頭に置いていたのは、20世紀前半の出来事であった。20世紀初頭に誕生しはじめた社会主義諸国では、政府が工場などを運営し、生産量は政府が合理的な予測に基づいて事前に決定するものだとされており、市場や競争的な価格は存在しないとされる。1928年にソヴィエト共産党書記長スターリン（Iosif Vissarionovich Stalin, 1879-1953）主導のもと実施された第一次五か年計画はまさにそのような計画の一例であり、ソヴィエトは第二次世界大戦前までにヨーロッパを追い越し、アメリカに次ぐ経済大国になった。その裏側で大量粛清が行われていたことを知らず、西側諸国の多くの学者が計画経済の魅力に惹かれる中、計画経済が非効率的であるとして敢然と抵抗したのがハイエクである。

　ハイエクは、計画経済を非効率的だとする根拠として、「時と場所のそれぞれ特殊的な情況についての知識の体系が存在すること」

第16章 経済的自由

を指摘する。たとえば，毎年，夏の盆休み直前に大きなイベントが開催され，その近くのイベント会場では，お弁当や栄養ドリンクの需要が爆発的に増大する。イベント会場近くのコンビニの店長は，そのことを経験的に熟知していて，その時期に大量の仕入れを行う。この知識こそが「時と場所のそれぞれ特殊的な情況についての知識」であり，まさに現場にいる者の方がよく知る知識である。このような知識は，「一般的法則」の形ではなく，「分散された諸断片としてだけ存在する」。「一般的な法則」が記された経済学を熟知した者がいかに計画経済を実施しようとしても，経済の要はそのような分散された知識を活用することにあるのだから，計画経済の手法には限界がある。それゆえ，ハイエクは，計画経済ではなく，そのような知識を直接知る人たちに決定を委ねる道筋，つまり，市場に任せるという道筋を高く評価するのである。

このように分散された知識は，価格システムを通じて，全体に伝搬していく。これに関しては，シカゴ大学でハイエクの同僚でもあったミルトン・フリードマン（Milton Friedman, 1912-2006）が妻のローズとともに雄弁に著述している。

ミルトン・フリードマン，ローズ・フリードマン『選択の自由』（1980年）

「たとえば数年前のベビー・ブームのため，小学校進学児童の数が急増したといったような，なんらかの原因によって，とにかく鉛筆に対する需要が急激に増えた，と想像してみよう。小売店は鉛筆が急によく売れはじめたと気づくだろう。そこで問屋にもっと鉛筆を注文する。問屋は問屋で鉛筆製造会社への発注を増大させる。鉛筆製造会社はその結果，原料となる木材とか真ちゅうとか黒鉛とか，鉛筆の製造に必要な物品を，供給者たちにもっと生産させるように

> するためには、これらに対して以前よりもっと高い値段を提示しなければならないだろう。その結果、値段が高くなれば、これらの供給者たちは増大した需要に見合って増産できるように、その労働力を増大させることだろう。しかし、急に労働者を雇いこむためには、以前より高い賃金か、よりよい労働条件を提供しなければならないだろう。このようにして、小学校進学児童数の急増ということからはじまった波紋は、次第にその輪を大きくしながら、遠くへ遠くへと広がっていき、ついには世界中の人びとに対してさえ、『鉛筆』に対する需要が増大したという情報を、次から次へと伝えていく。」
>
> 西山千明・訳『同〔新装版〕』(日本経済新聞出版社, 2012年) 21頁

　木材を生産し、製造する会社の者は、小学校の進学児童の数が急増したという事実は知らない。ただ、鉛筆製造会社からの求めに応じて木材の生産量を増やす。ここを媒介するのが価格である。需要が増えれば価格が上がり、需要が減れば価格が下がる。価格の上下によって情報が伝達されていく。もし政府が計画経済のもと事前に価格を設定しまえば、以上のような価格の情報伝達機能は阻害されてしまう。価格システムは、アダム・スミスが述べた「見えざる手」なのである。

　そうだとすれば、課題は、「分散された諸断片としてだけ存在する」情報をいかにして収集し、伝達していくのかということになる。現在、分権化、公共サービスの提供における競争原理の導入、民営化をはじめとして、さまざまな規制緩和(規制改革)策が提案されているが、これらの施策が応答しようとしているのもこの課題である。現行憲法典は、このような最新の課題に十分に応えるものとはなっていない。しかしながら、その課題にアプローチするためには、古典的テクストを読み直していくことが一つの手がかりともなる。

もちろん，古典的テクストだけを読めばよいということではなく，それらをふまえて最新の議論も読むというのが一番である。

フリードリヒ・アウグスト・ハイエク
(Friedrich August Hayek, 1899-1992)

オーストリアのウィーンで学者一家の家系に生まれる。ウィーン大学の法学部に入学し，法学の学位に続いて，政治学の学位（経済学含む）を取得する。オーストリア学派を代表する経済学者であるミーゼスの近辺で若い経済学者たちと研究を続ける。

Apic/gettyimages

当初，社会主義に共感を抱いていたハイエクは，ミーゼスの徹底的な反社会主義に反発したとされるも，自由主義者になり，中央集権的な計画経済に対する厳しい批判者となった。ウィーン大学で講師を経た後，1931年にロンドン・スクール・オブ・エコノミクスの教授となり，イギリスに渡る。1944年に一般向けの書物である『隷従への道』を出版し，市場に大きく介入する政府主導の経済体制すべてを「人間を隷属化する道だ」と説いた本書はベストセラーとなる。同書で名声を獲得したのち，アメリカのシカゴ大学の教授となり，アメリカにも拠点をおいてからは，研究分野を経済学のみならず，広く法哲学・政治哲学・認識論・科学的方法論などにまで広げ，古典的な自由主義思想の再生を唱えた。その理論は，1970年代後半から英米で始まる新自由主義の流れ，とりわけ，イギリスのサッチャー首相（在任期間は，1979年から90年まで）の経済政策に大きな影響を与えたといわれる。

Q

◇ 本文を読んで市場や商業の善い点と悪い点をそれぞれ列挙してみよう。

◇ 市場は分散的な情報を収集するのに向いている。逆に不得手なのは、ピラミッド型に構築された官僚制である。それをふまえたうえで、官僚制はどのような課題に答えるのに適切なメカニズムだといえるのか。考察の手掛りとしては、官僚制の典型としての軍隊が挙げられる。考えてみよう。

◇ 政府は、憲法上の制約を負いながら、公共サービスを提供する存在である。規制改革によって、一部の公共サービスの提供は、民間にゆだねられることになる。このとき、民間は、国家が負担する憲法上の制約を負うべきだろうか、考えてみよう。

参考文献

①井上義朗『二つの「競争」——競争観をめぐる現代経済思想』（講談社現代新書、2012年）

「古い」競争観と「新しい」競争観とを対比的に説明し、競争の多様な意義を平易に解説した書物である。

②森村進「公権力の民営化」西原博史編『岩波講座憲法2——人権論の新展開』（岩波書店、2007年）

③嶋津格「規制緩和・民営化は何のためか」ジュリスト1356号（2008年）5頁以下

④安念潤司「国家 vs. 市場」ジュリスト1334号（2008年）82頁以下

本章で扱った内容は、国家と市場の分業・協働のありかたに大きく関わる。前二つの文献（②、③）は法哲学者の手によるもの、三つ目の文献（④）は憲法学者の手によるものである。

第17章 財産権

財産権は不思議な権利である。

財産権は，まず何よりわれわれの生存を支える権利である。われわれが生活していくためには財産が必要である。急に莫大な税金が課されたり，マイホームが取り上げられたりしたら，人生設計もままならないであろう。その意味で最も生活に密着した身近で重要な権利である。

他方，財産権はわれわれの生活とはかけ離れた所でわれわれの生存を脅かしかねないような権力性をもったものとして立ち現れる。かつて広大な土地所有権は貴族の権力の源泉であったし，東西冷戦の時代には私有財産制に対する態度決定は体制選択の意味をも担っていた。現在でも巨大企業の経済活動はわれわれの生活に大きな影響を与えている。今やグローバルな巨大資本のマネーゲームによって一国の政治・経済システムが壊滅的なダメージを被りかねないような状況になっている。

以上のように，一方で個人の生存を支えるものとして重要な権利とされ，他方で個人の生存を脅かしかねないものとして警戒の目が向けられるのが財産権である。いずれにせよ，財産権は個人の生存にとって重要な意味を持つということが前提となっている。しかし，そもそもその実体は確固たるものなのか，という疑問がありうる。日本国憲法29条1項は「財産権は，これを侵してはならない」と財産権の不可侵性を宣言している。しかし他方で，同条2項は「財産

権の内容は……法律でこれを定める」と規定している。つまり、不可侵と宣言されている財産権の内容は国会が法律によって定めるのである。現在では、通常の憲法上の権利は議会多数派の決定によっても侵すことのできない権利であり、行政による侵害からはもちろん議会多数派からも保護されるべきものとされている。しかし、財産権はその内容が議会多数派の制定する法律によって形成されるのである。2項により議会が法律で定めたものが1項によって不可侵とされるのであれば、財産権は議会多数派の決定に対抗してまでも主張しうる権利であるとはいえないのではないか。

　本章では、ジョン・ロック（John Locke, 1632-1704）の見解を手がかりに、財産権に関する問題の一端を憲法的に検討することとする（ロックについては、第9章「人権の観念」をも参照）。

● ● ●

ロック『統治二論』（1690年）後篇第5章第27節

「土地とすべての下級被造物が万人の共有であるとしても、すべての人は自分自身の身体に対する所有権（property）を有する。これに対しては、その人以外の誰も権利をもたない。彼の肉体の労働、彼の手の働きは、まさしく彼のものであると言ってよい。自然が供給し、残しておいてくれた状態から彼が取り出すものは何でも、彼が自分の労働を混入し、彼自身のものを加えたのであり、従ってそれは彼の所有物（property）となる。自然が設定した共有の状態から彼によって取り出されたので、この労働によって、他人の共有の権利を排斥する何かがそれに付加されたのである。というのも、この労働は、その労働をなした者の所有であることは疑いないので、少なくとも他の人々に共有のものとして十分に残されている限りは、ひとたび労働が加えられたものに対してその人以外の誰も権利を持ちえないからである。」

　櫻井・訳。加藤節・訳『完訳 統治二論』（岩波文庫，2010年）326頁も参照。

第17章 財 産 権

I ● ジョン・ロックの「プロパティ (property)」

ジョン・ロック『統治二論』では,前篇でロバート・フィルマー (Sir Robert Filmer, 1588-1653) の『家父長論 (Patriarcha)』(1680年) に対する反論が,後篇で「市民政府の真の起源,範囲及び目的」に関する考察がなされている。

後篇におけるロックの見解の全体像を大まかにまとめると次のようになる。①個人は自然権として"property"を保有している。②しかし,自然状態においては自然権の保全が十分ではないので,社会契約を結び,政府を創設して,政府に統治権を信託する。③政府が信託の目的に反して統治権を濫用した場合には個人に抵抗権が認められる。

このようなロックの見解(①自然権,②社会契約,③抵抗権)は,アメリカ独立宣言に直接的な影響を与えているといわれる。

アメリカ独立宣言(1776年7月4日)

「われわれは,自明の真理として,〔①〕すべての人は平等に創られ,創造主によって一定の譲り渡すことのできない権利を賦与され,それらには生命,自由及び幸福追求が含まれることを信ずる。〔②〕また,これらの権利を確保するために人々の間に政府が設立されており,その正当な権力は被治者の同意に由来するものであることを信ずる。〔③〕いかなる形態の政府といえども,こうした目的を破壊するときには,その政府を改廃すること,そして人民に安全と幸福をもたらすような諸原理に基づき,人民に安全と幸福をもたらすような形態に権力を組織して,新たな政府を設立することは,人民の権利であると信ずる。」

櫻井・訳

I●ジョン・ロックの「プロパティ（property）」

ロックの見解のエッセンス①～③がそのまま表明されていることが見て取れるであろう。②の「信託」の問題は、「そもそも国政は、国民の厳粛な信託によるものであって……」と表明する日本国憲法前文との関係で重要である（もっとも、信託は英米法の概念であり、大陸法の概念を用いて法人論に依拠して国家について考察する伝統的な日本の憲法学への接合は容易ではない。議会と政府の信任・責任の関係にはロック的な「信託」思想が見られる。第7章「議院内閣制」をも参照）。③の抵抗権の問題も、「神々の掟」を引き合いに出して国王クレオンの命令への服従を拒否したアンティゴネー（ソフォクレス『アンティゴネー』）と、悪法であっても国法に従うべきであると主張して死刑に服したソクラテス（プラトン『クリトン』）に対照的に描かれているように、古代ギリシアにまで遡る伝統的な法の根本問題である。現在でもたとえばドイツでは、抵抗権が憲法上保障されている（基本法20条4項）。

しかし、ここでは①の "property" が重要である。"property" は一般的には所有権や財産権という意味で用いられる。しかし、ロックにおいては、たとえば後篇第7章第87節において「自分の "property"、即ち生命（life）、自由（liberty）及び財産（estate）」と述べられているように、生命・自由・財産を包括するものとして "property" が用いられている。まさに「各人に固有（プロパー）なもの」を意味しているのであり、「固有権」と訳されることもある。これがアメリカ独立宣言において「生命、自由及び幸福追求」と表現を変え、そのまま日本国憲法13条に受け継がれている。

ロックは自分の身体が自分の所有物であることから議論を展開していた。すなわち、ⓐすべての人は自分自身の身体に対する排他的な所有権（property）を有する。ⓑ自分の労働も自分の所有物（property）である。したがって、ⓒ自然の一部に自分の労働を付け

加えた場合，それも自分の排他的な所有物（property）となる。ⓓただし，他の者にも十分に残されていなければならない。このようにⓐ自己所有権とⓑ労働を根拠にⓒ財産権（property）を導いている。ⓓの部分が一般に「ロック的但書」と呼ばれるものであるが，ここでは立ち入らない。

このように自己所有権に基づいて財産権を正当化する見解は，現在でも，自然権を侵害するものとして福祉国家的再配分を拒絶するリバタリアニズム（libertarianism: 自由至上主義，自由尊重主義などと訳される）の理論的根拠とされている（第18章「生存権」のノージックの見解を参照）。

以上のように，ロックのプロパティ（property）論は，幸福追求権の起源であるとともに，財産権の分野でも古典的位置を占めている。日本国憲法でいえば13条と29条に関係してくるものであるが，日本の憲法学において，まさにその13条と29条はまったく異なった扱いを受けている。一方で，「個人の尊重」を掲げ「幸福追求の権利」を保障する憲法13条は，現在では最も重要な条文，日本国憲法の中心的な条文として扱われている。他方，憲法29条は，公共の福祉による広い制限に服すべき権利，表現の自由などと比べて重要性の劣る権利を保障した条文として位置づけられることが多い（第14章「表現の自由」Ⅰをも参照）。それは次に見るような歴史的経緯を反映しているからである。

Ⅱ●ワイマールとニュー・ディール

ロックにおいて重要な位置づけを与えられていた財産権（固有権）であるが，近代憲法においても重要な権利として保障されるようになっていく。近代市民革命によって君主や貴族階級にかわって力を

持つようになったのは市民階級（かつては「ブルジョア階級」と呼ばれることも多かった）であった。市民階級は資本主義経済の担い手でもあり、彼らの利益を擁護すべく、近代憲法において財産権が重要な権利として保障されることとなったのである。フランス人権宣言（1789年）17条において財産権が「不可侵かつ神聖」な権利と表明されていたことは有名である。日本の憲法学が準拠してきたドイツ公法学においても「自由と財産」を保障するための法理論が展開された。

　財産権や契約の自由をはじめとした経済的自由が保障されたことによって、一方で資本主義経済は目覚ましい発展を遂げたが、他方で弊害も生じてきた。たとえば契約の自由についてみれば、従来、賃金であれ労働時間であれ、大人同士が自由な合意に基づいて締結した契約には国家は介入すべきではないとされてきた。これが国家からの自由（自由権）の意味である。しかし、低賃金・長時間労働という過酷な労働条件であったとしても生活のために働かざるをえない労働者と、労働条件を呑まない労働者を無理に採用しなくてもいくらでも求職者のいる企業とでは、そもそも対等な関係ではない。にもかかわらず、そのような契約が経済的自由の名のもとに放任されれば、貧富の差の拡大、労働条件の劣悪化、失業・貧困等々の弊害が発生することとなるのは当然である。国家もこうした社会問題やそれらに伴う社会不安の増大を放置することができなくなり、社会的・経済的弱者に生存権や労働基本権などの社会権が保障されるようになっていった（第18章「生存権」をも参照）。しかし、国家が最低賃金を定めたり労働時間を規制したりすることは企業の契約自由に対する介入をも意味しているように、社会権と経済的自由はトレード・オフの関係にある。そのため、社会権を実現するために経済的自由は広い制限に服すべきだとされるようになったのである。社

第17章　財産権

会権を保障したことでも有名なワイマール憲法（1919年）においては，同時に「財産権は義務を伴う。その行使は，同時に公共の福祉に役立つべきである」（153条3項）と規定されていた。

　ヨーロッパ，とりわけドイツにおいては総力戦であった第一次大戦とロシア革命の影響によって憲法が大きな変容を被ったが，アメリカにおいてはどちらの影響も大きくはなく，アメリカ憲法に変容が訪れるのはニュー・ディール期においてである。世界恐慌（1929年）から抜け出すために政府が積極的に市場に介入するようになっていくが，ニュー・ディール立法によって社会改良を推し進める政府に対して，経済的自由を盾に立ちはだかったのが連邦最高裁判所であった。連邦最高裁判所は経済的自由の侵害等を理由としてニュー・ディール立法を次々と違憲と判断していったのである。そのため大統領との対立が深刻化していった。最終的には，大統領の強硬な姿勢を前に最高裁判所は態度を変更し（1937年），経済的自由に関する違憲審査から手を引くようになった。政府の市場への介入，連邦の権限拡大，大統領の権限強化，違憲審査権の行使のあり方の変容，等々として帰結したニュー・ディール期の変革は「憲法革命」と呼ばれることもある（コラム「ニュー・ディール憲法革命」参照）。

　以上のようなワイマール憲法の理念とニュー・ディール期における経験は，日本国憲法の成立とその後の解釈論にも大きな影響を与えている。日本国憲法を起草したGHQ民政局のメンバーには，ニュー・ディール政策に共鳴している人たち（「ニューディーラー」と呼ばれる）が多かった。そのため，ニュー・ディール期の経験が日本国憲法には反映されている。たとえば，日本国憲法31条は，合衆国憲法修正5条・14条を下敷きにして起草されたものであるが，合衆国憲法には存在する「財産」という表現が注意深く外されている。さらに，後には削除されたものの，最高裁判所の違憲判決を国

会が2/3の特別多数によって覆すことを認める条文も設けられていた（マッカーサー草案73条）。また，ニューディーラーたちが憲法を起草する際に参照し，彼（女）らに大きな影響を与えたのがワイマール憲法である。マッカーサー草案29条「財産を所有する者は義務を負う。其の使用は公共の利益の為たるべし……」（外務省・訳）のようなワイマール憲法そのままの規定も存在していた。生存権規定（25条）についても，ワイマール憲法の理念に共鳴していた社会党議員の提案によって導入されたものである（第18章「生存権」参照）。

日本国憲法の解釈論においても，社会国家・福祉国家的な観点から，「経済的劣位に立つ者」の社会権を実現するために財産権をはじめとする経済的自由を制限することは当然のこととされてきた。憲法29条2項は，憲法12条および13条における「公共の福祉」に基づく基本権の一般的な制限可能性に重ねて，職業選択の自由等について規定する憲法22条1項とともに「公共の福祉」による制限の可能性を明示しており，職業選択の自由や財産権といった経済的自由については，より広い制限に服する趣旨であると解釈されてきた。経済的自由は，他者と共同生活をする以上権利自体に当然に内在すると考えられる「内在的制約」だけでなく，社会経済政策的な目的を実現するための「政策的制約」にも服するものとされてきたのである。

小売市場事件／最高裁判所大法廷昭和47年11月22日判決

「憲法は，全体として，福祉国家的理想のもとに，社会経済の均衡のとれた調和的発展を企図しており，その見地から，すべての国民にいわゆる生存権を保障し，その一環として，国民の勤労権を保障する等，経済的劣位に立つ者に対する適切な保護政策を要請していることは明らかである。このような点を総合的に考察すると，憲法

第17章 財産権

> は，国の責務として積極的な社会経済政策の実施を予定しているものということができ，個人の経済活動の自由に関する限り，個人の精神的自由等に関する場合と異なって，右社会経済政策の実施の一手段として，これに一定の合理的規制措置を講ずることは，もともと，憲法が予定し，かつ，許容するところと解するのが相当」である。

このようなワイマール憲法に登場した社会国家・福祉国家的な理念に基づく議論に，ニュー・ディール期のアメリカに由来する二重の基準論が付け加わる。まず背景として，国民に選ばれた（民主的正統性を有する）国会議員が制定する法律を，国民が選んだわけでもない（民主的正統性をもたない）裁判官がなぜ違憲・無効にできるのか，違憲審査権は反民主主義的ではないのか，という「違憲審査の民主的正統性」に関する問題がある（第8章「違憲審査制」参照）。ニュー・ディール立法を次々と違憲と判断していった連邦最高裁判所に対して提起された疑問である。それに対して次のように主張される。すなわち，財産権をはじめ経済的自由の規制は，民主政のプロセスによって是正することができるし，またそうすべきである。裁判所にではなく投票箱に訴えることによって多数の賛同を獲得し，規制立法を改正するのが民主主義のあり方として筋である。それに対して，表現の自由を中心とする精神的自由は，民主主義を支える権利であり，表現の自由なしには民主主義はありえないという意味で民主政のプロセスに不可欠の権利である（第14章「表現の自由」Ⅱ2をも参照）。そのような精神的自由が規制されると，民主政のプロセス自体が機能しなくなるため，民主政のプロセスによって規制立法を是正することは不可能となる。その場合，民主政プロセスの歪みを是正するために，裁判所が違憲審査権を行使すべきである。

その他の理由にも支えられながら、精神的自由に対する規制は厳格に、経済的自由に対する規制は緩やかに、裁判所は合憲性を判断すべきであるという二重の基準論が、日本の憲法学の通説の基礎に据えられることとなった。

二重の基準論をベースとした違憲審査基準論が席巻する中で、職業選択の自由の分野で登場した目的二分論が、同じく経済的自由である財産権にも妥当するものと理解されていくようになる。それによれば、国民の生命・健康に対する危険を防止・除去するための消極的・警察的目的の規制と、福祉国家的理想のもとに社会経済の均衡のとれた調和的発展を図るための積極的・政策的目的の規制とでは裁判所による違憲審査の厳格さが異なり、後者の場合には著しく不合理であることが明白である場合に限って憲法違反と判断されることとなる（このような見解は「明白性の原則」と呼ばれることもある）。

Ⅲ●財産権の法律による内容形成

1　森林法事件違憲判決の波紋

以上のような学説状況にあった財産権論に対して大きな問題を提起したのが森林法事件違憲判決（最高裁判所大法廷昭和62年4月22日判決）である。親から生前贈与によって森林を譲り受けた兄弟X・Yの間にいさかいが生じ、Xが共有物の分割を求めて裁判所に訴えを提起した（民法258条）という事案である。当時の森林法（186条）によれば、持分価額1/2以下の共有者からの分割請求は禁止されていた。最高裁は、①森林法による民法上の共有物分割請求権（256条）の制限は「憲法上、財産権の制限に該当」すると判断し、②「森林の細分化を防止することによって森林経営の安定を図り、ひいては森林の保続培養と森林の生産力の増進を図り、もって国民経

済の発展に資すること」を目的とする森林法の規定を憲法違反と判断した。

多くの学説の関心は②に集まった。最高裁の認定した森林法の目的は積極目的か消極目的か，積極目的であるなら「著しく不合理であることが明白である場合に限り」違憲となるはずではないのか，財産権には目的二分論は妥当しないのか，最高裁はそもそも目的二分論自体を放棄したのか……等々。

しかし，財産権論としては本来①こそが問題である。なぜ民法上の共有物分割請求権の制限が憲法上の財産権の制限といえるのか。市民社会の基本法である民法といえども国会の制定・改正する一法律にすぎず，最高法規である憲法（98条1項）とはランクを異にする。また，取得時には分割可能だった共有物が取得後に分割不可能になったわけでもない。Xはそもそも分割不可能な共有地を取得したにすぎないのである。

いろいろな説明が試みられているが，ここでは財産権の法律による内容形成という観点から，古典を手がかりに考えてみたい。

2　単独所有と共有

従来，憲法29条2項は，「公共の福祉」による財産権の広い「制限」の可能性を認める趣旨であると解釈されてきた。しかし，憲法29条2項が求めているのは，「公共の福祉に適合するやうに」財産権の「内容」を「定める」ことである。

財産権の内容は国会が法律で定めるというのが憲法の予定するところである。しかし，そのことは国会が好き勝手に財産権の内容を定めてよいということを意味しない。憲法29条2項は，まさしく「公共の福祉に適合するやうに」財産権の「内容」を「定める」ことを求めているのである。ここで「公共の福祉」とは，文字通り

「公益(みんなの利益)」「共通善(bonum commune)」のことであり、その意味での「公共の福祉」が立法者による内容形成を統制する。

このような観点からロックの財産権論を見直してみると、次のような財産権の正当化論を見出すことができる。

> **ロック『統治二論』後篇第5章第34節**
> 「神は世界を人間に共有のものとして与えた。しかし、神は、世界を人間の利益になるように、また、そこから生活の最大限の便益を引き出すことができるように人間に与えたのだから、世界をいつまでも共有で未開拓のままにしておくべきであると神が意図していたとは到底考えられない。」
> 櫻井・訳。加藤・訳332頁も参照。

つまり財物が効用を発揮できるようにするために個々人に財産権が認められるのである。古くはアリストテレス(Aristotélēs, 前384-前322)が、プラトン(Platon, 前427-前347)の共有論を批判して、共有では共有者間に意見衝突が起こりやすく、単独所有の方が財産への配慮や責任感が涵養される等の理由を挙げて、共有よりも単独所有の方が望ましいと述べていた(『政治学』第2巻第5章1263a)。トマス・アクィナスも同様の指摘をしていた(『神学大全』Ⅱ-2第66問題第2項)。

近年では、こうした観点から共有の問題性を指摘したのがギャレット・ハーディン(Garrett Hardin, 1915-2003)の「共有地の悲劇」(1968年)である(桜井徹・訳「共有地の悲劇」シュレーダー・フレチェット・編〔京都生命倫理研究会・訳〕『環境の倫理(下)』〔晃洋書房、1993年〕445〜470頁)。その概要は次の通りである。

共有の牧草地において、各々の牧夫が合理的人間として自己の利益を最大化するように行動する場合に、各牧夫はどのように行動す

るであろうか。牛をもう1頭増やすか否かを決定する際に牧夫Aはどのように考えるか。メリットとしては、増えた1頭分の利益を得ることができる。したがって、正の効用はほぼプラス1である。他方、デメリットとしては、過放牧となり牧草が食い尽くされてしまう可能性がある。しかし、このデメリットはすべての牧夫によって負担されるから、Aにとっての負の効用はマイナス1の数分の1にすぎない。したがって、Aが合理的人間として自己の利益を最大化するように行動するのであれば、1頭増やすという結論が合理的判断となる。そして、もう1頭、もう1頭……と。しかも、すべての牧夫が同様に牛を増やすという決定を行うこととなる。そうなれば、当然に全員にとって放牧が不可能となるという破滅がもたらされる。

共有においては、収益権と管理権が分離し、みんなのものは誰のものでもないから誰も責任を持って保持活用の努力を払おうとしないのであり、収益は各共有者が得つつも管理に支障をきたすという事態が起こりやすい。「ただ乗り（フリーライド）」することが合理的判断となってしまうのであり、家畜飼育のために牧草地を最適に利用することへのインセンティヴがないのである。最高裁も、まさしくこのような共有の問題点を指摘していた。

森林法事件／最高裁判所大法廷昭和62年4月22日判決
「共有の場合にあっては、持分権が共有の性質上互いに制約し合う関係に立つため、単独所有の場合に比し、物の利用又は改善等において十分配慮されない状態におかれることがあり、また、共有者間に共有物の管理、変更等をめぐって、意見の対立、紛争が生じやすく、いったんかかる意見の対立、紛争が生じたときは、共有物の管理、変更等に障害を来し、物の経済的価値が十分に実現されなく

Ⅲ●財産権の法律による内容形成

なるという事態となるので、同条〔民法256条〕は、かかる弊害を除去し、共有者に目的物を自由に支配させ、その経済的効用を十分に発揮させるため、各共有者はいつでも共有物の分割を請求することができるものとし、しかも共有者の締結する共有物の不分割契約について期間の制限を設け、不分割契約は右制限を超えては効力を有しないとして、共有者に共有物の分割請求権を保障しているのである。このように、共有物分割請求権は、各共有者に近代市民社会における原則的所有形態である単独所有への移行を可能ならしめ、右のような公益的目的をも果たすものとして発展した権利であり、共有の本質的属性として、持分権の処分の自由とともに、民法において認められるに至ったものである。」　　下線による強調は引用者

　財産権の内容は国会が法律で定める。しかし、国会は「公共の福祉」に適合するように財産権の内容を形成しなければならない。共有は「公共の福祉」に適合しない結果を招きやすい。共有を選択するのであれば、それにもかかわらず財物を有効に活用できるような工夫がなされなければならない。そうした工夫もせずに分割請求を否定した森林法には不備があった。このような観点から森林法事件違憲判決を理解することが可能となってくる。

　財産権に限らず、内容が法律による形成に依存する権利はほかにも多く存在する（婚姻の自由、結社の自由、選挙権、生存権、裁判を受ける権利など）。法律による内容形成に関する議論は、最近ようやく本格的な検討が始められた新しい分野である。しかし、近年の最高裁判所の違憲判決の多くは、こうした法律による内容形成に依存する権利に関して下されているのであり、非常に重要な問題領域となっている。

第17章 財 産 権

ジョン・ロック
(John Locke, 1632-1704)

　清教徒（ピューリタン）の家庭に生まれ，オックスフォード大学に入学し，哲学や医学・自然科学を学ぶ。アシュリー卿（1621-1683：のちのシャフツベリー伯）の知遇を得て，激動の政治に身を投じていくこととなる。シャフツベリー伯がヨーク公（のちのジェイムズ2世）の王位排斥運動に敗れ，オランダへの亡命を余儀なくされ客死した後，ロックもオランダへと亡命する。1689年2月にオレンジ公ウィリアムとともに帰国する。

　政治哲学上の主著である『統治二論』は，遅くともオランダ亡命前の1683年までに執筆されたと考えられており，1689年（初版本には1690年と表記されている）に匿名で出版された。同書は，理論的にもロバート・ノージック（第18章「生存権」参照）をはじめとして現代にいたるまで広範な影響を与え続けているが，名誉革命を正当化する役割を果たし，アメリカ独立宣言にも多大な影響を与えた等，現実政治においても重要な意義をもった近代政治哲学における第一級の古典である。

　ヴォルテールは「これまでおそらく，ロック氏以上に聡明で，整然と首尾一貫した精神，彼以上に厳密な理論家は，けっして存在したことはなかったであろう」（中川信・訳『哲学書簡』第13信〔中公クラシックス，2005年〕93頁）と評価している。

Q

◇ ジョン・ロックのプロパティ（property）論にはどのような意義があり、後世に対してどのような影響を及ぼしただろうか。

◇ 財産権が、公共の福祉による広い制限に服すべき権利と理解されるようになったのはなぜだろうか。

◇ 基本権の中には法律による具体化によってはじめて内容が定まる権利もある。財産権についてはどのように考えるべきだろうか。

◇ 財産権の不可侵について規定する憲法29条1項と、財産権の内容は法律で定めると規定する同条2項の相互関係について、どのように理解すべきだろうか。

参考文献

①松下圭一『ロック「市民政府論」を読む』（岩波現代文庫、2014年）

　ロックの見解についてわかりやすく解説するもの。

②石川健治「財産権①②」小山剛＝駒村圭吾・編『論点探究憲法〔第2版〕』（弘文堂、2013年）224～255頁

　憲法29条の条文構造、歴史的位置づけ等について解説するとともに、法制度保障論の観点からの森林法事件違憲判決の読解が試みられている。

③安念潤司「憲法が財産権を保護することの意味」長谷部恭男・編著『リーディングズ現代の憲法』（日本評論社、1995年）第7章

　森林法事件違憲判決を手掛かりに、財産権保障の意義について考察するもの。

④小山剛『基本権の内容形成』（尚学社、2004年）

　ドイツの学説・憲法判例の知見を参照しつつ、基本権の内容形成について論じたもの。

第18章　生存権

● ● ●

　多くの読者は「生活保護」という言葉を聞いたことがあるであろう。雑誌「女性セブン」(小学館) 2012年4月26日号に「年収5000万円超人気芸人『母に生活保護』仰天の言い分」と題するスクープ記事が掲載され、この事件をきっかけに、生活保護の不正受給に関する問題が大きく取り上げられるようになったことを記憶している方も多いであろう。

　ニュースやワイドショーでもしばしば取り上げられる生活保護であるが、生活保護制度の骨格を形作っているのは生活保護法という法律である。この生活保護法は、「日本国憲法第25条に規定する理念に基き、国が生活に困窮するすべての国民に対し、その困窮の程度に応じ、必要な保護を行い、その最低限度の生活を保障するとともに、その自立を助長することを目的」(1条) として制定されたものであり、社会保障制度の「最後のセイフティネット」として、憲法25条の保障する「生存権」を具体化するための法律である。

　本章では、こうした生存権に関して原理的な考察を行うこととする。すなわち、なぜ社会福祉が必要とされるのか。生活保護費を含め社会福祉の費用は、国民の税金によってまかなわれるものである。自分が働いて獲得した財産が税金として強制的に取り上げられ、他人に配られているのである。なぜそのようなことが正当化されるのか、という問題である。

● ● ●

ロールズ『正義論』(1971年)

第1章第3節

A「公正としての正義において平等な原初状態は、伝統的な社会契約説における自然状態に対応するものである。この原初状態は、もちろん実際に起こった歴史的事態として考えられているわけではないし、ましてや文化の原始的状態として考えられているわけでもない。それは、正義の一定の構想を導くために特徴づけられた純粋に仮説的な状況として理解されるものである。この状況の本質的特徴には、社会における自分の立場、階級上の地位や社会的身分を誰も知らないということ、生まれながらの資産や能力、知性、体力その他の配分における運を誰も知らないということが含まれる。私は、当事者たちが自身の善の構想や特別な心理的性向についても知らないということさえも仮定する。正義の諸原理は、無知のヴェールの背後で選択されるのである。このことによって、諸原理の選択の際に、生まれながらの運や社会環境の偶然の結果によって誰も利益も不利益も被らないということが確保されるのである。すべての人が同じような状況に置かれ、誰も自分の特別な状況をひいきするように諸原理を設計できないが故に、公正な合意や交渉の結果が正義の諸原理となる。」

<small>櫻井・訳。川本隆史ほか・訳『同〔改訂版〕』(紀伊國屋書店、2010年) 18頁も参照。</small>

第5章第46節

B「第一原理 各人は、すべての人にとっても同様な自由の体系と両立しうる、平等な基本的諸自由の最も広範な全体系に対する平等な権利を持つべきである。

第二原理 社会的・経済的不平等は、次の二つの条件を満たすように調整されるべきである。

 (a) 適正な貯蓄原理と調和し、最も不遇な人たちに最大の利益を

もたらすものであること。

(b) 公正な機会均等の諸条件の下ですべての人に開かれている職務や地位に付随するものであること。」

櫻井・訳。川本ほか・訳402〜403頁も参照。

> **ジョン・ロールズ（John Rawls, 1921-2002）**
>
> ハーバード大学教授で法哲学・政治哲学，倫理学の分野で多くの功績を遺した。主著『正義論』（1971年）は，多くの賛否両論，大きな議論を巻き起こした。「ロールズ産業」を産み出したといわれることもあるほどである。「ハーバード白熱教室」によって日本でも非常に有名になったマイケル・サンデル（Michael J. Sandel, 1953- ）も，当初はロールズの見解を批判して注目を集めた政治哲学者である（『自由主義と正義の限界』〔1982年〕）。
>
> Frederic REGLAIN/gettyimages
>
> その後，ロールズは『政治的リベラリズム』（1993年），『万民の法』（1999年），『公正としての正義 再説』（2001年）といった著作を公表し，批判に答えつつ，立場を微妙に修正していった。そうした「転回」についても賛否両論がある。

I ● 生 存 権

近代社会においては，「身分から契約へ」というスローガンに象徴されるように，身分によってではなく，自分の意思によって自分の法律関係を形成するというのが大前提である。自分のことは自分で決めるのであり，国家からとやかくいわれる筋合いはない（国家からの自由）。そのかわり，その自由の行使に伴う責任も自分で負う

のである（自己責任）。個々人の自由な競争によって、社会の発展も
もたらされるのである（第16章「経済的自由」参照）。それ故に、国家
の役割は、最小限度の秩序維持に限定されるべきだと考えられた。
このような国家は、「消極国家」あるいは批判的に「夜警国家」と
呼ばれる。

　資本主義が発展していくにつれて、貧富の差の拡大、労働条件の
劣悪化、失業・貧困、それらに伴う社会不安の増大等々の弊害が発
生することとなった。自由と平等を形式的に保障するだけでは、金
持ちはますます富を増やし、貧乏人はますます困窮していく。こう
した社会問題の発生に伴い、資本主義社会のひずみを是正し、実質
的な自由と平等を確保するために認められるようになったのが生存
権をはじめとする社会権である。このような歴史的経緯については、
最高裁判所も次のように簡潔に述べている。

最高裁判所大法廷昭和23年9月29日判決

「そもそも、人類の歴史において、立憲主義の発達当時に行われた
政治思想は、できる限り個人の意思を尊重し、国家をして能う限り
個人意思の自由に対し余計な干渉を行わしめまいとすることであっ
た。すなわち、最も少く政治する政府は、最良の政府であるとする
思想である。そこで、諸国で制定された憲法の中には、多かれ少か
れ個人の自由権的基本人権の保障が定められた。かくて、国民の経
済活動は、放任主義の下に活発に自由競争を盛ならしめ、著しい経
済的発展を遂げたのである。ところが、その結果は貧富の懸隔を甚
しくし、少数の富者と多数の貧者を生ぜしめ、現代の社会的不公正
を引き起すに至った。そこで、かかる社会の現状は、国家をして他
面において積極的に諸種の政策を実行せしめる必要を痛感せしめ、
ここに現代国家は、制度として新な積極的関与を試みざるを得ざる
ことになった。」

第18章 生存権

　第一次大戦後,総力戦の経験とロシア革命の影響から,国家が市民社会に積極的に介入するようになっていった。その典型例がドイツ・ワイマール憲法(1919年)である(コラム「ワイマール憲法」参照)。社会権といえばワイマール憲法というぐらい有名であり,中学・高校でも勉強してきたであろう。実際,ワイマール憲法は日本にも非常に大きな影響を与えた。

　ワイマール憲法においては,第1編が「ドイツ国の構成及び任務」,第2編が「ドイツ人の基本権及び基本義務」と題され,基本権について定めた第2編がさらに五つの章に分けられ,第1章「個人」,第2章「共同生活」,第3章「宗教及び宗教団体」,第4章「教育及び学校」,第5章「経済生活」というように全5章にわたって詳細な規定が置かれていた(全11章のうち第3章のみが「国民の権利及び義務」に関する規定である日本国憲法とも対照)。第5章「経済生活」(151条〜165条)が「ワイマール憲法の最も大きな特色」(章末参考文献①151頁)と称された箇所であり,そこでは従来の資本主義経済に修正を求めるような条項が定められていた。特にその冒頭151条1項では,「経済生活の秩序は,すべての人に,人間に値する生存〔人間の尊厳ある生存,人間らしい生活〕を保障することを目的とする正義の諸原則に適合するものでなければならない」と規定されていた。

　この「人間に値する生存」の保障が生存権の理念として日本にも大きな影響を与えたのである。最高裁判所の判例においても社会権の意義・理念を説く際に,この「人間に値する生存」という表現が用いられている(たとえば,全逓東京中郵事件に関する最高裁判所大法廷昭和41年10月26日判決参照)。また,労働基準法(昭和22年)は「労働条件は,労働者が人たるに値する生活を営むための必要を充たすべきものでなければならない」(1条1項)と規定している。この

Ⅰ●生 存 権

「人たるに値する生活」は,翻訳の表現が異なるだけで「人間に値する生存」のことである。

　そもそも「健康で文化的な最低限度の生活を営む権利」を保障する生存権規定（日本国憲法25条）自体,ワイマール憲法の「人間に値する生存」の保障の理念に共鳴（「感奮興起」）していた社会党議員（鈴木義男,森戸辰男ら）の提案によって導入されたものである（他方,戦後ドイツ基本法では,雑多なものを基本権条項に盛り込んだがゆえに基本権全体の意義・機能が低下したワイマール憲法の経験をふまえて,「直接に妥当する法」〔1条3項〕として裁判所で適用しうる自由権中心の構成となっている点で対照的である）。

　さらに,生存権の解釈において大きな役割を果たしたのが,ワイマール憲法に非常に造詣が深かった民法学者の我妻　栄（1897-1973）である。もともと憲法学のメインフィールドは統治機構論であり,憲法学者の主たる関心は統治機構（ワイマール憲法第1編）に集まりがちであった。それに対して,第2編第2章「共同生活」では家族についても規定されており（ちなみに,ワイマール憲法119条は日本国憲法24条の前身となる条文を起草する際にGHQのベアテ・シロタがモデルとした条文である）,第5章「経済生活」とともに,民法の守備範囲である市民社会に関する規定が定められていた。そのため,「資本主義の発達と私法の変遷を終生の研究テーマ」としていた我妻栄にとって,私法原理の変遷をもたらすワイマール憲法の基本権条項は大きな関心を呼び起こすものであった。

　我妻によれば,生存権を,国家によって生存を脅かされないという消極的・防御的意味で理解したのでは,その歴史的意味を捉えることはできない。国民の生存の維持・発展について国家による配慮がなされなければならないという積極的意味で理解しなければならない。我妻は,国家権力の制限によって「自由」を確保する「自由

権的基本権」と対置して，国家権力による積極的な配慮・関与によって「生存」を確保するものとして「生存権的基本権」を位置づけ，その後の通説の基礎を作った。「自由国家から社会国家へ」「消極国家から積極国家へ」といった国家の役割の転換，「抽象的な人格から具体的な人間へ」という法の想定する人間像の変容，国家と個人の関係についての思想の転換にこそ生存権条項の意義はあるのであって，まさしくこの点にこそ，自由権条項中心であった明治憲法と対比された20世紀的憲法としての日本国憲法の意義もあるのである（もっとも，明治憲法においても，伊藤博文がウィーンで学んだローレンツ・フォン・シュタイン〔Lorenz von Stein, 1815-1890〕や「お雇い外国人」として明治憲法の起草に大きな影響を与えたヘルマン・ロエスレル〔Hermann Roesler, 1834-1894〕の「社会王政」という考え方が反映されており，社会国家的な要素は存在していた）。

このような見解は，生存権に関する最初の本格的な裁判であった朝日訴訟（朝日茂が起こした訴訟で「人間裁判」とも呼ばれる）第一審判決において，生存権の意義が述べられる際にも説かれているところである。

朝日訴訟第一審／東京地方裁判所昭和35年10月19日判決

憲法25条は「わが旧憲法をも含めて従来諸国の憲法や権利宣言がいわゆる自由権的基本的人権の保障を主眼としたのに対し，憲法がたんにこの種の自由権的人権の保障のみに止まらず，国家権力の積極的な施策に基き国民に対し『人間に値する生存』を保障しようとしていわゆる生存権的基本的人権の保障に関して規定したものであると解せられる。いわゆる基本的人権の観念が認められて以来，18・19世紀においては国民が個人の生命・自由・幸福を追求することに対する国家権力の干渉を排除すること，とくに個人の財産権を

保障することをもって基本的人権の主要な内容とし,国家からの自由をその本質とするものと考えられていたが,20世紀にいたり単に国家の干渉からの自由を保障することは消極的意味を有するに止まり,これのみでは国民による真の生命・自由・幸福の追求の目的達成のためには不十分であり,国家権力の積極的な配慮・関与による国民の『人間に値する生存』の保障が不可欠であるという考え方が強くなって各国憲法にも生存権,勤労の権利,勤労者の団結権,団体行動権等いわゆる生存権的基本的人権を保障する傾向を生じわが憲法も,またその流れの中にある。」

以上のように生存権は歴史的に生成されてきた権利である。そのような生存権は,いわば「20世紀的憲法の常識」として当然視されてきたのであるが,理論的にはどのように正当化されうるのか。ロールズの『正義論』に依拠しつつ考えてみることとする。

Ⅱ●ロールズと正義論

ロールズの見解は,引用Aに見られるように,「原初状態」という仮説的状態において,公正な条件・手続に従って,社会の基本構造を規定する正義の諸原理について合意する,という形で社会契約論を再構成して,「社会制度の第一の徳」である正義の諸原理を導出し,正当化しようと試みるものである。

原初状態において,各人は自分の属性(たとえば,男性であるか,才能に恵まれているか,裕福な家庭に生まれるか,等)について情報を遮断されている。自分が才能に恵まれているとわかっているなら,才能を持つ者に有利な社会を選択するだろうからである。「無知のヴェール」によって情報が遮断されることによって,公正な判断が

第18章 生存権

確保されるのである（正義の女神はしばしば目隠しをしている）。

このような不確実な状況においては、最悪な結果となったとしても最もましになるような選択をするマキシミン・ルール（maximin rule）に従って決定することが合理的である。そうであるならば、すべての人に最大限の自由が平等に保障され、地位や所得を求めて公正な条件で競争が行われ、最も恵まれない境遇に置かれたとしても悲惨な状態にならないような社会を選択するであろう。

このようにして正義の二原理（引用B）に合意するであろう。第一原理は、「平等な自由原理」と呼ばれるものであり、各人に最大限の自由を平等に保障するものである。第二原理がロールズ『正義論』の特徴であり、(a)が「格差原理」、(b)が「公正な機会均等原理」と呼ばれるものである。これらには、①平等な自由原理、②公正な機会均等原理、③格差原理の順で優先関係が認められる。この優先順序によって、社会的・経済的利益の増大を理由として基本的自由の侵害を正当化することが禁止される。このように導かれた正義の二原理は、①平等な自由原理、②公正な機会均等原理（および第一原理における平等の理念）、③格差原理がそれぞれフランス革命の理念①自由、②平等、③友愛と対応するものとされており（『正義論』第17節）、われわれの正義感覚と照らし合わせても、合致するものである。

以上のようなロールズの見解に対しては、(1)正義の原理の導出手続に関する問題、(2)正義の原理の内容の問題、ともに賛否両論多くの議論を巻き起こした。洗練された手法によりバランスの取れた考え方を提示したが、それだけに、より自由を尊重する立場からも、より平等を重視する立場からも批判を受けることとなったのである。

ロールズの『正義論』には、社会の構成のあり方（constitution）を考える際の有益な示唆が多く含まれている。しかし、ロールズの

Ⅱ●ロールズと正義論

『正義論』を最も特徴づけるのは,その「格差原理」である。福祉国家（ニュー・ディール型リベラリズム）の擁護論,ヨーロッパ的な社会民主主義思想の正当化論として多くの賛否がよせられたのも,まさにこうした格差原理をめぐってであった（なお,ロールズ自身は「福祉国家」とは区別された「財産所有民主制」を主張している。興味のある方は,さしあたり『正義論』「改訂版への序文」を参照）。

「格差原理」は,引用文Bにも見られるように,「最も不利な状況にある人びと」の利益を増大させるのでない限り,社会的・経済的不平等は許容されないというものである（貯蓄原理は,世代間の公平の問題であり,社会保障を考える際には重要な問題であるが,ここでは置いておく）。その根底にあるのは,各人の生まれながらの才能の配分は道徳的観点からは恣意的であり（さらに才能を活かすべく努力しようとする意欲ですら家庭や社会環境といった偶然によって左右されるとロールズは考える）,優れた才能は共通の利益のために活用されるべき社会の共通資産である,という考え方である（『正義論』第12節・第17節・第48節）。偶然与えられた才能がもたらす利益は,本人がそれを得るに「値する」わけではなく,そのような利益を分かち合うのが格差原理にほかならない。自然的・社会的な偶然や運の影響による不平等は緩和・軽減されるべきであり,「生まれつき恵まれた立場にある者は誰であれ,不利な立場にある人びとの状況を改善するという条件に基づいてのみ,自分の幸運から利益を得ることが許される」のである（『正義論』第17節）。

「自由国家から社会国家へ」というスローガンに依拠して,社会国家・福祉国家的な再配分を20世紀の憲法の常識として自明のことと考えるのではなく,なぜ福祉国家的再配分が許容され,さらには必要とされるのか。こうした問題を考えるにあたって,ロールズの見解は多くの示唆を与えてくれる。

第18章 生存権

Ⅲ● 福祉国家に対する批判

　特に戦後日本では福祉国家・社会国家は20世紀的憲法の常識として当然視されることが多かったが，福祉国家に対する批判も根強く存在している点には注意が必要である。たとえば，フリードリヒ・ハイエク（Friedrich August Hayek, 1899-1992. 第16章「経済的自由」参照）は，すでに1944年の段階で福祉国家は「隷従への道」であると警鐘を鳴らしていた（『隷従への道』）。特に1970年代末以降，批判的な見解が勢いを増してくる。それは，個々の不正受給等を問題とするものではなく，福祉国家の構造的な問題点を指摘するものであった。

　福祉国家的任務を実際に担うのは行政機関であり，行政（官僚機構）が肥大化する。個々人に即したきめ細かな配慮をするためには，現場の裁量に委ねざるをえず，行政に対する国会（法律）によるコントロールも裁判所によるコントロールも低下する。また，お役所仕事一般の問題としてその非効率性が指摘される。さらに，財政赤字が恒常化する中で，少子高齢化に伴う社会保障費用の増加はどの国にとっても難題である（2013年9月17日，オランダ国王が財政難により福祉国家は持続不可能という内容の議会演説を行ったというニュースを記憶しているだろうか）。福祉を支えるための高い税・社会保険料は個人にとっても企業にとっても大きな負担であり，企業の国際競争力の低下，ひいては海外流出の原因にもなりうる。高福祉・高負担の社会（働いても高い税金，働かなくても手厚い福祉）では，人びとの労働意欲を減退させかねない。他方，個人の生活も国家の保護に依存するようになるとともに，保護を受ける以上は国家による管理・統制のもとに置かれることになり，権利の主体としてではなく保護

の客体として扱われるようになる，等々。

　現実政治（英サッチャー政権や米レーガン政権による改革）に与えた影響という点では，ハイエクやミルトン・フリードマン（Milton Friedman, 1912-2006）の見解も重要であるが，ここでは理論的に明晰なロバート・ノージック（Robert Nozick, 1938-2002）の見解（『アナーキー・国家・ユートピア』〔1974年〕〔嶋津格・訳『同』（木鐸社，1992年)〕）を見てみることとする。個人の権利の観点から福祉国家を批判した点にノージックの見解の大きな特徴がある。ノージックは，ハーバード大学におけるロールズの同僚であり，ロールズ同様に人間を単なる手段として扱ってはならないとするカント倫理学に基づき（『正義論』第29節・第40節，『アナーキー・国家・ユートピア』第3章），社会契約説的な思考実験を用いつつ，正反対の見解を導いたという点において非常に興味深い議論を展開しているのである。

　ノージックは「国家の役割は何か」「どのような国家が望ましいか」という問い以前の根源的な問いである「そもそも国家は存在すべきか」「なぜ無政府状態（アナーキー）であってはならないか」を問題とする。そして，いかなる国家も個人の権利を侵害するが故に悪であるという無政府主義者（アナーキスト）の主張を退け，「最小国家（minimal state）」であれば誰の権利も侵害することなく成立しうることを示す。

　個人は自然状態において自身の生命・自由・財産に対する自然権を有する。しかし，自然状態においては自然権の保全は十分ではない。そこで社会契約を結んで政府を創設して……というのが通常の社会契約論の説明であるが，ノージックはそうは考えない。「見えざる手」の働きによって国家の存在する状態へと移行しうることを示し，最善のアナーキーよりも国家の方がよりよいことを示そうとする。

第18章　生存権

　自然権の保全が不十分だと考える個人は，集団の力によって権利を保護するために団結して相互保護協会を結成し，さらには権利保護サービスを提供する商業的保護協会に加入する。このような私的な保護協会は複数作られうるが，市場における競争を通じて（弱い保護協会では権利保護の任務を果たせないので，強い保護協会に顧客は集まっていく），地域に一つの支配的保護協会だけが残ることとなる。しかし，保護協会に加入しない独立人はなお存在している。独立人と協会加入者の紛争に際して，独立人が自力救済によって権利を実現するならば，保護協会は加入者の権利保護を果たせない。そこで，保護協会は独立人に対してそのような行為を禁止することとなるが，その代償として保護協会は独立人に対しても権利保護サービスを提供する。このようにして保護協会は，領域内で実力行使の独占を果たすとともに当該領域内の全成員に権利保護サービスを提供するようになり，ここに犯罪の取締り，紛争の解決，権利の実現などに限定された任務のみを遂行する「最小国家」が成立する。このような最小国家であるならば，誰の自然権も侵害せずに成立しうるものであり，アナーキストが主張するように道徳的に不正な存在ではない。

　それに対して，最小国家を超える任務を果たす国家，たとえば弱者保護の名目で所得の再配分を行うような国家は，個人の権利を必然的に侵害することとなり，道徳的に正当化されえない。その根拠となるのがロック流の自己所有権である（第17章「財産権」を参照）。移植技術が完全になったと仮定して，目の見える人の二つの眼球のうち一つを目の見えない人に移植すると，誰もが（少なくとも片方の）目が見えるようになり，全体としては望ましいかもしれないが，それにもかかわらず目の見える人から眼球を強制的に取り上げることは許されないと誰もが考えるであろう。その判断の根拠となっているのが自己所有権である。財産についても，たとえば，誰のもの

Ⅲ ● 福祉国家に対する批判

でもない紙からAが紙飛行機を作ったなら，その紙飛行機は，最も上手に飛ばすことのできるBでも，貧しくて他に遊ぶおもちゃを持っていないCでもなく，Aのものと考えるのが自然である。正当な財産の保有原因は①原始取得・獲得，②承継・移転，③不正の
きょうせい
匡正のみである。この三つの原理に従った財産の保有は正当であり，そのように正当に保有している財産を強制的に取り上げることは不正である。ロールズの見解は，天から与えられたマナ（旧約聖書『出エジプト記』第16章）の配分においては正当かもしれない。しかし，所得の再配分は，ある個人が労働によって正当に取得した財産を強制的に取り上げ，他人に配分するのである。他人を単なる手段として用いてはならない，というのがロールズも依拠するカントの見解（『人倫の形而上学の基礎づけ』第2章）である。ロールズの見解は，才能ある者を他人の福祉の手段に貶めているといえるのではないか。

　ロールズの見解同様に，ノージックの見解に対してもさまざまな批判・異論・疑問が提起されている。しかし，そこで行われているのは，社会の基本的なあり方についての原理的な考察である。日本国憲法には生存権規定（25条）があり，福祉国家を理想としている，と思考停止してしまわずに，どのような社会があるべき社会か，各自考えていただきたい。

Q

◇　生存権とはどのような権利であり，自由権とはどのように違うだろうか。
◇　ロールズの『正義論』はどのような見解を説いたもので，どのような意義を持っているだろうか。

301

第18章　生存権

◇　福祉国家に批判的な見解は，福祉国家にはどのような問題があると考えているのだろうか。

◇　自分が働いて獲得した財産が税金として強制的に取り上げられ，他人に配られるという事態はどのような理由によって正当化されるのか，歴史的観点，理論的観点から検討してみよう。

参考文献

①我妻栄「基本的人権」，「新憲法と基本的人権」同『民法研究Ⅷ——憲法と私法』（有斐閣，1970年）57～88頁，89～249頁

　生存権解釈に大きな影響を与えた文献。

②芹沢斉ほか・編『新基本法コンメンタール憲法（別冊法学セミナー210号）』（日本評論社，2011年）214～225頁〔尾形健執筆〕

　生存権に関して，その意義，学説・判例について解説したもの。理論的側面に興味のある方は，同じ著者による尾形健『福祉国家の憲法構造』（有斐閣，2011年）を参照。

③川本隆史『ロールズ』（講談社，2005年）

　主著『正義論』を中心にロールズの評伝も交えてロールズ思想の全体像を示そうとするロールズ入門書。

④井上達夫『共生の作法』（創文社，1986年）

　正義論について検討を加えた著書で，憲法学にとっても多くの有益な示唆を与えてくれる。

第19章　教育を受ける権利

●●●

　わが国の小中学校では，週1回，道徳の授業を行うことが義務づけられている。この授業は，国語や算数といった「教科」とは異なり，現在のところ「総合的な学習の時間」などと同様のものとして位置づけられているが，教育の現場においてその指導が適切になされていないなど，かねてより道徳教育の形骸化が指摘されてきた。こうした中，2013年2月に政府の教育再生実行会議が「道徳の教科化」を提言，2014年10月には中央教育審議会が道徳を「特別の教科」とすることを答申した。これを受けて，文部科学省は2015年3月に「特別の教科」へと格上げし，小中学校の道徳について新たな学習指導要領を告示するにいたっている。

　政府が，教科化の形で道徳教育の充実を図ろうとする動きに対しては，これまでさまざまな課題のあることが指摘されてきた。道徳の授業で教えられる内容は教科書検定になじむのか。道徳心が身についたかどうかをどのように評価するのか，等々である。

　元来，道徳教育は，個人の内面や価値観にも関わることから，公教育の中で道徳を教えることが適切であるかどうかという根源的な問いに晒されてきた。学校における道徳教育を，何が道徳的であって何が道徳的でないか，国が決め「押し付け」ることと同一視し，危惧する声も一部にはある。このことは，2002年に道徳の教材として「心のノート」が作成され，全小中学生に無償配布された際にも問題となっている。新たな道徳の教科書に基づく授業が開始された後

にも、この根源的な問題をめぐる議論は続いていくであろう。

さて、この章で扱うテーマは、そうした学校という空間で行われる公教育についてである。20世紀初頭のアメリカ教育思想に大きな影響を与えたジョン・デューイ（John Dewey, 1859-1952）は、学校を共同社会生活の一形態とみなし、そこでの生活実践を通じて市民を育成することを目指したことで知られているが、この章では、古典を端緒に公教育の役割について考えてみたい。

● ● ●

コンドルセ「公教育の全般的組織についての報告と法案」（1792年）
「教育の目的

……人類に属するすべての個人に、みずからの欲求を満たし、幸福を保証し、権利を認識して行使し、義務を理解して履行する手段を提供すること。

各人がその生業を完成し、各人に就く権利のある社会的職務の遂行を可能にし、自然から受け取った才能を完全に開花させ、そのことによって市民間の事実上の平等を確立し、法によって認められた政治的平等を現実のものにする方策を保証すること。

これらのことが国民教育の第一の目的でなければならない。そしてこの観点からすれば、国民の教育は公権力にとって当然の義務である。

教育を組織して、諸技術の完成が市民全体の喜びとそれに携わる人々のゆとりを増進させるようにすること。教育を組織して、大多数の人々が社会に必要な職務を果たすことができるようになり、知識の絶え間ない進歩がわれわれの必要を満たすこのうえなく豊かな泉を開き、災厄から救い、個人の幸福と共同の繁栄の手段となるようにすること。

最後に、各世代の肉体的・知的・道徳的能力を培い、それによってあらゆる社会制度が向かうべき究極目標である人類の全般的で漸

進的な完成に貢献すること。

こうしたこともまた教育の目標であり，社会の共通の利益と人類全体の利益によって公権力に課せられた義務である。」

> コンドルセほか（阪上孝・編訳）『フランス革命期の公教育論』（岩波文庫，2002年）11〜12頁

I ● 近代公教育論

1　教育と統治

国家による公教育制度の構築について，本格的に議論され始めるのは，主に近代市民革命以降のことである。それまでの教育は，親と子どもの関係を原点とする私的な営みとしての私教育が基本であった。

たとえば17世紀イギリスにおいて，近代教育論の原型を示したとされるジョン・ロック（John Locke, 1632-1704. 第17章「財産権」参照）は，1693年の著作『教育に関する考察』の中で，私教育の典型たる家庭教育を推奨していた。徳性の涵養を最も重要視したロックは，統治の主体としてふさわしい徳を備えた人格を形成する方途として，家庭教育を捉えたのである。このとき，その教育を受ける者として想定されたのはすべての子どもではなく，イギリス社会の支配階層たるジェントルマンの子弟であった。資力と時間を有するジェントルマンの家庭において教育権は親にあり，親や親からの依頼を受けたすぐれた家庭教師によって行われる教育こそが理想とされたのである。なお，ロックはこれとは別に，労働者階級の子弟のための労働学校の設置を提案している。ただし，これは救貧政策の一環として出された案であり，生活していくために必要な技術や勤勉さを身につけることを目的としていた。そのため，ジェントルマンの家庭

で行われる将来の政治の担い手を育てる教育とは，目的において異なっていたということができよう。

これに対して，18世紀の近代市民革命は，教育の範疇に大きな変動をもたらすことになる。革命後，国家を支える国民を形成する任が，教育に求められたからである。統治する者を選びそれを継続的に監視する主権者の育成には，家庭教育のみでは十分でなく，新たにその役割は，公教育という名で国家に担われることになった。それは次の二つの点からも望ましいことと思われた。

一つは，教育にかかる費用を国家が負担することにより，親の経済状況に関わりなく子どもたちに等しく教育を受ける機会を確保しうるということである。もう一つは，家庭における親の権威からの子どもの解放である。家庭という私的な空間において，親は子どもに対して絶対的な支配を及ぼしうる。こうした状況において，親の口から誤りが語られることほど危険なことはなく，また親が子どもに教えうる内容にも限界がある。ゆえに，将来の主権者としての子どもに正しく幅広い知識を学ばせるため，ときには家族の伝統や自らの教育方針に沿った生き方を教えようとする親から，子どもを引き離すことが必要となる。その役割を果たしうるのが国家なのであった。

2 近代革命期の公教育論——コンドルセの公教育論

このように近代市民革命以降，主権を担う市民を作ろうとする国家は，将来の市民となる子どもたちをいかに教育していくかに関心を払うようになる。当時，その動きを最も顕著にみることができたのがフランスである。

1791年憲法において，すべての市民に，教育の不可欠な部分について無償の公教育を組織することが宣言されたフランスでは，これ

を受けて公教育委員会が議会に設置された。その委員会のメンバーとして最初の本格的な公教育案を提示したのが，コンドルセ（Marquis de Condorcet, 1743-1794）である。最初に引用した文章は，フランス公教育の父と呼ばれるコンドルセの掲げた「公教育の目的」である。公教育はどのような目的のもと組織されなければならないか。この問いに対し，コンドルセの挙げた「公教育の目的」は，「個人」，「社会」，「人類」という三つの観点から次のように整理することができる。

まず「個人」の観点から，教育は自己の権利を理解させ，それを行使する精神や人格を形成することを目的とする。換言すれば，それはフランス人権宣言に明文化された政治上の平等の理念を実際のものとする，自律した市民を育てることを意味していた。

次に「社会」の観点から，教育は技術の進歩および完成を目的とする。これは，教育を通じて，市民が社会に必要な職責をそれぞれ遂行しうるようになれば，社会の効用は増大し繁栄への道が切り開かれるであろうという期待に基づくものであった。

最後に「人類」の観点から，教育は人類の「漸進的な完成」を目的とする。進歩の担い手であり体現者である新しい「世代」を育てることは，進歩主義的な歴史観をもつコンドルセにとって，公教育の究極の目標であったといってよいであろう。

ではかかる諸目的のもと，国家は学校を通じて何を教えることができるのか。コンドルセは知育と訓育とを峻別し，公教育は知育のみを対象とすべきであり，訓育は家庭教育に委ねるべきであると主張する。ここで知育とは普遍性を有する客観的に正しい知識の教授を指し，訓育とは特定の宗教的信念や政治思想の教授などを指す。後者を学校で行うことを否定する理由として，コンドルセは，①親の教育の自由と②思想の完全なる独立を挙げている。公教育におけ

る訓育は，①子どもの監督指導について親の有する自然権を侵害し，また②宗教的権威や政治的権威からの教育の独立を妨げるからである。とりわけ②について，意見の絶対的な独立を重要視する観点から，コンドルセは，個人の精神に何らかの独占的・排他的な影響を与えることを警戒し，次のように述べている。すなわち，国家が特定の宗教の原理を教えてはならないのはもちろんのこと，特定の思想を真理として教えることも許されない。なぜなら「公権力は，どこに真理が存し，どこに誤謬があるかを決定する権利をもつものではない」からである（松島・訳〔後掲〕37頁）。

同様の理解は，彼の憲法教育に関する以下の叙述の中にも的確に示されている。

コンドルセ「公教育の本質と目的」（1791年）

「もしも憲法を教授するに際して，『国家の中に樹立された憲法はこのようなものである。そしてすべての国民はこの憲法を遵守しなければならない』というだけであれば，このことは真である。しかし，もしも憲法を，普遍的な理性の原理に一致する教説として教授しなければならぬと考えるならば，あるいは国民をして憲法を批判することを不可能ならしめるような盲目的熱狂を憲法のために鼓舞しなければならぬと理解するならば，……その場合には，一種の政治的宗教が創設されようとしているのである。それは精神に対して鉄鎖を用意するものであり，憲法を大切にすることを教えるという口実のもとに，最も神聖な権利の中なる自由を侵害しているのである。教育の目的は，すっかり完成している法律を人々に称讃せしめることではなくて，この法律を評価したり，訂正したりする能力を人々に付与することである。各世代が，前の世代の意志に従うと同様に，その思想にも従うということが問題なのではなくて，漸次思想を啓蒙していって，その結果各世代は，しだいに自分自身の理性

で身を修め得るようになるということが大切なのである。」

松島鈞・訳『公教育の原理』(明治図書出版, 1962年) 42頁

なお, コンドルセは, 道徳教育と上述の宗教教育とを慎重に切り離して考えている。共和国を支える市民に必要な道徳と宗教の教理とを不可分なものとして捉える見方もありうるところであるが, コンドルセは両者を切り分けたうえで, 前者の学校での教授を否定していない。なぜなら, コンドルセの考える学校で教えられる「道徳の原理」とは, 特定の宗教・宗派の教理とは異なって, 不変かつ普遍性を有する「自然的感情と理性にもとづく万人に共通の原理」(阪上・訳49頁) であり, 真理であったからである。

II ● 教育内容への国家の介入と価値中立性という課題

1　国家の教育内容不介入と教育の多様性

公教育の実現を国家の責務として位置づけた場合, 次に問題となるのは, 教育という領域に国家がどこまで関与できるのか, 関与できるところとできないところをいかに線引きするのかという点である。

たとえば, 19世紀イギリスの哲学者ジョン・スチュアート・ミル (John Stuart Mill, 1806-1873, 第10章「自由」参照) は,「すぐれた統治の第一の要素は, その共同社会を構成している人間の徳と知性」(水田洋・訳『代議制統治論』〔岩波文庫, 1997年〕50～51頁) にあると論じ, それらを備えた公衆を作り上げるため, 国家が教育を義務として励行することが肝要であると唱えていた。その際ミルは, 国家による教育の義務づけと, 国家が教育内容を管理することとを明確に区別している。国家がなすべきこととミルが考えるのは前者, すなわち子どもたちに「絶対的排他的支配」を及ぼし, 子どもたちを

「自己の一部」とみなす親たちに対して，教育を受けさせるよう要求し，またその教育費を親に代わって支出することであった。他方，後者は，ミルの理解によると国家が一手に引き受けるべきものではなかった。なぜなら，各人の個性や意見・行動様式の多様性を重要視するミルにとって，教育の多様性こそ自由な社会にとって不可欠であったからである。ミルは，『自由論』の中で次のように論じている。

ミル『自由論』(1859年) 第5章
「国が教育全体を管理することは，国民のすべてをひとつの鋳型にはめようとする企てにほかならない。……そのときどきの政府を支配する勢力にとって好ましい人間が，その鋳型によって量産されるのだ。この企てが成功し，効果を上げれば上げるほど，精神にたいする国家の専制支配が進む。そして，自然の流れにより，身体にたいする専制支配も進む。」

斉藤悦則・訳『同』(光文社古典新訳文庫，2012年) 255頁

2 わが国における教育権の所在をめぐる問題

このように，国家が教育の中身に関与することに警鐘を鳴らし，その干渉を限界づけようとする議論は，戦後わが国においても熱心に行われてきた。それは，教育を受ける権利を謳う日本国憲法26条の解釈をめぐる問題でもあった。すなわち，教育内容を誰が決定するかをめぐって繰り広げられる「国民教育権」説と「国家教育権」説の対立である。前者は，親の教育の自由を基軸として，公教育を「私事の組織化」として捉え，教育内容の決定権は，親とその信託を受けた教師を中心とする国民全体にあると説いた。これに対して後者は，公教育の内容と方法は法律によって民主的に決定されるも

のであるとし、教育内容決定権は国家にあると説いたのである。

このような教育権の所在をめぐる論争に対して、最高裁は次のような形で一応の決着をつけている。すなわち、「同条〔憲法26条〕が、子どもに与えるべき教育の内容は、国の一般的な政治的意思決定手続によって決定されるべきか、それともこのような政治的意思の支配、介入から全く自由な社会的、文化的領域内の問題として決定、処理されるべきかを直接一義的に決定していると解すべき根拠は、どこにもみあたらない」としたうえで、最高裁は、子どもの学習権の充足という観点から、親、教師、国家等それぞれが教育の自由または教育権能を一定の範囲で有しているという理解を示したのである（旭川学力テスト事件〔最高裁判所大法廷昭和51年5月21日判決〕）。

3 「人間」を育てる教育と「市民」を育てる教育

公教育をめぐる論争の中には、もう一つの二者択一的な発想がある。それは子どもに公教育を受けさせることを正当化するための利益を、①子どもたちの各々の個性や能力を自由に伸ばすところに求めるのか、それとも②国家目標の実現や社会秩序の維持に資するよき市民を作り出すところに求めるのかという対立である。これは、ルソー（Jean-Jacques Rousseau, 1712-1778. 第4章「民主政」参照）の言葉を借りれば、「人間をつくる」教育か、それとも「市民をつくる」教育かの対立とも言い換えることができよう（戸部・訳〔後掲〕367頁）。ルソーは、自身の教育論を展開した『エミール』の中でその両立を試みるのであるが、同書の中で両者の相違を次のように描き出している。

ルソー『エミール』（1762年）

「自然人は、まったく自分自身のためにのみ生きている。彼は整数

> によって勘定のできる，1人で完全な全体であ〔る〕……。〔これに対して〕社会人は何分の一という分数によって数えられ，その価値は，社会という全体との関係において決められる。よい社会制度というのは，最もよく人間本来の自然を抹殺し，人間から，その絶対的な存在を奪って，1つの相対的な存在を与え，《自我》を共同体のなかに転移させてしまう制度のことである。」

戸部松実・訳『世界の名著(36)——ルソー』(中央公論新社，1978年) 368頁

　この対比は，一見，極端なようであるが，今日の文脈において両者は次のような形で対峙する。たとえば，後者のような「市民をつくる」教育では，主権者が有すべき，ある一定の共通項の教授が要請されることになる。しかしこの，ある一定の共通項の教授にあたっては，特定の価値にまったくコミットしないことは難しく，そのため，とりわけ前者の機能を重視する立場から厳しい批判に晒されることになる。すなわち，国家の求める特定の価値が注入されることによって，個人の思想・良心の自由が脅かされ(「人間本来の自然を抹殺し」？)，ひいては価値の多様性の否定を招くのではないか(「《自我》を共同体のなかに転移させてしまう」？)という批判である。

　たしかに，教育によって得られる国家の利益と個人(子ども)の利益，あるいは社会の利益と個人(子ども)の利益を，安易に同一視することは避けられなければならない。しかし，先述の旭川学力テスト事件で，最高裁が，教育権の所在をめぐる両説のいずれか一方を選択するのではなくいずれの側面もあることを認めたように，民主主義国家における公教育は，子ども本人の利益を実現するという要請に応えると同時に，主権を担う「市民をつくる」という要請にも応えていかざるをえない。そこでの課題は，子ども一人ひとりの考え方の尊重や人間としての主体性の形成，教育の多様性といっ

た要請を損なうことなく、どこまで「市民をつくる」ための共通項を教授することができるのか、慎重に考えていくことであろう。

そもそも、教育権の所在の問題が教育を受ける権利をめぐる主要な論点となってきた背景には、教育内容を合理的に定義することの難しさがあったといわれている。そのため、上の課題には容易に答えを見出しうるものではないが、次節（Ⅲ）に紹介する「市民をつくる」という観点から求められる教育内容の例などを参考に考えてみてほしい。

Ⅲ● 市民の育成に関わる公教育の役割

1　市民教育と国家観

将来の市民となる子どもたちに対して、公教育は何を教授することが求められているのか。一口に「市民をつくる」教育といっても、いかなる国家観を擁するか、いかなる「市民」を作ろうとしているかによって、求められる教育内容には違いが生じる。

たとえば、リベラリズム（リベラリズムについては、第1章「立憲主義」を参照）の立場からは、個人の価値観との衝突を最小限にするよう、異なる考え方をもつ者同士が共同して生きるための必要最小限の価値のみを教授すべきであると唱えられる傾向にある。政治的リベラリズムの論客であるロールズ（John Rawls, 1921-2002. 第18章「生存権」参照）は次のように述べている。

ロールズ『公正としての正義 再説』（2001年）

「政治的リベラリズムは、子供の教育のなかに、自分の憲法上の権利や市民的権利に関する知識といったものが含まれることを求めるだろう。これによって、例えば、子供たちは、自分の社会には良心

> の自由が存在し，背教は法律上の犯罪ではないとわかる……。また，子供の教育は，子供たちが十分に協働する社会構成員となる準備を整え，彼らが自活するのを可能にすべきである。それはまた，子供たちが社会のなかの彼ら以外の人々と彼らとの関係において社会的協働の公正な条項を尊重したいと欲するように，政治的諸徳性を涵養するべきである。」
>
> 田中成明＝亀本洋＝平井亮輔・訳『同』（岩波書店，2004年）274～275頁

このほかにも，たとえば討議民主主義の立場から，互いに相手を尊重しつつ討議する能力を身につけさせるような民主主義教育を求める理解もある。その場合，ロールズよりもさらに踏み込んで，人権や民主主義といった憲法価値の教授や，寛容，自制心の陶冶とともに，批判的に思考する能力，公的討議に関わりたいという心持ちの涵養までもが目指されることになる。また共同体主義の立場から，上に挙げられたような事柄に加え，自身の属する共同体の価値や文化に関する知識，それへの愛着をも共有する教育を求める理解もある。

わが国では，教育基本法において，「人格の完成」と「平和で民主的な国家及び社会の形成者として必要な資質を備えた心身ともに健康な国民の育成」を教育の目的として掲げている（1条）。そしてその目的のもと，「特定の政党を支持し，又はこれに反対するための政治教育」（14条2項）や「特定の宗教のための宗教教育」（15条2項）を明示的に禁止する一方で，「良識ある公民として必要な政治的教養」（14条1項）や「宗教に関する寛容の態度，宗教に関する一般的な教養及び宗教の社会生活における地位」（15条1項）は，教育上尊重されなければならないと規定している。特定の生き方に子どもを方向づけることなく，むしろ子どもが自ら価値選択を行う

Ⅲ ● 市民の育成に関わる公教育の役割

機会をもち,同時に他者の価値観をも尊重できるような「良識ある公民」となるためには,公教育を通じて,何を,どのように,どのようなものとして伝えるべきか,考えていく必要があるであろう。

2　シティズンシップ教育

近時,欧米を中心に,学校におけるシティズンシップ教育という言葉が聞かれるようになっている。シティズンシップ教育とは,子どもたちが将来,市民社会の一構成員として役割を果たすため,単なる知識や技術を習得するだけでなく,自ら考える力や,法や正義を尊重する精神を涵養することをも目指した教育をいう。ここでは,2002年にシティズンシップ教育を必修教科とした英国を例に,その教育のエッセンスを,英国教育省のシティズンシップ教育のための諮問委員会が提出した報告書の中から紹介しておきたい。

英国教育省「シティズンシップ教育のための諮問委員会報告書」(1998年)

「我々は,議会制民主主義におけるシティズンシップ教育には3つの柱が存在すると考えています。すなわち社会的・道徳的責任,社会参加,そして政治的教養〔ポリティカル・リテラシー〕です。『責任』には(a)他者への配慮,(b)行為が他者に対してどのような影響をもたらし得るかについての事前の考察と予測,(c)結果に対する理解と留意,といったものが含まれることからも,『責任』とは道徳的善であると同時に政治的に不可欠な要素です。」

長沼豊＝大久保正弘・編著,鈴木崇弘＝由井一成・訳『社会を変える教育』(キーステージ21,2012年)125頁

ニコラ・ド・コンドルセ (Condorcet, Marie Jean Antoine Nicolas de Caritat, marquis de, 1743-1794)

　18世紀フランスの数学者，哲学者，政治家。貴族の家に生まれ，イエズス会の教育を受ける一方，早くから数学の才能を開花させ，26歳の若さで科学アカデミーの会員となる。革命勃発後は政治活動に身をおき，1791年，立法議会議員に選出され，議会に置かれた公教育委員会のメンバーとなる。1792年4月，「公教育の全般的組織に関する報告および法案」を作成，委員会を代表して議会に報告を行っている（ただし，当時の政治情勢から法律として成立するには至らなかった）。さらに，国民公会の憲法委員会に属し，ジロンド派憲法の起草にも携わっている。ところが，1793年の政変でモンターニュ派が優勢となり，彼の同調するジロンド派が排除されていく中，逮捕状が出され，8か月間身を隠したのち投獄され，獄中で服毒自殺を図る。なお，代表制の理論家として「投票のパラドクス（コンドルセのパラドクス）」を提示したことでも知られる。

Q

◇　本章冒頭でふれた新たな道徳の授業では，問題解決型の学習や体験的な学習を取り入れ，考え，議論する授業を行うことが目指されている。道徳の教科化をめぐる近年の議論なども参考に，民主主義国家における道徳教育がいかにあるべきか考えてほしい。

参考文献

①エイミー・ガットマン（神山正弘・訳）『民主教育論──民主主義社会における教育と政治』（同時代社，2004年）

教育の目的を「民主的な社会の意識的な再生産」と捉える討議民主主義の論客ガットマンの教育論が展開されている。

②杉原泰雄『憲法と公教育──「教育権の独立」を求めて』（勁草書房，2011年）

近代および現代における公教育を憲法の視座から考察する。

③戸波江二ほか「戦後教育制度の変遷──戦後教育の軌跡と現況，将来の課題」ジュリスト1337号（2007年）

教育を受ける権利をめぐる諸問題を座談会形式で検討する。

第20章 参政権

衆議院議員総選挙における投票率の推移

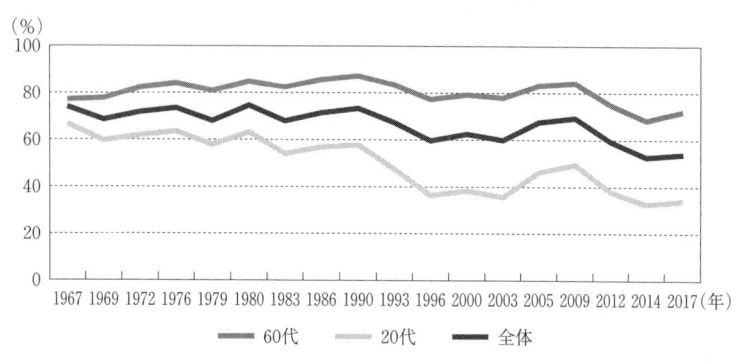

（グラフ：1967年から2017年までの衆議院議員総選挙における60代、20代、全体の投票率の推移）

― 60代　― 20代　― 全体

　人びとはなぜ投票に行かず棄権するのだろうか。調査結果は選挙の種類や政治状況等により変動するが、最も多く挙げられる理由の一つは、「適当な候補者も政党もなかったから」というものである（そのほかには、仕事やその他所用があったから、とか、投票しても結果に影響がない、あるいは政治は変わらないと思うから、など）。

　しかし、ここでいう「適当な」候補者・政党とはどのようなものだろうか。この点を考える手がかりとして、若者の投票率が低いとなぜ問題なのか、ということを考えてみよう。この点については、若者の投票率が低いと、若者の意向が政治に反映されず、若者の抱えるさまざまな問題（就職、結婚、子育てなど）の解決への政治の取り組みが鈍くなる一方で、中高年の意向（年金や高齢者医療の充実な

ど) が優先されてしまうということがしばしばいわれる。

　こうした文脈では,「適当な」候補者・政党というのは, 自分 (たち) の利害を代弁してくれる候補者・政党という意味になる。これは, 選挙権とは, 個人の自己利益に従って行使されるものだという理解につながる。

　選挙権とは本当にこのようなものなのだろうか。本章では, 公開投票か秘密投票かという一見古い議論にさかのぼってこの問題を考えてみたい。

・・・

ミル『代議制統治論』(1861年) 第10章
「どのような政治的選挙においても, たとえ普通選挙によるばあいであっても (制限選挙のばあいには, さらにいっそう明らかであるが), 投票者は, 自分の個人的利得ではなく公共の利害を考慮しなければならず, 自分がただ一人の投票者で, 選挙が自分一人によってきまるばあいに, そうしなければならないのとまったく同様に, 最善の判断力をもって投票しなければならないという, 絶対的な道徳的責任を負っている。これが認められるとすれば, 投票という義務は, 他のいかなる公共的義務とも同じく, 公共の監視と批判のもとで遂行されるべきだということが, 少なくとも一応の帰結なのである。」
　　　　　　　　　　　　水田洋・訳『同』(岩波文庫, 1997年) 259〜260頁

ベンサム『急進的改革法案』(1819年)
「秘密性の存在しないところでは, 真正性 (genuineness) の保障も存在しない。投票は, 買収されるか強制されるかである。買収されようと強制されようと, その場合, 投票は, 投票者のものではなく, 彼を買収したり強制したりする人の願望の表明となる。」
　　曽我部・訳, Bentham's Radical Reform Bill, with Extracts from the Reasons, 1819, p.1

第20章 参 政 権

> ジェレミー・ベンサム
> (Jeremy Bentham, 1748-1832)
>
> 「最大多数の最大幸福」が道徳及び立法の基準となるべきだとする功利主義の立場から幅広い問題を論じたイギリスの哲学者・経済学者・法学者。ベンタムと表記される場合もある。法学教育を受け弁護士となるが、まもなく辞めて著述生活に入る。それは、当時のイギリス法、あるいはその権威であるウィリアム・ブラックストン（William Blackstone, 1723-1780）への批判からであるが、その後、ベンサムは法改革を精力的に主張するようになり、その影響はイギリス国内のみならず、革命を経て近代的な法体系構築を目指していたフランスなど諸外国に及んだ。『道徳および立法の諸原理序説』（1789年）では、功利主義哲学を提唱するとともに、その原理に基づく刑事法改革について詳細に論じている。関連して、有名なパノプティコン型監獄（円筒形の施設の中央に看守台が配置され、看守からは全受刑者の監視が可能である一方で、受刑者からは看守の姿が見えない構造の監獄。恒常的・効率的な監視により、受刑者に労働習慣を身につけさせることができるなどの特徴がある）構想の実現のために奔走した（が、結局、当時のイギリスでは実現しなかった）。晩年には、熱烈な民主主義者となり、本文でも触れたような改革案を精力的に主張した。

I ●「現代選挙法の公理」としての秘密選挙とその確立までの歴史

1 「現代選挙法の公理」としての秘密選挙

選挙制度はもちろん国によって異なるが、しかし、基本原則レベルでいえば、多くの国で共通して採用されている原理がある。普通

I ●「現代選挙法の公理」としての秘密選挙とその確立までの歴史

選挙，平等選挙，秘密選挙，直接選挙，自由選挙といった諸原則である。これらは，「現代選挙法の公理」などと呼ばれることもあるが，日本国憲法でも，細部については議論があるものの，これらの諸原則が基本的に採用されている（15条・44条・14条・21条等）。

これらの「公理」の中でも，最も自明視されているのが，秘密選挙の原則である。秘密選挙とは，有権者がどのような投票をしたかについての秘密が保障された選挙を意味する。日本国憲法でも，「すべて選挙における投票の秘密は，これを侵してはならない。選挙人は，その選択に関し公的にも私的にも責任を問はれない。」（15条4項）として手厚く保障されている。歴史的にも，次に見るように，日本のみならず外国でも，普通選挙の確立に先立って秘密選挙が保障されている。

2 秘密選挙原則の確立までの歴史

選挙という制度は古代から存在するが，投票用紙への記入といった方式での投票が行われるようになったのは近代，それも19世紀のことであり，それまでは，挙手，拍手，起立，歓声などの方法によって代表者等の選出が行われていたので，当然，投票の秘密は確保されなかった。

秘密選挙原則へといち早く向かったのはフランスである。フランスで近代的な議会成立の契機となったのは，フランス革命期（1789～1799年）である。革命勃発後，短い過渡期を経て，秘密投票原則は早くに認められた。すなわち，1795年憲法は，「すべての選挙は秘密投票で行われる」（31条）と定め，その後今日に至るまで，例外的な時期を除いて，秘密投票の原則は維持されてきた。なお，フランスにおいて男子普通選挙制が確立したのは1848年，完全普通選挙が実現したのは1945年である。

第20章　参　政　権

　近代的な議会制度（第5章「議会」Ⅰ参照）に向かう途上のイギリスでは，選挙人が台上に上がって意中の候補者の名を口頭で申告し，担当者がこれを記録するという方式で選挙が行われていた。イギリスでは19世紀に入ると数次にわたって選挙法の改革がなされることになるが，こうした選挙方法については1832年の大改革でも維持された。

　しかしその後，選挙における腐敗防止が大きな課題となり，秘密選挙の導入がその対策として有効であるとされ，賛否両論ある中，1872年法によって秘密選挙の原則が導入されたが不徹底であり，仕切り付きの投票所の導入など，より徹底した保障の導入は1913年のことであるとされる。冒頭の二つの引用文は，こうした長期に渡る議論の中で書かれたものである。なお，イギリスでの男子普通選挙の確立は1918年，完全普通選挙は1928年であった。

　他方，日本では，明治憲法（1889年）には秘密選挙に関する規定はなく，同年の衆議院議員選挙法は，公開投票制であり，選挙人は投票所で交付を受けた投票用紙に被選挙人の氏名のほか，自己の氏名および住所を記載し，かつ捺印するものとされていた。しかし，1900年の選挙法改正によって無記名投票制が採用され，秘密投票の原則が法律上確立した。日本では，男子普通選挙は1925年，完全普通選挙は1945年に導入された。

3　イギリスにおける議論の文脈

　本章では，公開投票か秘密投票かが最も争われた19世紀初めから半ばにかけてのイギリスでの議論を，当時（と言っても両者は世代がかなり異なるが）の代表的な政治思想家のジェレミー・ベンサムとジョン・スチュアート・ミル（John Stuart Mill, 1806-1873. 第10章「自由」参照）に即してみてみたい。

しかし，まずは前提として，当時の文脈（時代状況と選挙事情）について触れなければならない。

憲政史的にみれば，この時代は近代的な議会制度，議院内閣制が確立していく時代であった。そこでの政治勢力としては，近世以来の支配階級である大地主（ジェントルマン）層に加え，18世紀半ばから始まった産業革命の進展に伴って経済力をつけた企業経営者等の中産階級が台頭し，その経済力にふさわしい政治的地位を求めていた。さらに，やはり産業革命によって大量の労働者階級が出現し，劣悪な労働環境の改善を求め，普通選挙など政治参加への要求が激化していた。非常におおまかにいえばこうした三つどもえの構図のもと，普通選挙実現の要求が一足飛びに実現することはなかったものの，19世紀から20世紀初頭を通じて選挙制度改革が繰り返され，選挙権が拡大されてきた。

また，当時の選挙は，甚だしい腐敗をその特徴としていたといわれる。選挙区割が古くから変更されていないため，すでに廃れてほとんど居住者のない地区や，さらには，地形の変化により海底に没してしまったのに選出議員がいる地区もあった。また，腐敗選挙区と呼ばれる選挙区が多数存在し，そこでは，大地主等の有力者がこれを意のままにし，自己の関係者を選出させていた。こうしたことが可能であった一因として，公開投票制があった。つまり，有力者が自らの経済的従属下にある者に影響力を行使して自己の望む候補者を当選させるのである。

このような政治状況および選挙事情のもと，中産階級や労働者階級からは議会改革や選挙制度改革の要求が行われるようになり，そこには秘密投票の要求も含まれていた。たとえば，労働者階級によるチャーチスト運動の中で掲げられた「人民憲章」（1837年）は，①成年男子普通選挙権，②秘密選挙，③議員の財産資格撤廃，④議員

への歳費支給、⑤平等選挙区制（投票価値の平等）、⑥議員任期の1年制（毎年改選制）といった要求が含まれていた。これらに対して大地主層は否定的であったが、中産階級の態度は項目によりさまざまであって利害は錯綜しており、一挙に実現することはなかったものの、19世紀から20世紀初頭を通じて選挙制度改革が繰り返され、今日のような議会制度・選挙制度が確立していくことになる。

　いずれにしても、秘密選挙は、こうした改革論議の中で重要な位置を占めていたことが理解できるだろう。

　公開投票か秘密投票かという投票の方式をめぐる議論の背景には、こうした政治勢力間の対立関係が背景にある（労働者大衆の政治参加を求める議論は秘密選挙論に傾き、それに警戒的な立場からは公開投票の維持が主張される）ことにも注意が必要であるが、以下では理論的な側面に焦点を当てる。

II ● ベンサムの秘密投票制論

1　ベンサムの憲法論

　功利主義思想の始祖とされるベンサムは、「最も多くの者を実際に幸福にするものが、最高の善である」という「最大多数の最大幸福」の原理に基づいて諸制度は改革されるべきだとした。憲法についても、功利主義から憲法原理としての民主主義や自由主義が要請されるとして、『議会改革論』（1817年）、『憲法典』（1830年）等多くの著作で、具体的な憲法構想を展開した。

　民主主義についていえば、最大多数の最大幸福のためには、多数の利益を反映できる制度が正しいとして民主主義を基礎づける。具体的な統治機構としてベンサムは、人民主権のもと、人民の選挙に基づく議会に行政府、司法府が従属する議会優位の統治構造を主張

する。議会は憲法改正権限も有する全能の存在であり，もちろん裁判所には違憲審査権もない。

　では，議会の暴走をどのように防ぐのか。それは，議員のリコール制などのほか，ここで注目するのは，今日的な表現でいえば，情報公開あるいは透明性によってである。ベンサムは，議会をはじめとする統治機関のあらゆる活動に対し情報公開の義務を課し，他方で人民に出版の自由や集会の自由を認めて世論（「世論法廷」という用語が使われている）の力で公権力の行使の統制を図ろうとしたのである。

　さて，議員の選挙も一種の公権力の行使なのだから，今述べた透明性の観点からいえば，投票も公開で行うべきではないか。実際，ベンサム自身もある時期まではこうした観点から公開投票制を支持していたともいわれる。しかし，結局のところ，ベンサムは次に述べるように秘密投票制をその議会改革論の柱の一つに位置づけるに至る。

2　ベンサムの秘密投票制論

　冒頭テクストの通り，ベンサムが秘密投票制を主張する理由は，当時のイギリスの選挙腐敗状況を前提に，公開投票制度のもとでは，各人の投票が候補者や有力者による買収や強制に基づくものとなる恐れがあり，有権者の投票の自由が害されるというところにあった。これはまさに秘密選挙原則に関して今日行われている説明と同一の議論である。

　また，ベンサムは，公職者の「公職適性の最大化」を強調したが，秘密投票のもと，自由な投票によって選出されたということをもって，その議員の適性の証明だとみることもできる。

　ちなみに，ベンサムは，秘密投票制を保障するための投票所の構

造についても具体的な提案をしている。それによれば，投票所の中には一段高い一角を設けて区分し，投票立会人はその壇上で立会いを行うとともに，投票箱もそこに設置すべきだという。その壇と投票に向かう者以外の者が立ち入れる区画とは数メートルの通路でつなぎ，物理的に区分する，などであり，投票所内部の配置によっても秘密投票と投票の自由を保障するような配慮である。原理論を物理的な構造にも展開するベンサムのこのような発想は，大臣室，監獄（有名な「パノプティコン」〔本章人物紹介参照〕），法廷にも見られる。

Ⅲ●ミルの公開投票制論

　ベンサムの盟友であったジェイムズ・ミル（James Mill, 1773-1836）の息子，ジョン・スチュアート・ミルは，ベンサムや父のとる功利主義の立場や民主主義的改革を主張する政治的立場を受け継いでいた。したがって，元々は投票方法についても秘密投票制を支持していたわけであるが，『議会改革論』（1859年）において公開投票制を主張するに至った。その2年後に刊行された『代議制統治論』（1861年）でもミルは，冒頭テクストでも示されている通り，選挙は国会議員を選出するという公権力の行使であるから，選挙権の行使も公共的義務とする。そうだとすれば，「公共の監視と批判の下で，遂行されるべき」といえる。

　言い方を変えれば，選挙権の行使は公共的義務であるということは，有権者は利己的な動機ではなく，公共の利益のために行動しなければならず，それについて責任を負わなければならないということである。そのための手段が公開投票であり，こうした議論にも相当の説得力がある。

　しかし，ベンサムが主張し，今日の秘密選挙原則の根拠ともなっ

ている，自由な投票の保障という点についてはどう考えるのか。公開投票を主張するミルも，この点について目配りしていなかったわけではなかった。実際，前述のように公開投票が大原則ではあるが，例外を認める余地も残していた。しかしミルは次のように述べて当時の状況では例外を認める必要はないとしていた。

ミル『代議制統治論』（1861年）第10章
「30年前には，国会議員の選挙において警戒されるべき主要な害悪が，秘密投票によって排除されるだろうもの——地主・雇用主および顧客による強制——であることは，まだ真実であった。現在では，害悪を生むずっと大きな源泉は，投票者自身の利己心または利己的な党派心であるとわたくしは理解する。」
水田・訳262頁

　ミルは，公共の利益のために行使されるべき選挙権が，秘密投票によって私益に侵されることを警戒していた。秘密投票原則には，有力者の私的利害に基づく働きかけを排除して私的利益の選挙権行使への影響を防ぐ側面があると同時に，有権者個々人の私的利害に基づく選挙権行使を助長するという側面もあるが，ここでミルが警戒しているのは後者である。そして，ここでは，選挙権の行使に伴う責任と自由との緊張関係が表れている。

　ミルは，この緊張関係においてどちらが優先するかは原理的には決まらないと考えている。「30年前」すなわち，ベンサムの晩年期，かつ，第一次選挙法改革のあった1832年の直前で選挙腐敗が深刻な時期であれば，秘密投票制によって自由を優先することもありうるが，1860年前後の状況では責任を重視すべきだというのである。

Ⅳ ● ベンサムの秘密投票論・再び

 以上のような議論について，ベンサムはどのように考えていたのだろうか。実はベンサムも，選挙権が公共の利益のために行使されるべき責任を伴うこと自体は認めていた。しかし，彼はこのことと秘密投票とは調和しうることについて楽観的であった。ミルが矛盾するとみた公共の利益と秘密投票との関係をベンサムが調和しうるとみる際の鍵は，普通選挙である。

> **ベンサム『憲法典』(1830年)**
> 「どのような人であっても，その者自身の利益のためにすべての利益を犠牲にすること，すなわち，その者固有の利益のために他の人々の利益を犠牲にすることを目的としている限り，十分な数の同調者を見出すことはできない。その目的が，自身の利益であり，同時に他の人々の利益でもあるような利益のみを促進することである限り，その者はすべての人々が自分に同調するのを見出すのである。」
> 曽我部・訳, The works of Jeremy Bentham, vol. 9, p. 63.

 わかりにくいが，それぞれの有権者に固有の私益は，各人に固有なだけに他者の共感を得ることができない。その結果，私益に基づく投票をしても無駄になるだけであるから，有権者は，自己の利益になるとともに多くの人びとの賛同を得られそうな利益（＝公益）に基づいて投票するようになる。そして，考慮される公益は，有権者の範囲が広いほど広くなり，したがって普通選挙が最も望ましい。というわけである。そして，特定の候補者等の圧力があるとこうしたプロセスが阻害されるから，秘密投票が必要であるということに

なる。

　ベンサムはこのような理由で，普通選挙＝秘密投票＝公益の確保という結びつきを論証した。しかし，特定業界の利害を代弁する候補者がおり，当該業界の関係者がこぞってその候補者に投票すれば当選するのであり，実際にはこのような図式は日本でも外国でも随所にみられる。私益には他者の賛同が得られにくいというベンサムの想定は，多くの場合当てはまらず，少なくとも今日の目からは楽観的にすぎたといわざるをえないだろう。

　いずれにしても，今日の現実から見れば，ミルの主張した公開投票制は否定され，投票の自由を確保するというベンサムも取り上げた理由づけのもとに，ほとんどの国で秘密投票制度がとられている。しかし同時に，選挙権には公共性があり，公益に基づいて行使されるべきであるというミルがこだわった点についても，建前としては維持されている。

Ⅴ●選挙権行使における自由と責任

　ところで，以上の議論では，ベンサムもミルも，選挙権は公益（より正確には，「個々の選挙人が公益であると考えるもの」）に基づいて行使されるべきだという前提をとっていたが，こうした前提は自明なものだろうか。これが自明であるとすれば，導入部分で述べた，選挙権行使は自己の利害関心に従って行われるべきことを前提とする議論は根本的におかしいということになる。

　しかし，民主主義の捉え方によっては，選挙権行使を含む政治参加は，自己の利害関心に従って行われるものである（行われてもよい）という前提をとることもできる。こうした考え方は，多元的民主主義と呼ばれる。さまざまな立場の人びとや団体が自己の利害関

心の実現を目指して対立，競争，調整する中で，一定の均衡が生まれ，公共の利益が実現される（あるいは，公共の利益だと擬制される）と考えるわけである。逆にいえば，公共の利益はこうした均衡の結果であり，それ以前にあらかじめ客観的に決まった公共の利益というものは存在しないということになる。

確かに，あらかじめ客観的に決まった公共の利益などというものは存在しないという考え方には説得力があるようにも思えるが，他方で，自己の利害関心を主張し合う中で生じた結論を常に公共の利益とみなすわけにもいかないだろう。

たとえば，国の財政がきわめて悪化していることを考えれば，有権者は，自らに利益配分を約束する政党・候補者に投票するのではなく，自身には不利益になるとしても，財政再建に理解を示さなければならないのではないか。

このように考えれば，選挙権は公益に基づいて行使されるべきだという前提は，今日においても，少なくとも完全には放棄できないだろう。

Ⅵ●まとめ

1　今日における秘密選挙原則

これまで，秘密選挙原則の意義としては，投票の自由の確保という点を挙げてきたが，今日では，これをより精緻化して，萎縮効果から説明する考え方がある。すなわち，選挙は議員の地位そのものや議員の背後にある多くの利害関係がかかっており，選挙人への働きかけのインセンティヴが強い。「このような誘因によって発生する選挙人への有形無形の圧力に対し，それを公開の場ではねのけ自己の自由な意思を貫くようにと選挙人各々に求めることは，過大な

要求」なのかもしれない（毛利透ほか『リーガルクエスト憲法Ⅱ〔第2版〕』〔有斐閣，2017年〕397頁）。実際，今日では選挙における業界団体の活動は活発で，関係企業の社員等への圧力は現実的なものである。

他方，個々の選挙人の投票の結果への影響は微弱であり，「会社で嫌がらせをされるよりはこの程度の筋を曲げるくらいは仕方がない」といった具合に，こうした圧力に屈しやすい。したがって，秘密選挙原則によって投票の自由を確保する必要性が高いことは現代日本でも同様である。

しかし，これまで検討してきたように，選挙権は公益に基づいて行使されるべきだという点も無視できない。この点，秘密投票原則には，ある議員やそれを支持する企業経営者等の私的利害に基づく働きかけを排除して私的利益の選挙権行使への影響を防ぐ側面があると同時に，有権者個々人の私的利害に基づく選挙権行使を助長するという両面がある。秘密選挙原則を前提にしつつ，責任ある投票を確保するにはどのようにすればよいのだろうか。

この点については，秘密選挙原則を前提にする以上，また，公益に基づいた責任ある選挙権行使の観念自体が客観的に定義できない以上，制度的措置を講じることは不可能であり，結局は公民教育・啓発による選挙人のリテラシーの向上を通じて対処されるほかはないだろう。

2　関連問題としての義務投票制

最後に，やや関連する問題として，義務投票制について触れておきたい。本章冒頭では，低投票率が生み出す問題について，相対的に投票率の高い一部の層の利害が反映されることになってしまうことが指摘されていた。これは，選挙権行使は自己の利益に基づいてなされている現状を前提としているものであるが，現実の説明では

なく評価の問題としてはこうした前提に疑問がありうることは本章で述べてきた通りである。

　低投票率現象が問題であるのは，むしろ，一部の選挙人だけが参加してなされた選挙によって議員が選ばれることで，その議員あるいは議員から構成される国会の正統性に疑義が生じ，ひいては議会制民主主義自体の危機につながるおそれがあるのではないかということである。

　そうだとすると，選挙権行使に関する責任は，棄権をしないという点にも及ぶと考えられないだろうか。そして，前述のように公益に基づいた責任ある選挙権行使の観念は客観的に定義できないとしても，棄権をするかどうかは形式的に判断ができるため，制度的規律が可能かもしれない。

　実際，自由主義諸国の中でもオーストラリアやベルギーなどでは，正当な理由なく棄権をした場合に数千円相当程度の罰金等を科す義務投票制（強制投票制）が導入されており（そのほか，イタリアでは投票義務があるが罰則等はなし），投票率は非常に高い。

　義務投票制については，①投票に行く／行かないの自由の制約であることはもちろんであるが，選挙権に伴う責任として許容されるか，②たとえば意中の候補がいないのに投票しなければならないなど，不本意な投票を強いることになるのではないか，③本章では触れなかったが，選挙権の法的性格をどう捉えるかによって義務投票制の可否の判断が変わるか（この点については章末参考文献を参照），④秘密投票のもとでは白票を投じることは防ぎようがないので，義務投票制が投票に行く／行かないの自由の強度な制約とはいえないのではないか，⑤投票の義務を課すことは合憲だとしても，罰則を課すのは違憲ではないか，等々の論点がありうる。

Q

◇ 秘密投票制の利点と問題点を整理してみよう。
◇ 2015年に公職選挙法が改正され，18歳から選挙権が認められるようになったが，これについてどのように評価すべきだろうか。
◇ 本文の末尾の論点も考慮しながら，義務投票制の合憲性，あるいは今日の日本の状況に照らして導入が適切かどうか検討してみよう。

参考文献

①田村理『投票方法と個人主義——フランス革命にみる「投票の秘密」の本質』（創文社，2006年）

秘密投票制に関する文献は非常に少ない。同書は，本章でも若干触れたフランス革命期における秘密投票原則の確立過程を詳細に跡付けつつ，個人主義と秘密投票原則との関係を考察したもの。樋口陽一による同書の書評（樋口陽一『憲法という作為』〔岩波書店，2009年〕264頁）も参照のこと。

②林田和博『選挙法』（有斐閣，1958年）

選挙権あるいは選挙法についての基礎的な叙述を含む体系書で新しいものはほとんどない。同書は戦後の代表的な体系書である。なお，選挙制度をめぐる現代的な諸課題については，「特集 いま，選挙制度を問い直す」論究ジュリスト5号（2013年）。

③辻村みよ子『「権利」としての選挙権』（勁草書房，1989年）

本章では触れていないが，選挙権をめぐる憲法上の論点として，選挙権は権利か公務かという選挙権性質論がある。同書はこの問題に関する包括的な研究である。なお，そのエッセンスとして，同書にも収録されている辻村みよ子「選挙権の『権利性』と『公務性』」法律時報58巻7号（1987年）71頁以下。

年　表

　本書で独立の欄を設けて紹介した古典的文献，およびそれに準じて重要と考えられる文献を**ゴシック体**で，日本の最高裁判所による法令違憲判決・決定を*斜体*で表記した。世界史上の重要事項など，それら以外は通常の明朝体で表記している。本書で独立の欄を設けて扱っているものは，その章番号も示した。

年	文献・出来事
1215	マグナ・カルタ（イギリス）
1517	**ニコロ・マキャベリ『ディスコルシ』**→第13章
1628	権利請願（イギリス）
1642〜1649	清教徒革命（イギリス）
1644	**ジョン・ミルトン『アレオパジティカ』**→第13章
1688〜1689	名誉革命（イギリス）
1689	**ジョン・ロック『寛容についての書簡』**→第13章
	権利章典（イギリス）
1690	**ジョン・ロック『統治二論』**→第3章，第9章，第17章
1748	**シャルル・ド・モンテスキュー『法の精神』**→第3章，第16章
1762	**ジャン＝ジャック・ルソー『社会契約論』**→第2章，第4章，第6章，第15章
1762	**ジャン＝ジャック・ルソー『エミール』**→第19章
1776	**アダム・スミス『国富論』**→第16章
	ヴァージニア権利宣言→第9章
	アメリカ独立宣言→第17章
1786	**ヴァージニア信教自由法**（ジェファソン起草）→第13章
1787	憲法制定会議（アメリカ）
	アメリカ合衆国憲法→第3章
1788	**アレクサンダー・ハミルトン，ジョン・ジェイ，ジェイムズ・マディソン『ザ・フェデラリスト』**→第1章，第3章，第8章，第15章
1789	**エマニュエル＝ジョゼフ・シィエス『第三身分とは何か』**→第2章
	フランス革命
	フランス人権宣言→第1章
	権利章典（アメリカ合衆国憲法修正1条〜10条）
1791	**オランプ・ド・グージュ「女性および女性市民の権利宣言」**→第11章
	ニコラ・ド・コンドルセ「公教育の本質と目的」→第19章
1792	**ニコラ・ド・コンドルセ「公教育の全般的組織についての報告と法

	案」→第19章
1792〜	フランス第一共和制
1793	**フランス1793年6月24日憲法**→第2章
1803	アメリカ連邦最高裁判所マーベリー対マディソン事件判決→第8章
1804〜	フランス第一帝政
1814〜	フランス復古王政
1814〜1815	ウィーン会議
1819	バンジャマン・コンスタン「近代人の自由と比較された古代人の自由について」→第1章
	ジェレミー・ベンサム『急進的改革法案』→第20章
1830	ジェレミー・ベンサム『憲法典』→第20章
1830〜	フランス七月王政
1835	アレクシ・ド・トクヴィル『アメリカのデモクラシー』(第1巻)→第6章, 第15章
1840	アレクシ・ド・トクヴィル『アメリカのデモクラシー』(第2巻)→第1章
1848〜	フランス第二共和制
1848	カール・マルクス, フリードリヒ・エンゲルス『共産党宣言』
1859	ジョン・スチュアート・ミル『自由論』→第4章, 第10章, 第13章, 第19章
1861	ジョン・スチュアート・ミル『代議制統治論』→第4章, 第5章, 第19章, 第20章
1861〜1865	南北戦争(アメリカ)
1869	ジョン・スチュアート・ミル『女性の解放』→第11章
1870〜	フランス第三共和制
1871	ドイツ帝国成立(帝政ドイツ)
1872	ウォルター・バジョット『イギリス憲政論』→第7章
1890	サミュエル・ウォーレン, ルイス・ブランダイス「プライバシーへの権利」→第12章
1914〜1918	第一次世界大戦
1917	ロシア革命
1919	ワイマール憲法(ドイツ)
	エイブラムズ対合衆国事件(ホームズ裁判官反対意見)→第14章
1920	ハンス・ケルゼン『デモクラシーの本質と価値』→第5章
	国際連盟発足
1924	ロベール(ロベルト)・レズロープ『議院内閣制〔第2版〕』→第7章
1926	カール・シュミット『現代議会主義の精神史的地位』→第5章
1927	ハインリッヒ・トリーペル『憲法と政党』→第6章
1929	世界恐慌
1932	オルダス・ハクスリー『すばらしい新世界』→第12章
1933	アドルフ・ヒトラー, 首相に任命(ドイツ)

1933〜	ニュー・ディール政策（アメリカ）
1934	**ルネ・カピタン『議院内閣制の改革』**→第7章
1939〜1945	第二次世界大戦
1945	国際連合発足
1946	**日本国憲法**→第3章
1946〜	フランス第四共和制
1947	**イタリア共和国憲法**→第2章
1948	**アレクサンダー・マイクルジョン『自由な言論とその自己統治との関係』**→第14章
	フリードリヒ・アウグスト・ハイエク『個人主義と経済秩序』→第16章
	食糧管理法事件／最高裁判所大法廷昭和23年9月29日判決→第18章
1949	ドイツ連邦共和国基本法制定
1951	サンフランシスコ講和条約・日米安保条約
1958	**フランス第五共和政憲法**→第2章
	ハンナ・アーレント『人間の条件』→第12章
1958〜	フランス第五共和制
1960	*朝日訴訟第一審／東京地方裁判所昭和35年10月19日判決*→第18章
1962	キューバ危機
1965〜1975	ベトナム戦争
1966	**トーマス・エマーソン「修正第1条の一般理論に向けて」**→第14章
1967	*朝日訴訟上告審／最高裁判所大法廷昭和42年5月24日判決*
1971	**ジョン・ロールズ『正義論』**→第18章
1972	*小売市場事件／最高裁判所大法廷昭和47年11月22日判決*→第17章
1973	*尊属殺重罰規定事件／最高裁判所大法廷昭和48年4月4日判決*
	三菱樹脂事件／最高裁判所大法廷昭和48年12月12日判決→第10章
1975	*薬事法薬局距離制限事件／最高裁判所大法廷昭和50年4月30日判決*
1976	*衆議院議員定数訴訟／最高裁判所大法廷昭和51年4月14日判決*
1980	**ミルトン・フリードマン，ローズ・フリードマン『選択の自由』**→第16章
1985	*衆院議員定数訴訟／最高裁判所大法廷昭和60年7月17日判決*
1987	*森林法事件／最高裁判所大法廷昭和62年4月22日判決*→第17章
1989	ベルリンの壁崩壊（ドイツ）
1990	東西ドイツ統一
1991	ソビエト連邦崩壊
1998	**英国教育省「シティズンシップ教育のための諮問委員会報告書」**→第19章
2001	**ジョン・ロールズ『公正としての正義 再説』**→第19章
	同時多発テロ（アメリカ）
2002	*郵便法事件／最高裁判所大法廷平成14年9月11日判決*
2005	*在外邦人選挙権制限違憲訴訟／最高裁判所大法廷平成17年9月14日判決*

2008	国籍法違憲訴訟／最高裁判所大法廷平成20年6月4日判決
2013	非嫡出子相続分規定事件／最高裁判所大法廷平成25年9月4日決定
2015	再婚禁止期間違憲訴訟／最高裁判所大法廷平成27年12月16日判決
	夫婦同氏制度違憲訴訟／最高裁判所大法廷平成27年12月16日判決

参考文献

各章の末尾で紹介したもののほか,憲法や思想史に関する代表的な文献を掲げる。

□体系書・教科書

宇野重規『西洋政治思想史』(有斐閣, 2013年)

大石眞『憲法講義Ⅰ〔第3版〕』『同Ⅱ〔第2版〕』(有斐閣, Ⅰ2014年, Ⅱ2012年)

大石眞『日本憲法史』(講談社学術文庫, 2020年)

川出良枝=山岡龍一『西洋政治思想史——視座と論点』(岩波書店, 2012年)

川崎修=杉田敦・編『現代政治理論〔新版〕』(有斐閣, 2012年)

坂本達哉『社会思想の歴史——マキアヴェリからロールズまで』(名古屋大学出版会, 2014年)

佐藤幸治『日本国憲法論〔第2版〕』(成文堂, 2020年)

渋谷秀樹=赤坂正浩『憲法1 人権〔第7版〕』『同2 統治〔第7版〕』(有斐閣, 2019年)

初宿正典『憲法2 基本権〔第3版〕』(成文堂, 2010年)

初宿正典・編『レクチャー比較憲法』(法律文化社, 2014年)

高橋和之『立憲主義と日本国憲法〔第5版〕』(有斐閣, 2020年)

野中俊彦ほか『憲法Ⅰ〔第5版〕』『同Ⅱ〔第5版〕』(有斐閣, 2012年)

長谷部恭男『憲法〔第7版〕』(新世社, 2018年)

樋口陽一『憲法〔第3版〕』(創文社, 2007年)

毛利透ほか『憲法Ⅰ 統治〔第2版〕』『同Ⅱ 人権〔第2版〕』(有斐閣, 2017年)

安西文雄ほか『憲法学読本〔第3版〕』(有斐閣, 2018年)
横田耕一＝高見勝利・編『ブリッジブック憲法』(信山社, 2002年)

■判例集，判例解説

憲法判例研究会・編『判例プラクティス憲法〔増補版〕』(信山社, 2014年)
戸松秀典＝初宿正典『憲法判例〔第8版〕』(有斐閣, 2018年)
長谷部恭男ほか・編『憲法判例百選Ⅰ〔第7版〕』『同Ⅱ〔第7版〕』(有斐閣, 2019年)

■その他（論点解説，資料集など）

内野正幸『憲法解釈の論点〔第4版〕』(日本評論社, 2005年)
大石眞＝石川健治・編『憲法の争点』(有斐閣, 2008年)
木下智史ほか・編著『事例研究　憲法〔第2版〕』(日本評論社, 2013年)
小山剛『「憲法上の権利」の作法〔第3版〕』(尚学社, 2016年)
小山剛＝駒村圭吾・編『論点探究　憲法〔第2版〕』(弘文堂, 2013年)
宍戸常寿『憲法　解釈論の応用と展開〔第2版〕』(日本評論社, 2014年)
初宿正典ほか『目で見る憲法〔第5版〕』(有斐閣, 2018年)
初宿正典＝辻村みよ子・編『新　解説世界憲法集〔第5版〕』(三省堂, 2020年)
曽我部真裕ほか・編『憲法論点教室〔第2版〕』(日本評論社, 2020年)
高橋和之・編『新版世界憲法集〔第2版〕』(岩波書店, 2007年)
松井茂記『アメリカ憲法入門〔第8版〕』(有斐閣, 2018年)
南野森・編『憲法学の世界』(日本評論社, 2013年)

索　引

あ

アーレント·················200, 201
アクトン卿·····················13
旭川学力テスト事件··················311
朝日訴訟······················294
芦部信喜······················21
アダム・スミス···················264
圧力団体······················245
アナーキー····················5, 299
アファーマティヴ・アクション··········158
アメリカ独立宣言··················274
アメリカの権力分立制················41
『アメリカのデモクラシー』·······15, 92, 248
アメリカ連邦最高裁判所　→　連邦最高裁判所
アリストテレス····················38
『アレオパジティカ』········214, 229, 231
アレクサンダー・ハミルトン　→　ハミルトン
アレント　→　アーレント
アンシャン・レジーム(旧体制)······23, 44, 91, 248

い

イエ制度······················184
『イギリス憲政論』··················105
イギリス選挙法改革······76, 93, 109, 322
イギリスの権力分立制················45
育児・介護休業法··················189
違憲審査基準論···················281
違憲審査制···················42, 120
　──と民主主義··············123, 132
　──の淵源····················123
　19世紀における──···············129

　日本の──····················137
意見の多様性·····················61
萎縮効果······················238
イタリア共和国憲法··················29
一般意志··················57, 91, 251
イニシアチブ·····················84
インターネット··············56, 66, 205

う

ヴァージニア権利章典(権利宣言)···150, 163, 216
ヴァージニア信教自由法············211, 217
ウォーレン·····················197

え

エイブラムズ対合衆国事件判決反対意見·················227, 232
エドモンド・バーク　→　バーク
エドワード・コーク　→　コーク
エマーソン·····················237
『エミール』·····················311

お

大きな政府····················260
オランプ・ド・グージュ············151, 182
オルムステッド判決·················199

か

カール・シュミット　→　シュミット
カール・マルクス　→　マルクス
解散権······················112
格差原理······················296
学習権······················311
カトリック教会···················220
カピタン·················106, 107, 114

神の見えざる手·····················264
間接差別·····························187
間接民主制·················55, 60, 67, 250
カント······························12, 174
カントン·······························81
幹部政党·····························93
寛　容·····················11, 214, 219, 222
『寛容についての書簡』················215
寛容法·····························216
官　僚·························47, 64, 298

き

議院内閣制················45, 50, 74, 105
機会均等原理·······················296
危害原理·····················168, 172, 176
議会主義·····························123
議会制·······························74
議会制民主主義·····················99, 105
議会の解散··························112
規制緩和·························267, 269
義務投票制··························332
逆差別·····························191
『急進的改革法案』···················319
旧民法·····························184
教　育
　——の多様性······················310
　——を受ける権利··················303
教育基本法··························314
教育権の所在·······················310
『教育に関する考察』·················305
行政控除説··························50
強制投票制··························332
共同体主義··························158
共有地の悲劇·······················283
共和派·····························127
居住・移転の自由····················259
キリスト教······················155, 214, 261
ギルド·····························91
均衡本質説······················111, 113

近代立憲主義··························4

く

クオータ制··························190
クック　→　コーク

け

計画経済·························266, 267
経験主義·····························13
経済的自由·······················257, 279
　——の規制·······················280
経済的リベラリズム···········11, 258, 260
啓蒙主義·····························12
契約の自由··························277
結婚退職制··························186
結社の自由··························245
ケルゼン························62, 73, 86
検　閲·························229, 231
原初状態·····························157
『現代議会主義の精神史的地位』····78, 87
現代人権思想·······················154
現代選挙法の公理···················320
現代立憲主義·······················15
憲法改正·····························27
憲法改正権の限界····················28
憲法革命　→　ニューディール憲法革命
憲法制定権力·················21, 22, 24, 27
『憲法典』·····························328
『憲法と政党』·························88
「憲法によって創られた権力」·········24
権利章典···············147, 150, 154, 163, 228
権力性の契機(権力的契機)·········22, 28
権力分立(制)····················36, 38, 110
　アメリカの——····················41
　イギリスの——····················45
　ドイツの——······················46
　日本の——························48
　フランスの——····················43
言論の自由··························230

こ

- 行為能力制度·····173
- 公開投票·····322, 325, 326
- 公教育·····305
- 「公教育の全般的組織についての報告と法案」·····304
- 「公教育の本質と目的」·····308
- 公共の福祉·····177, 279, 282, 285
- 公私区分論·····10
- 『公正としての正義 再説』·····313
- 公正な機会均等原理·····296
- 小売市場事件·····279
- 功利主義·····167, 320, 324
- コーク·····123, 147
- コース別人事制度·····187
- 『国富論』·····264
- 国民議会·····74
- 国民教育権説·····310
- 国民主権·····19, 49
- 国民投票·····84
- 国民内閣制論·····117
- 国民発案·····84
- 『個人主義と経済秩序』·····258
- 古代ギリシア·····9, 56, 58, 81, 201
- 国家からの自由·····241, 277
- 国家教育権説·····310
- 国家と宗教の関係·····219
- 国家による自由·····241
- 国　教·····217, 219
- コミュニタリアニズム·····158
- コモン・ロー·····124
- コンスタン·····7, 8, 16, 168, 262
- コンセイユ・デタ·····44
- コンドルセ·····304, 307, 308, 316

さ

- 最高裁判所(日本)·····137
- 財産権·····259, 272
- 最小国家·····300
- 「最大多数の最大幸福」·····320, 324
- 佐々木惣一·····49
- サッチャー·····267
- 『ザ・フェデラリスト』·····6, 45, 90, 125, 246
- 差　別·····158, 239, 242
  - 性別による——·····185
- 差別的表現·····225
- 三権分立·····36
- 三十年戦争·····214
- サンスティーン·····68
- 参政権·····318
- 三部会·····74

し

- シィエス·····20, 21, 22
- シェイエス → シィエス
- ジェイムズ・マディソン → マディソン
- ジェファソン·····217, 223
- 自己決定権·····159
- 自己実現·····236
- 自己統治·····234
- 市場経済·····268
- 市場原理·····260
- 私人間効力·····175
- 自然権·····148, 155, 217, 274, 299
- 自然法·····124, 148, 155
- 思想の自由市場·····231, 240, 242
- シティズンシップ教育·····315
- 司法消極主義·····132
- 司法積極主義·····130, 139
- 司法の謙抑·····133
- 市民宗教·····223
- 社会契約·····149, 274
- 『社会契約論』·····31, 56, 91, 251
- 社会権·····103, 156, 172, 277, 291
- 社会主義国·····266

ジャコバン憲法·····43
シャルル・ド・モンテスキュー → モンテスキュー
自　由·····165
　——と民主主義·····171
衆議院の解散·····50
宗　教·····212
　国家と——の関係·····219
宗教改革·····10
宗教課税に反対する請願と抗議·····217
宗教教育·····308
宗教戦争·····213
宗教的寛容·····214, 219
『修正第１条の一般理論に向けて』·····237
自由選挙·····321
集団極化·····68
『自由な言論とその自己統治との関係』·····235
自由放任主義·····11, 131
『自由論』·····55, 61, 166, 168, 175, 222, 310
シュミット·····27, 69, 78, 83
商業の精神·····11, 258
消極国家·····291
消極的自由·····169
小選挙区制·····100, 117
情報コントロール権·····205
職業選択の自由·····259
女性および女性市民の権利宣言·····152, 182
女性参政権·····183
『女性の解放』·····180, 183
女性の権利·····181
女性保護·····188
ジョン・スチュアート・ミル → ミル
ジョン・ロック → ロック
人権宣言·····163
人権の概念·····145
人工中絶·····177
神社神道·····220

新自由主義·····267
人種差別撤廃条約·····225
神道指令·····220
新保守主義·····267
人民憲章·····323
人民主権·····31, 124
人民投票·····80
森林法事件違憲判決·····281, 284

せ

政教条約·····219
政教分離·····210, 212, 216, 220
『正義論』·····289, 295
制限選挙·····25
政治的表現·····236
生存権·····103, 288, 292
政　党·····88
　——の発展·····93
　——の役割·····99
　日本国憲法と——·····98
政党助成制度·····100
正当性の契機·····22, 28
性別による差別·····185
性別役割分担論·····192
世界人権宣言·····156
責任本質説·····111
積極的自由·····169, 171
絶対王政·····149
選挙権·····323
選挙制度·····320
全権委任法·····47, 81, 103
全体意志·····251
『選択の自由』·····268
煽動法·····230

た

『代議制統治論』·····60, 75, 87, 319, 327
対抗言論·····240, 242
　——の原理·····233

第五共和制憲法······43
『第三身分とは何か』······20, 22
大衆政党······93
大政翼賛会······98
大統領制······42, 74
高橋和之······117
多元的民主主義······329
他者危害原理 → 危害原理
多数者(派)の専制······124, 174, 249
多党制······117
男女雇用機会均等法······187
男女別定年制······186

ち

チャーチスト運動······323
中間団体······12, 164, 250
中選挙区制······100
直接選挙······321
直接民主制······32, 56, 59, 66, 81
沈黙効果······240, 242

つ

津地鎮祭事件······221

て

抵抗権······149, 274
『ディスコルシ』······213
デマゴーグ······81
『デモクラシーの本質と価値』······73, 87
デューイ······304
天　皇······48, 112
　——の人間宣言······220

と

ドイツの権力分立制······46
ドイツ連邦共和国基本法······47
同性愛······159, 168
『統治二論』······39, 144, 148, 273, 283
『道徳感情論』······264

道徳教育······303
トクヴィル······15, 92, 248
特殊意志······57, 251
苫米地事件······50
トリーペル······88, 94

な

内閣総理大臣······105
　——の靖国神社参拝······221
内在的制約······279
中曽根康弘······267
ナシオン主権······33
ナチス······97, 103, 129, 155, 165
ナポレオン······15, 26, 80

に

二院制······117
二重の基準論······136, 280, 281
二大政党制······101, 117
日産自動車事件······186
日本国憲法······49
　——と政党······98
日本の違憲審査制······137
日本の権力分立制······48
ニュー・ディール憲法革命······131, 135, 139
ニュー・ディール政策······278
『人間の条件』······201
人間の尊厳······157
人間本性······157

の

ノージック······299

は

バーク······92, 153, 170
ハーバーマス······254
バーリン······169
ハイエク······13, 267, 270

——(『個人主義と経済秩序』)……*258*
——(『隷従への道』)………*270, 298*
バジョット……………………*105, 109, 110*
パターナリズム…………………………*172*
『蜂の寓話』……………………………*263*
パットナム………………………………*254*
ハミルトン……………………*124, 133*
バンジャマン・コンスタン → コンスタン
ハンス・ケルゼン → ケルゼン
半大統領制………………………………*44*
ハンナ・アーレント → アーレント

ひ

樋口陽一……………………*164, 252*
非宗教性の原則…………………………*220*
非政治的表現……………………………*236*
ヒトラー………………………………*15, 81*
一人で放っておいてもらう権利……*196, 206*
秘密選挙…………………………………*321*
秘密投票……………………*325, 328*
ピューリタニズム………………………*150*
表現の自由……………………*225, 280*
——の保障根拠………………………*231*
——の優越的地位…………*236, 238*
平　等……………………………………*179*
平等選挙…………………………………*321*
比例代表制………………………………*117*

ふ

ファシズム………………………………*155*
フィルマー………………………………*274*
プープル主権論……………………*30, 31*
フェミニズム……………………………*158*
福沢諭吉…………………………………*245*
福祉国家……………………*14, 260, 292*
——に対する批判……………………*298*
「二つの自由概念」……………………*169*

普通選挙……………………*76, 183, 320, 328*
プライバシー……………………………*194*
フランクリン・D・ルーズヴェルト
→ (フランクリン)ルーズヴェルト
フランス革命……………………*21, 31, 74*
フランス共和国憲法……………………*29*
フランス人権宣言……*3, 32, 43, 151, 164, 169, 181, 220*
フランスの権力分立制…………………*43*
ブランダイス……………………………*199*
フリードマン……………………………*268*
プレビシット……………………………*80*
プロパティ……………………*149, 275*
分　業………………………………………*64*
焚　書……………………………………*229*
文書煽動罪………………………………*230*

へ

ヘイト・スピーチ……………*225, 238*
ヘーゲル…………………………………*166*
ベンサム……………………*320, 324*
——(『急進的改革法案』)…………*319*
——(『憲法典』)……………………*328*
——(『無政府主義的誤謬』)………*153*

ほ

「法規」……………………………*47, 50*
法実証主義………………………………*153*
法の支配……………………………*46, 123*
『法の精神』……………*37, 45, 261, 262*
法の下の平等……………………………*185*
ホームズ反対意見……………*227, 232*
ポジティヴ・アクション………………*189*
——に対する反対論…………………*191*
ホッブズ…………………………………*169*
穂積八束…………………………………*48*
ポピュリズム……………………………*34*
ポリス……………………………*9, 56, 203*

ま

マーガレット・サッチャー → サッチャー
マーシャル……………………127, 133
マーベリー………………………127
マーベリー対マディソン事件……121, 127
マイクルジョン……………………235
マイノリティ………………239, 241
マキシミン・ルール………………296
マキャベリ…………………………213
マグナ・カルタ……………………146
マス・メディア……………14, 234
マディソン………42, 127, 218, 249, 255
マルクス……………………………152
マルティン・ルター → ルター
丸山眞男……………………………245
マンデヴィル………………………263

み

見えざる手…………………………264
未成年者……………………………172
三菱樹脂事件………………………175
美濃部達吉…………………………49
ミヘルス……………………………77
ミル…………………………………167
——(『自由論』)……55, 61, 175, 222, 310
——(『女性の解放』)……………180
——(『代議制統治論』)……60, 75, 166, 319, 327
ミルトン……………………214, 229, 231
ミルトン・フリードマン → フリードマン
民営化………………………………260
民主主義…………………………19, 55
——からの議会制批判………………78
違憲審査制と——………123, 132
「喝采」による——…………………79
議会制——……………………………99
議会の解散の——的意義……………113
功利主義と——………………………324
国民主権と——………………………30
自由と——……………………………171
多元的——……………………………329
民主主義教育………………………314
民主主義プロセス論………………134

む

無記名投票制………………………322
無政府主義………………………5, 299
無知のヴェール……………157, 295

め

明治憲法………………………48, 184
明白性の原則………………………281
名誉革命…………………………39, 147

も

目的・効果基準……………………221
目的二分論…………………………281
モンテスキュー…………………51, 110
——(『法の精神』)……37, 40, 45, 261, 262

や

夜警国家……………………………291
靖国神社……………………………221
野 党………………………………116
八幡製鉄事件………………………99

ゆ

「ゆりかごから墓場まで」…………266

よ

与 党………………………………116

ら

ライシテ……………………………220

り

利益団体··245
立憲主義···4
　——の現代的変容····················14
リバタリアニズム···························276
リベラリズム···············5, 9, 10, 83, 313
　経済的——························11, 258, 260
両性の平等·······································185

る

(フランクリン)ルーズヴェルト······139
ル・シャプリエ反結社法················250
ルソー···43, 57, 69
　——(『エミール』)························311
　——(『社会契約論』)······31, 56, 91, 171, 251
ルター·······································11, 229

れ

『隷従への道』······················270, 298
レーガン······································267
レズロープ··························106, 110
レッセ・フェール························265
連邦最高裁判所······················130, 278
連邦派··127

ろ

労働基準法································185, 292
ロールズ··················157, 289, 290, 295, 313
ロック···························11, 38, 274, 286
　——(『寛容についての書簡』)······215
　——(『教育に関する考察』)··········305
　——(『統治二論』)····39, 144, 148, 273, 283
ロックナー時代·····························130
ロベスピエール······························26

わ

ワーク・ライフ・バランス············189
ワイマール憲法······47, 77, 82, 103, 266, 278, 292
我妻栄···293

古典で読む憲法

2016年3月30日　初版第1刷発行
2021年3月10日　初版第2刷発行

編著者　　曽我部真裕
　　　　　見　平　典

発行者　　江　草　貞　治

発行所　　株式会社　有　斐　閣
　　　　　郵便番号 101-0051
　　　　　東京都千代田区神田神保町 2-17
　　　　　電話　(03) 3264-1314〔編集〕
　　　　　　　　(03) 3265-6811〔営業〕
　　　　　http://www.yuhikaku.co.jp/

印刷・製本　共同印刷工業株式会社
© 2016, Masahiro Sogabe, Tsukasa Mihira.
Printed in Japan
落丁・乱丁本はお取替えいたします。
★定価はカバーに表示してあります。

ISBN 978-4-641-13185-9

|JCOPY| 本書の無断複写(コピー)は、著作権法上での例外を除き、禁じられています。複写される場合は、そのつど事前に(一社)出版者著作権管理機構(電話03-5244-5088, FAX03-5244-5089, e-mail:info@jcopy.or.jp)の許諾を得てください。